*Antología poética*

Letras Hispánicas

# Juan Ramón Jiménez

# *Antología poética*

Edición de Javier Blasco

DECIMOCTAVA EDICIÓN

CÁTEDRA

LETRAS HISPÁNICAS

1.ª edición, 1987
18.ª edición, 2016

Ilustración de cubierta: Susana Narotzky

© Herederos de Juan Ramón Jiménez
© Ediciones Cátedra (Grupo Anaya, S. A.), 1987, 2016
Juan Ignacio Luca de Tena, 15. 28027 Madrid
Depósito legal: M. 27.323-2010
I.S.B.N.: 978-84-376-0686-6
*Printed in Spain*

# Índice

7

*A mi hija Alba*
*que me está enseñando a leer*
*en su libro de risas*

*Introducción*

DON JUAN RAMON JIMENEZ · MADRID · 1916

> Es decir, que la evolución, la sucesión,
> el devenir de lo poético mío ha sido y es
> una sucesión de encuentros con una idea
> de Dios... Si en la primera época *fue éxtasis
> de amor* y en la segunda *avidez de eternidad*,
> en esta tercera es *necesidad de conciencia in-
> terior y ambiente* en lo limitado de nuestro
> moderado nombre (JRJ, *LP*, 1342).

Por razones de índole muy diversa, la obra de Juan Ra-
món Jiménez ha sido tradicionalmente mal leída y peor
comprendida. El acceso adecuado a los textos juanramonia-
nos ha sido siempre difícil, por la naturaleza misma del
proceso seguido por la escritura del poeta[1] y, sobre todo,
por el muy deficiente estado editorial en que, todavía hoy,
se encuentra su obra: no existen ediciones críticas que
acerquen la palabra de Juan Ramón al contexto en que ésta
fue dicha; libros como *Arte menor* (1909), *Esto* (1908-1911),
*Poemas agrestes* (1910-1911), *Poemas impersonales* (1911), *His-
torias* (1909-1912), *Libros de amor* (1911-1912), *Apartamiento,
La frente pensativa, El silencio de oro, Pureza, Idilios* y *Monumento
de amor* —por referirme sólo a la poesía en verso—, no se edi-

---

[1] Con razón G. de Torre *(El fiel de la balanza,* Buenos Aires, Losada, 1970)
habla de «Laberinto bibliográfico» para referirse a la obra de Juan Ramón. De
todos es sabido que el poeta de Moguer tenía sometida su obra a un permanen-
nente proceso de revisión, con lo que las versiones de un mismo poema se
multiplican, los títulos cambian y los libros se reordenan. Entre tanto, la labor
editorial nunca supo estar a la altura suficiente para reflejar tal proceso creati-
vo. Un buen análisis de esta problemática, en A. Sánchez Romeralo (ed.), *Le-
yenda,* Madrid, Cupsa, 1978.

taron completos hasta 1964[2]; y, para terminar, aún es mucho el material que resta inédito[3].

Como consecuencia de todo ello, la lectura que se ha hecho de Juan Ramón ha pecado siempre de fragmentarismo y parcialidad. No se equivocaba el poeta, cuando en 1953 le comentaba a Ricardo Gullón:

> El *Diario, Eternidades* y *Piedra y cielo* son un ciclo que no se ha visto. La gente leyó la *Segunda antolojía*, publicada poco después, donde estos libros están representados parcialmente y no se preocupó de conocerlos completos *(CCJR,* 93).

Y esto no ocurrió exclusivamente con los libros citados por Juan Ramón. Palabras nada menos que de Cernuda vienen a confirmar la exactitud del comentario juanramoniano:

> [...] debía yo escribir el capítulo correspondiente a Jiménez para mi libro *Estudios sobre poesía española contemporánea.* Mi admiración juvenil hacia su obra se había ido extinguiendo..., mi indiferencia era tal que ni siquiera tuve curiosidad de hojear *Animal de fondo,* uno de sus libros últimos[4].

De este modo, a nadie puede extrañar que —con excesiva frecuencia— el cliché tópico haya sustituido al juicio crítico reposado. Poeta lilial, para los caricaturistas de *Gedeón*[5]; escritor *cursi,* para el vanguardista Gómez de la Serna[6]; promotor de la «deshumanización», para el académico Dámaso Alonso[7];

---

[2] Fue Francisco Garfias el que los recogió —con dispar acierto— en *(LIP) Libros inéditos de poesía,* Madrid, Aguilar, 1964, 2 vols.

[3] El estado editorial de la poesía juanramoniana queda perfectamente reflejado en la utilísima *Bibliografía General de Juan Ramón Jiménez,* Madrid, Taurus, 1983. Por lo que se refiere a los materiales inéditos todavía existentes, no puede hacerse una valoración, ni siquiera aproximada, hasta que R. Sárraga no complete el catálogo de fondos existentes en la «Sala de Zenobia y Juan Ramón», trabajo ímprobo que todos los lectores del poeta esperamos con impaciencia.

[4] Cfr. Jorge Rodríguez Padrón, «Juan Ramón Jiménez-Luis Cernuda...», *CHA,* 376-378 (1981), pág. 903.

[5] Cfr. J. Campos, «Cuando Juan Ramón empezaba. La crítica burlesca contra el modernismo», *Ins.,* 128-129 (1957), págs. 9 y 21.

[6] *Ensayo sobre lo cursi,* Madrid, Cruz y Raya, 1934.

[7] *Poetas españoles contemporáneos,* Madrid, Gredos, 1965, pág. 165.

y, en fin, poetizador abstracto de la incongruencia, para Torrente Ballester[8], durante mucho tiempo una larga serie de prejuicios, tozudamente asentados, ha entorpecido la lectura de esta poesía. Todavía en 1973 Aurora de Albornoz, en un muy valioso trabajo de recuperación de Juan Ramón, necesita justificar la selección de los poemas, que acertadamente ofrece al lector, en la «actualidad» que, en ese momento, cree descubrir en la escritura del moguereño[9].

Hoy las cosas —no tanto en lo que se refiere al tema editorial— han variado sustancialmente. El siempre fructífero e inteligente magisterio de Ricardo Gullón[10] ha abierto el camino hacia una lectura desprejuiciada de esta poesía. Y, tras él, toda una generación de críticos ha sentado las bases que hacen posible entender y valorar la escritura juanramoniana sin tener que recurrir a desarraigarla del contexto histórico por medio de apelaciones a su presunta actualidad. En esta línea pretendo orientar las páginas que siguen[11].

No renuncio a ofrecer al lector una visión unitaria del poeta y de su escritura, convencido como estoy de que, aunque

---

[8] *Panorama de la literatura española contemporánea*, Madrid, Guadarrama, 1950, págs. 229 y ss.

[9] *Nueva antología*, Barcelona, Península, 1973.

[10] Véase la Bibliografía, al final de esta Introducción.

[11] Pero antes de pasar adelante, se hace necesaria una precisión: «Dos lecturas —escribe Jorge Urrutia— pueden y deben darse de la obra juanramoniana. La primera, la que busque sus textos originales y, situándolos en su momento, permita comprenderlos integrados en la historia literaria. La segunda lectura es la que pudiéramos llamar de la obra en su estado final, es decir, sus distintas reescrituras.» Cfr. «Sobre la práctica prosística en JRJ y sobre el género de *Platero y yo*», *CHA*, 376-376 (1981), pág. 726. Desde luego, no se puede no estar de acuerdo con este planteamiento. Pero yo añadiría una matización importante. La segunda de las lecturas propuesta por J. Urrutia, hoy por hoy, es prácticamente imposible. Al menos, es imposible si se toma como objeto de estudio la totalidad de la producción juanramoniana. Para ello sería preciso contar con unas ediciones críticas de las que carecemos, aunque se hayan dado pasos importantes en este sentido en los últimos años: véase M. A. Vázquez Medel, «Claves estilístico-textuales para el proceso creativo juanramoniano», en *Actas del Congreso Conmemorativo del Centenario de JRJ*, II, Huelva, 1983, pág. 590; también S. Hernández Alonso, «Para una edición crítica de *La soledad sonora de JRJ*», *RLit.*, XLVII, 93 (1985), págs. 55 y ss. Ejemplar es la edición, preparada por Sánchez Romeralo, de *La realidad invisible*, Londres, Tamesis Books, 1983.

se modifique el ropaje externo, toda su poesía responde a una sola y misma búsqueda, de forma que no nos costará trabajo identificar al «mendigo» de *Ninfeas* en el «dios deseante» de *Animal de Fondo*. La raíz de la que surge la poesía juanramoniana no cambia, pero sí evoluciona. Y lo que mi estudio persigue no es otra cosa que el crecimiento de ese núcleo permanente y unificador en su evolución a través de la bibliografía juanramoniana[12].

## ÉSTASIS DE AMOR (1900-1913)

### *La lucha modernista*

Está por hacer, todavía, la historia de la poesía juanramoniana anterior a 1900, fecha en la que aparecen *Ninfeas* y *Almas de violeta*[13]. A pesar de ello —y a la luz de determinados documentos—, parece ser evidente que Juan Ramón se

---

[12] La lectura de la poesía de Juan Ramón la he realizado a partir de *(PLP) Primeros libros de Poesía*, Madrid, Aguilar, 1967, y de *(LP) Libros de Poesía*, Madrid, Aguilar, 1967; estos dos volúmenes reúnen la mayor parte de los libros del poeta, con la bondad de respetar, salvo raras excepciones, el texto de las primeras ediciones. Para aquellos libros no recogidos en los dos títulos anteriormente citados, he acudido —con voluntad de rigor histórico— a aquellas ediciones que me han parecido más escrupulosas en su respeto a las preparadas por el poeta. Y así he leído los *(VCRCG), Romances de Coral Gables* en edición de Francisco Giner de los Ríos, Madrid, Taurus, 1982; *(E) Espacio*, en la edición de Arturo del Villar, Madrid, Edaf, 1986; y *Animal de Fondo*, en la de A. Crespo, Madrid, Taurus, 1981. Las citas en el texto de la Introducción se harán mediante abreviaturas, que remiten a estas ediciones.

[13] Hasta fechas relativamente recientes, la única información, sobre este período de la vida de Juan Ramón, procedía de los propios escritos del poeta. Especialmente, «El modernismo poético en España y en Hispanoamérica», *TG*, págs. 218 y ss. Hoy, el extraordinario interés de esta etapa de formación juanramoniana ha sido puesto en evidencia por los trabajos de M. Fernández Almagro, «Juan Ramón y algunos poetas andaluces de su juventud», en *Studia Philologica. Homenaje a Dámaso Alonso*, I, Madrid, 1960, págs. 493-507; R. Pérez Delgado, «Primicias de Juan Ramón Jiménez», *PSA*, XIX, CCXVII (1974), págs. 13-49; especial interés revisten los trabajos de J. Urrutia, «Juan Ramón Jiménez y él», en *Actas del Congreso de Juan Ramón Jiménez*, II, Huelva, Instituto de Estudios Onubenses, 1983, págs. 581-587, y «Sobre la formación ideológica del joven Juan Ramón Jiménez», *Archivo Hispalense*, LXV (1982), págs. 207-231.

16

ha ganado, en un nivel nacional, una imagen muy precisa. El poeta de Moguer es por entonces —y así lo proclama desde *Vida Nueva* su director[14]— un poeta «que levanta los puños al cielo en desafío». Sólo a partir de tal imagen se justifica el requerimiento que, un día de 1900, Rubén Darío y Villaespesa le hacen para que acuda a Madrid a «luchar por el modernismo». Sólo a partir de tal imagen se explica también que, desde la redacción de *Vida Nueva*[15], se le encargue la traducción de varios poemas «anarquistas» de Ibsen[16].

Con el «fin de siglo» cobra forma una literatura que —desde todos los frentes— ha declarado la guerra a la herencia burguesa de la Restauración. Muy lejos de la evasión, la literatura de fin de siglo esgrime la *belleza* como un acto de rebeldía contra la excesiva confianza del positivismo en la razón[17]; levanta su voz ante una religiosidad asentada en dogmas indiscutibles, y lo hace en favor de un vago «misticismo» de raíz panteísta y esotérica[18]; reivindica, frente a la mesocracia social

---

[14] Dionisio Pérez, «Escritores nuevos: Juan Ramón Jiménez», *Vida Nueva*, 78, 3 de diciembre de 1899, pág. 3.

[15] D. Paniagua, *Revistas culturales contemporáneas*, Madrid, 1964.

[16] Los poemas de Ibsen traducidos por Juan Ramón pueden leerse en G. Azam, *La obra de Juan Ramón Jiménez*, Madrid, Ed. Nacional, 1983, págs. 642 y ss. Sobre el influjo de Ibsen en aquel momento de nuestra literatura, véase H. Greguersen, *Ibsen and Spain*, Cambridge, Mass., 1937.

[17] Sobre la cantidad de corrientes antirracionalistas, e incluso irracionalistas, que surgen como respuesta a las expectativas creadas por el positivismo, véase Hans Hinterhauser, *Fin de siglo*, Madrid, Taurus, 1980, págs. 12 y ss.; también R. Gutiérrez Girardot, *El modernismo*, Barcelona, Montesinos, 1983, págs. 33 y ss. G. Allegra estudia la cuestión desde otro punto de vista en *El reino interior*, Madrid, Encuentro, 1986.

[18] La fenomenología de la espiritualidad «fin de siglo» ha sido estudiada con precisión, en lo que toca a la obra del poeta de Moguer, por Graciela Palau de Nemes, «Tres momentos del neomisticismo poético del siglo modernista: Darío, Jiménez y Paz» [en *Estudio sobre Rubén Darío*, México, Fondo de Cultura Económica], que utiliza el término neomisticismo para definir «la búsqueda metafísica desde *Ninfeas* hasta *Animal de Fondo*». Richard A. Cardwell (*op. cit.*, pág. 107), refiriéndose a este mismo tema, y en concreto a la obra de Oscar Wilde, hablará de neohedonismo: espiritualización de los sentidos y materialización del espíritu. Lily Litvak, asimismo, estudia (*Erotismo Fin de Siglo*, Barcelona, Bosch, 1979) la mixtificada suma de sensualismo erótico y espiritual búsqueda metafísica como un ensayo plenamente modernista, que pretende integrar lo erótico en una concepción intimista —no pecaminosa—

imperante, el valor de determinadas formas marginales de estar en sociedad[19]. Tal es la «lucha modernista»[20] a la que es llamado Juan Ramón, y en relación con ella hay que leer los poemas de *Nubes*[21] y varios artículos de crítica, de la mis-

---

y personal de la belleza. Más referencias sobre el signo de determinadas corrientes esotéricas de principios de siglo pueden verse en J. M. Aguirre, *Antonio Machado, poeta simbolista*, Madrid, Taurus, 1973, pág. 204, n. 8. Sobre el influjo que las doctrinas ocultistas y esotéricas tuvieron en la configuración del pensamiento finisecular, véase, A. Viatte, *Les sources occultes du Romantisme, Iluminismo, Théosophisme*, París, 1928, y, más recientemente, Giovanni Allegra, «Lo esotérico y lo mágico en la literatura simbolista», *Cuadernos para la investigación de la literatura hispánica*, 1 (1978), págs. 207 y ss.; y «Ermete modernista, occultisti e teosofisti in Spagna, tra fine ottocento e primo novecento», *Annali*, XXI, 2 (1979), págs. 357 y ss.

[19] Comentando la opinión de Cejador, Cansinos Assens se refiere al modernismo en los siguientes términos: «en él la idea misma se saca de las *filosofías menos comunes*, de las *heces anarquistas y disolventes*, antisociales y anárquicas», cfr. R. Cansinos Assens, *La nueva literatura*, t. I, Madrid, Sanz Calleja, 1912, pág. 226. Para la identificación que parte de la crítica antimodernista hizo entre modernismo y anarquismo intelectual, véase Gonzalo Sobejano, *Nietzsche..., op. cit.*, págs. 82 y ss.; también, Clara Lida, «Literatura anarquista y anarquismo literario», *NRFH*, XIX (1970), págs. 360-381; asimismo, Eduardo Sanz y Escartín, *Federico Nietzsche y el anarquismo intelectual*, Madrid, 1898; E. González Serrano, «El anarquismo intelectual», *Nuestro tiempo*, V, 52 (1905), págs. 521-536; Lisa E. Davis (art. cit., págs. 136 y ss.) sintetiza la relación existente entre esteticismo finisecular y anarquismo en los siguientes términos: «The artist seems to stand in splendid isolation from the preocupations of the age, but he is deeply involved with actual life as a subversive force... He (O. Wilde) incorporates his theories on the practice of into a program of social reform that would foster a wald made safe for humanizing loveliness.» De la lectura que los ámbitos españoles hicieron de Oscar Wilde da testimonio el siguiente comentario de «Tristán» [«Oscar Wilde», *Prometeo*, 26 (1911), pág. 100]: «Es interesante su silueta locuaz de hombre que acercó más a la humanidad a esa perdición que necesita, creador de ángeles bellos, el gran sistema para hacer caer las tetrarquías y los sistemas y las morales.»

[20] La frecuencia con que el término lucha se repite, implícita o explícitamente, en los textos que Darío y Villaespesa colocan al frente de *Ninfeas* y *Almas de violeta*, conforma la idea, aquí defendida, de que, hacia 1900, se ha configurado un grupo —con caracteres ya muy precisos— que concibe su labor literaria como una *batalla* contra la «vieja cultura» heredada.

[21] A los datos ya conocidos sobre la génesis y evolución de *Nubes* (A. Campoamor González, *Vida y poesía de Juan Ramón Jiménez*, Madrid, Sedmay, 1976, págs. 50 y ss.), añádanse ahora las precisiones que aporta A. Sánchez Trigueros, *Cartas de Juan Ramón Jiménez al poeta malagueño José Sánchez Rodríguez*, Granada, Ed. Don Quijote, 1984, pág. 13.

ma época, firmados por Juan Ramón[22]. En efecto, conviene recordar que, en la crítica a *Nieblas*, del onubense Tomás Domínguez Ortiz, Juan Ramón habla de una poesía que «rompa las cadenas»[23]. En «¡Dichosos!»[24] cantará, bajo la impresión de los ajusticiamientos de Montjuich, la despedida de un anarquista condenado a muerte. Y, ya en *Ninfeas*, pueden leerse versos como los de la estrofa que sigue, del poema «La canción de la carne»:

La Carne es sublime, la Carne es sublime:
la Carne mitiga los cruentos Martirios de la Vida humana...
Son sus esplendores
soles frebricientes
que alumbran la Senda,
la angustiosa Senda
de los Sufrimientos y de las Desgracias...
En las largas Horas,
en las largas Horas de recuerdos fríos y horribles nostalgias,
en que el pobre Mártir,
en que el pobre Esclavo consume las hieles de la Lucha amarga;
cuando los Desprecios, las Ingratitudes, los Amores falsos,
desbordan el rojo Lago de las lágrimas;
cuando los Pesares
destrozan el Alma,
la Carne es un dulce consuelo, es un bálsamo,
que con sus turgencias, con sus morbideces y con sus fragancias,
en espasmos rientes,
trae un noble olvido de la triste Alma;
trae un goce al cuerpo,
y bebe la sangre, y la herida cierra, y enjuga las lágrimas...

*(PLP,* 1485-1486)

Mendigos, vencidos, moribundos, frustrados soñadores, etc., serán los seres que pueblen las páginas de este libro que

---

[22] Véase mi *Poética de Juan Ramón* (Universidad de Salamanca, 1981), págs. 22 y ss.

[23] *Nieblas,* Huelva, A. Moreno, 1900.

[24] *Vida Nueva,* 75, 12 de noviembre de 1899.

Villaespesa, en el «Atrio» que coloca al frente de *Almas de violeta*, nos dice cómo hay que leer:

> Las modernas tendencias literarias atraen cada día mayor número de espíritus entusiastas, y aunque no faltan voluntades mezquinas que castran su personalidad para servir, en calidad de eunucos, en el Harén de los Viejos decrépitos, la mayoría de la juventud, la juventud batalladora y fecunda, se agrupa en torno de la nueva bandera, decidida a emprender denodadamente la conquista del «Ideal». El Arte nuevo es liberal, generoso, cosmopolita. Posee las ventajas y los defectos de la juventud. Es inmoral por naturaleza, místico por atavismo, y pagano por temperamento.
>
> Su bandera, color de Aurora, ostenta esta leyenda, escrita con rosas frescas, con rosas de Primavera: «El Arte por el Arte.» Y bajo este símbolo glorioso del Porvenir, las almas jóvenes y vigorosas se lanzan al combate, a rescatar el Viejo Templo y arrojar de él, látigo en mano, a los mercaderes y saltimbanquis que lo profanan.
>
> Juan R. Jiménez, el joven autor de este libro, figura a la cabeza de los más esforzados paladines de la nueva Cruzada *(PLP, 1517).*

La cita es larga, pero reveladora. Misticismo, decadentismo, esteticismo, automarginación, inmoralidad, son algunas de las formas que adopta, en la literatura finisecular, la protesta contra la vulgaridad ambiente. Y la primera poesía de Juan Ramón conecta totalmente con este clima[25]. Pero es preciso añadir que tales manifestaciones de rebeldía social no son sino trasunto de otra rebeldía que engloba, y da sentido pleno, a todas las demás: la metafísica. Uno de los primeros poemas de Juan Ramón, no recogido luego en las antologías, es clarificador en este sentido:

---

[25] «Los poetas —dice S. Yurkievich en un texto que ejemplifican perfectamente los poemas juanramonianos de este momento— buscan liberarse de las represiones racionalistas, provocan el desarreglo de los sentidos para expresarlo a través de la alquimia del verbo. La sexualidad aflora al desnudo y se la dice sin eufemismos, la neurosis emerge y descontrola, convulsiona el mensaje y deshilvana el discurso», cfr. *Celebración del modernismo*, Barcelona, Tusquets, 1976, pág. 16.

   Tú, Señor, que de tierra me has creado
¿por qué me has de volver a sucia tierra?
¿por qué me has de matar? ¡Yo amo la guerra!
¡No quiero ser tan pronto derrotado!

Mi pensamiento busca el ignorado
palacio en donde la Verdad se encierra
y a conseguir esa Verdad se aferra
y gime y se revuelve encadenado...

Yo creo en Ti; mas, abre mis prisiones;
deja que siempre vague por el mundo;
deja que libre vuele al fin mi mente...

¿Han de servir mis blancas ilusiones
para comida del gusano inmundo?
¡No me importa luchar eternamente![26].

En paralelo, otro poema de Rubén Darío, que podría leerse como completo índice temático de *Ninfeas* y de *Almas de violeta*, da buena cuenta del trasfondo metafísico que anima la poesía finisecular:

*Ser y no saber nada*, y ser sin rumbo cierto,
y el temor de haber sido y un futuro terror...
Y el espanto seguro de estar mañana muerto,
y sufrir por la vida y por la sombra y por
lo que no conocemos y apenas sospechamos,
y la carne que tienta con sus frescos racimos
y la tumba que aguarda con sus fúnebres ramos,
¡y no saber adónde vamos,
ni de dónde venimos...![27].

En este «luchar eternamente» —de nuevo el término lucha de por medio— se concreta la rebeldía romántica tal como la reformularon Rimbaud, Baudelaire o Verlaine, en la imagen

---

[26] Recogido por G. Azam en el apéndice de su libro, *La obra de Juan Ramón Jiménez, op. cit.*, pág. 645.
[27] Cfr. S. Yurkievich, *op. cit.*, pág. 37.

del poeta maldito. Menene Gras Balaguer rastrea, con agude-
za y tino, la presencia de la estética de estos poetas en la obra
de Juan Ramón Jiménez, para concluir que «parece como si
Juan Ramón tuviera tendencia a corregirse siempre que cae en
la tentación de seguir el camino de Baudelaire o de Rimbaud,
o cuando se ve abocado a él por unas crisis que no domina-
ba»[28]. En su opinión, los poetas franceses conciben la belleza
en términos de lo que se consideraba el «mal», en tanto que
Juan Ramón la sitúa en la idea de «lo sublime en el bien».
Esto, que puede ser cierto para la obra que sigue al *Diario*
—y ya veremos de qué modo lo es—, no lo es en absoluto para
la poesía que ahora estoy comentando; y sobre todo, no lo es
para *Ninfeas,* un libro que conecta estrechamente con la estética
del decadentismo. Decadente es su complacencia en el dolor
como forma de autodestrucción en «Titánica» *(PLP,* 1477-1478),
o en «Salvadoras» *(PLP,* 1539-1540); decadente es, en fin, el vér-
tigo que, en «Spoliarium» *(PLP,* 1496), siente el «luchador» ante
una existencia vacía o sin justificación posible[29].

    *Ninfeas* y *Almas de violeta,* los libros con que Juan Ramón se
inicia en la «lucha modernista», tienen un valor histórico, al
que la crítica aún no ha hecho justicia. En ellos está ya com-
pleto todo el mundo poético juanramoniano anterior a 1913[30].

---

[28] «Apuntes para una lectura de Juan Ramón», *CHA,* 376-378 (1981), pág. 574.
[29] Parece difícil admitir —por lo que hoy sabemos de la biografía de Juan
Ramón— que éste, por aquellas fechas, conociese directamente la obra de los
poetas franceses. Pero de hecho, la filosofía del *poeta maldito* está en el am-
biente de la época. Y, en concreto, está en las obras de Reina, Icaza, etc., cuyo
influjo sobre nuestro autor ha estudiado, con puntualidad y objetividad,
R. Cardwell, *Juan Ramón Jiménez: The Modernist Apprenticeship,* Berlín, 1977. To-
davía está por hacer el estudio del modernismo andaluz al filo del 1900, y ya
va siendo hora de desarrollar los estudios de A. Sánchez Trigueros *(El moder-
nismo en la poesía andaluza,* Universidad de Granada, 1974) y Melchor Fernán-
dez Almagro (art. cit.). Sólo cuando se logre una visión panorámica suficiente
—ahora sólo Villaespesa, Sánchez Rodríguez y Juan Ramón cuentan con es-
tudios suficientes— podrá saberse con certeza el grado en que el ambiente que
rodea a nuestro autor se halla impregnado de la estética decadentista europea.
[30] Es de sobra conocida la saña con que Juan Ramón persiguió, para des-
truirlos, los ejemplares de estos libros, que hoy —por su rareza— se han con-
vertido en auténticas joyas bibliográficas. El rechazo estético de estos libros es
temprano. Pero, sólo tras 1913, cuando su estética —bajo el influjo de la Ins-

Otra cosa —y muy distinta— es su valor literario. Ambos —la crítica insiste en que *Almas de violeta* en menor medida— son libros ya viejos en el momento en que nacen. Y lo son por ciertas excentricidades tipográficas[31], por lo trasnochado de ciertos excesos románticos, por la buscada dificultad de esdrújulos, y, sobre todo, por la ausencia de voz auténtica y propia. Se percibe un fuerte desajuste entre la introspección que sus versos encaran ya y el sistema expresivo elegido[32]. Sin embargo, no hay duda de que, si para Juan Ramón, en su madurez, la poesía es «traducirse el poeta a sí mismo», a la vez que «un modo de acercarse a lo invisible por medio de símbolos», la raíz existencial y la orientación metafísica de ambas definiciones se hallan ya inequívocamente en las palabras del «Ofertorio» que abre *Ninfeas*:

> De mi sangre se nutrieron, las estrofas de estos cantos;
> son las flores de mi alma, que cayeron a los ósculos
> de una brisa sonriente, saturada de perfumes,
> o al embate furibundo de huracanes procelosos...;
> son pedazos humeantes de mi alma soñadora,
> de mi alma, peregrina de los nobles reinos de Oro,
> de los reinos encantados donde viven las Quimeras,
> las Quimeras azuladas, los Delirios y los Gnomos
> guardadores de magníficas riquezas ignoradas,
> guardadores de sublimes y fantásticos tesoros,
> cuyos vivos resplandores me fascinan y me atraen,
> me fascinan y me atraen como imanes monstruosos...

*(PLP,* 1465)

---

titución Libre de Enseñanza y de Ortega —dé un giro hacia posiciones éticas, siente la necesidad de condenarlas también por su inmoralidad decadentista. Véase, al respecto, J. A. Fortes, «De cómo JRJ dice distanciarse del modernismo», en *Criatura afortunada,* Universidad de Granada, 1981, págs. 55 y ss.

[31] Cfr. J. M. Martínez Cachero, «El juego de las dedicatorias y el empleo de las mayúsculas en *Ninfeas* y *Almas de Violeta»,* en *Actas..., op. cit.,* págs. 413-422.

[32] Para una revisión de la crítica contemporánea a estos libros primeros de Juan Ramón, véase de A. Campoamor Gónzalez, *Vida y poesía..., op. cit.,* pág. 53. Extraordinariamente valioso, preciso y documentado, es el trabajo de R. Gullón («El primer Juan Ramón Jiménez», en *Actas..., op. cit.,* págs. 31-46), que supone una excelente puesta al día de la cuestión. Muy claro, sobre todo en el nivel expresivo, es el influjo de Reina. Véase, en este sentido, R. Cardwell, «Introduction» a *Efímeras* y *Lejanías,* University of Exeter, 1983.

Dueño siempre de una conciencia autocrítica muy aguda[33], Juan Ramón es consciente desde el primer momento de la inautenticidad expresiva de su primera poesía, anclada en el «colorismo» —suma mal asimilada de parnasianismo y simbolismo— de Reina. Y una corta estancia en Francia[34], junto a la lectura de Samain, Jammes y Verlaine[35], le señalan el camino de Bécquer, cuya influencia gravitaría decisivamente sobre los libros siguientes: *Rimas de sombra* (1902), *Arias tristes* (1903) y *Jardines lejanos* (1904).

Los tres libros responden a una búsqueda estética, cuyo proceso hoy conocemos bastante bien gracias al empeño de Antonio Sánchez Trigueros[36] por recuperar la correspondencia que en aquellos momentos mantuvo el poeta moguereño con el también poeta Sánchez Rodríguez. En este epistolario nos encontramos con un Juan Ramón que, apenas unos meses después de la aparición de sus dos primeros libros, rechaza ya —y lo hace bastante radicalmente— la estética a la que los mismos respondían[37], a la vez que se inclina por una poesía que vaya *por dentro* y diga las cosas con esa «monotonía encantadora, que se entra en el corazón, y se aprende, y vibra siempre en los oídos, trágica, acariciadora, llena de estremeci-

---

[33] En Juan Ramón Jiménez, creación y crítica se dan la mano, desde el primer momento, y así siguen a lo largo de toda la historia del poeta. Véase mi *Poética...*, *op. cit.*, págs. 15 y ss.

[34] De inapreciable valor para conocer al detalle la vida de JR relacionada con este hecho son los trabajos de I. Prat, hoy recogidos en su libro *Estudios sobre poesía contemporánea*, Madrid, Taurus, 1982, págs. 15-100, y mucho más completo el libro póstumo del mismo autor, *El muchacho despatriado*, Madrid, Taurus, 1986.

[35] R. Ferreres, *Verlaine y los modernistas españoles*, Madrid, Gredos, 1975, págs. 177-188.

[36] *Cartas de Juan Ramón Jiménez, op. cit.*

[37] Elocuente, en este sentido, es el juicio crítico que sobre Reina emite Juan Ramón en carta a Sánchez Rodríguez, que Sánchez Trigueros *(ibíd.,* págs. 52-54) sitúa en la temprana fecha de octubre de 1900.

24

mientos, rota apenas un momento con una nota distinta, para volver luego al compás eterno...»[38].

En respuesta a este cambio de estética, las *Rimas,* y los libros siguientes a éste, suponen una ruptura con todo lo anterior, que la crítica supo apreciar inmediatamente. Se buscan caminos distintos a la alegoría para expresar la lucha interior; el ritmo se concentra y, sobre todo, busca una mayor adecuación entre música exterior y música interior; desaparecen los excesos decadentistas; cambia el tono de voz y se atenúa su intensidad; el exotismo se convierte en preciosismo interior. El arranque de la palabra juanramoniana, sin embargo, sigue siendo el mismo: la expresión de «toda la infinita nostalgia, todo el oro de nuestra raza egregia, desterrada del cielo»[39] y la persecución de algo «detrás del horizonte, hacia lo que no se ve»[40]. La rebeldía con que Dionisio Pérez saludaba a Juan Ramón desde las páginas de *Vida Nueva* sigue presente, aunque ahora ya no se dice en poemas heroicos «a lo Victor Hugo»[41]. Juan Ramón ha iniciado el camino hacia la conquista de la palabra propia, un largo camino jalonado por los logros que sucesivamente va incorporando a su escritura. El punto de llegada estará en el hallazgo de una palabra que le franquee la entrada a lo desconocido que hay dentro (yo más íntimo) y fuera (el misterio existencial ontológico del universo) de uno mismo.

En este sentido, *Rimas* es un libro capital —como sin duda lo hubiera sido también el destruido *Besos de oro*— en la bibliografía de nuestro poeta[42]. De un lado, es la reescritura[43] de

---

[38] *Ibíd.,* pág. 41, n. 39.
[39] Carta a Sánchez Rodríguez. Cfr. Sánchez Trigueros, *op. cit.,* pág. 53.
[40] *Ibíd.,* pág. 42.
[41] Véase carta a Graciela Palau de Nemes, en *(C) Cartas,* ed. Francisco Garfias, Madrid, Aguilar, 1962, pág. 392.
[42] *Rimas,* Madrid, Fernando Fe, 1902. Contenía 72 poemas, repartidos en 224 páginas en 4.° menor. *Besos de oro* es el libro que JR, en un arrebato, destruye tras la muerte de su padre. El libro estaba casi terminado en octubre de 1900, y algunos poemas del mismo aparecieron en los periódicos de la época. Véase A. Campoamor Gónzalez, *Bibliografía General de JRJ,* Madrid, Taurus, 1983.
[43] Creo que no resultará excesivo el término *reescritura,* aquí empleado, si tenemos en cuenta que son muchos los poemas de los libros anteriores que pasan a las *Rimas.*

los libros anteriores en clave becqueriana; y, de otro, es el anticipo de toda una serie de situaciones y motivos que luego serán desarrollados, con mayor detenimiento y dominio técnico, en *Arias tristes* y *Jardines lejanos*. En *Rimas*, la *tristeza* es el sentimiento que da unidad a los 72 poemas que componen el libro. Todo él es un matizado análisis de este sentimiento, con miradas alternativas que van hacia el exterior y hacia el interior del poeta. Hacia fuera, el yo poético de estos textos se nos muestra como buceador incansable de un algo misterioso, que se presiente en todas las cosas y que no se acierta a definir («... parece que las estrellas / compadecidas me hablan; / pero como están tan lejos, / no comprendo sus palabras...», *PLP*, 90); nostálgico de «algo que no se halla aquí» *(PLP*, 168), explorador de «algo ignoto» *(PLP*, 176-178), el poeta espera una respuesta, que no se traduce sino en sombras o en fantásticas visiones *(PLP*, 98-99). No obstante, la única realidad que se esconde tras las sombras es la de la muerte, habitante omnipresente del mundo que nos ofrece el libro[44]: *los niños (PLP*, 77-79, 94, 104, 117-119, etc.); los *jardines* que, de parques poblados de sombras misteriosas, se convierten en cementerios *(PLP*, 154); *el amor,* en permanente e inútil lucha con la muerte *(PLP*, 130); *la aldea,* cuyas casas «semejan... / sepulcros melancólicos» *(PLP*, 95):

> ...No es terror, no es tristeza
> esa sombra que vaga,
> es la amarga hermosura de lo viejo, la esencia
> que en el mundo dejaron otras flores, la música
> de otras liras, la ronda de las áureas bellezas
> que se van; es la vida que respira la muerte,
> es la luz de la niebla...

> *(PLP*, 93)

---

[44] Como muy bien ha analizado M. d'Ors («Tiempo, muerte, salvación y poesía en *Eternidades*», en *Criatura afortunada, op. cit.*, págs. 140-170), la tristeza de JR entronca con la angustia, común a todo hombre, del individuo frente a una realidad exterior, enigmática; con la soledad ontológica tan del gusto romántico. Esta angustia la plasmaron muchos escritores de la órbita modernista en una imagen del mundo como *criptograma*. Cfr. S. Yurkievich, *op. cit.*

La muerte es la compañera obsesiva y permanente del poeta en casi cada una de las páginas de las *Rimas*[45], hasta el punto de que éste llega —en lugares diferentes *(PLP,* 72 y 110)— a categorizar su propia existencia como un «estar con los ojos abiertos a la nada».

Pero la tristeza es también producto de la mirada del poeta hacia su propio interior, en un proceso de introspección que ya apuntaba en los libros de 1900, aunque allí el poeta carecía aún de la expresión adecuada para formalizarlo. Según Rimbaud —y esto era algo que Juan Ramón sabía desde su muy temprana lectura del Kempis[46]—, el primer estudio del hombre que quiera ser poeta es el de la propia alma, el de su mundo interior[47]. Se trata de un viaje a un mundo oscuro —laberinto de misteriosas galerías—, habitado, como el mundo de fuera, por seres monstruosos. De manera que la tristeza es, en esta dirección, el resultado de la sensación de horror o de vacío que el yo poético experimenta ante su propio abismo:

> He sentido que la vida se ha apagado:
> sólo viven los latidos de mi pecho:
> es que el mundo está en mi alma;
> las ciudades son ensueños...
> ..............................................................
> Por los árboles henchidos de negruras
> hay terrores de unos monstruos soñolientos,
> de culebras colosales arrolladas
> y alacranes gigantescos;

---

[45] Este gusto por lo tétrico y macabro es uno de los pocos elementos que perviven de la fantasía opulenta y patética característica de *Ninfeas.* Un índice de los componentes modernistas de tal fantasía puede leerse en S. Yurkievich, *Celebración del modernismo, op. cit.,* pág. 56.

[46] El influjo del Kempis en Juan Ramón ha sido estudiado por Carlos del Saz-Orozco, *Dios en Juan Ramón,* Madrid, Razón y Fe, 1966, págs. 17 y ss. Con mayor detenimiento y acierto, se ocupa también del tema G. Azam, *op. cit.,* págs. 65-70. La coincidencia entre *La imitación de Cristo* y la afirmación de Rimbaud no resultará extraña a quienes conozcan el grado con que la literatura finisecular recurre a la terminología de la mística para expresar —vaciando los términos de todo contenido trascendentalista— determinados complejos ideológicos del alma.

[47] Cfr. Menene Gras Balaguer, art. cit., pág. 571.

> y parece que del fondo de las sendas
> unos hombres enlutados van saliendo...
> Los jardines están llenos de visiones;
> hay visiones en mi alma..., siento frío...

*(PLP, 102-103)*

Con todo, el sentimiento de tristeza que domina estas páginas no es únicamente el resultado del mencionado proceso de exploración interior y exterior. Es, ante todo, una manera «diferente» de estar el poeta en el mundo; una forma de acceso a una transrealidad que les está negada a las «almas / de oro que no ven la vida / tras las nubes de las lágrimas» *(PLP,* 91)[48]. O, dicho en la clave de Rimbaud:

> je dis qu'il faut être voyant, se faire voyant. Le poète se fait voyant par un long, immense et raisonné dérèglement de tous les sens. Il cherche lui-même, il épuise en lui tous les poisons... Ineffable torture où il a besoin de toute la foi, de toute la force surhumaine, où il devient entre tous le grand malade, le grand criminel, le grand maudit —et le suprême savant. Car il arrive à l'inconnu[49].

Juan Ramón, que ha cantado desde «le grand criminel» y «le grand maudit» en *Ninfeas,* encamina su yo poético, desde *Rimas,* tras los pasos del *grand malade*[50].

---

[48] Así explica Gras Balaguer *(op. cit.,* pág. 573) el significado de la *tristeza* como don que convierte al poeta en un visionario; en un elegido cuya sensibilidad le permite captar dimensiones de la realidad que al resto de los mortales les están vedadas: «Es una condición irreversible para conocer estados del alma que de lo contrario serían irreconocibles. El mito de Tannhäuser que abandona el Venusberg, hastiado de tanta felicidad, para conocer el dolor..., es un ejemplo al caso.» Por lo que se refiere a las causas últimas que justifican tal sentimiento, véase S. Yurkievich, *op. cit.,* págs. 41-42.

[49] Cfr. M. Gras Balaguer, art. cit., pág. 572.

[50] El proceso que acabo de describir permite interpretar, desde una perspectiva diferente, el carácter hipocondriaco de nuestro autor. El retrato que Cansinos Assens hace de Juan Ramón en el Sanatorio del Rosario concuerda mucho más con la pose esteticista a que me estoy refiriendo, que con una enfermedad real. Véase «Juan Ramón Jiménez», *Ars,* 5 (1954), págs. 12-16; y también del propio Juan Ramón, *La colina de los chopos,* en *(LPr) Libros de prosa,* ed. Francisco Garfias, Madrid, Aguilar, 1969, pág. 909.

En *Arias tristes*[51] el mundo poético de *Rimas* se define mucho más; y, sobre todo, se da un paso importante en lo que se refiere a la expresión, a través de la estrofa romanceada que unificará todo el libro, de ese ritmo monocorde que el poeta identificará con el de su propia sangre[52]. Este libro se le ofrece al lector dividido en tres secciones («Arias otoñales», «Nocturnos» y «Recuerdos sentimentales»), presididas siempre por la búsqueda de ese «algo indefinido y vago» *(PLP,* 222) que es una constante juanramoniana desde el «Ofertorio» mismo de *Ninfeas.* En cada una de las partes, no obstante, se ensayan caminos diferentes para tal búsqueda. En «Arias otoñales» el camino elegido será el de la *sensación,* o mejor las *sensaciones,* que suscitan las cosas en sus momentos crepusculares (el otoño, la tarde, la muerte). El poeta se recrea en la contemplación de la naturaleza en aquellos instantes en que, entre dos luces, la bruma, la niebla o la decreciente luminosidad, velan el paisaje difuminando las cosas que lo componen *(PLP,* 218, 221); o en aquellos otros instantes en que es posible sorprender las cosas en su tránsito entre la vida y la muerte *(PLP,* 208-209). Diferente es la tonalidad que encontramos en «Nocturnos», una sección que Juan Ramón define, en un breve prólogo, como «libro monótono, lleno de luna y de tristeza». El clima espiritual, sin embargo, permanece idéntico al de «Arias otoñales». La soledad existencial del poeta («nostalgia / ... de novias / que están en tierras lejanas», *PLP,* 262, 266-267, 274, 282) busca consuelo en esos paisajes uniformemente iluminados por la luna. A la luz de ésta, el alma se libera de la cárcel de la carne *(PLP,* 264); las cosas se disuelven y el espacio dejado por ellas viene a llenarlo ahora toda una serie de *visiones* que forman una especie de transrealidad misteriosa, consoladora unas veces *(PLP,* 269-271; 285-286); y amenazante, otras *(PLP,* 274, 280).

En «Recuerdos sentimentales», la última sección del libro, el poeta persigue los diferentes matices del clima emocional

---

[51] La primera edición de *Arias tristes* apareció en Madrid, Fernando Fe, en 1903.
[52] Vieja metáfora de origen romántico: de Victor Hugo se decía que sus versos copiaban el ritmo del corazón de su novia.

que conforman las huellas del tiempo (sobre todo de tipo sentimental), al quedar impresas en el recuerdo.

Como resultado, los poemas de *Arias tristes* ofrecen una preciosista, y conscientemente monótona, sucesión de cuadros descriptivos. No se trata, sin embargo, de mero preciosismo exterior. Muy al contrario, Juan Ramón —a través de las *sensaciones* que los paisajes otoñales le despiertan, a través de las *visiones* que cree sorprender a la luz de la luna, y a través del *recuerdo*— se persigue a sí mismo. Por eso selecciona cuidadosamente aquellos instantes en que el jardín o el campo riman con su estado interior: seguro de que su «alma es hermana del cielo / gris y de las hojas secas» *(PLP,* 229). Se complace en registrar sobre el papel aquellos momentos en que «los árboles son amigos / de mi alma y se diría / que tienen para mi alma / no sé qué coplas idílicas» *(PLP,* 237). Es su propio yo, reflejado y objetivado en el paisaje, lo que Juan Ramón persigue en cada poema[53]. Dos únicos motivos le bastan al poeta para plasmar y hacer visible el resultado de tal persecución: la *novia blanca (PLP,* 229, 232, 235) y *el viejo misterioso,* ciego unas veces, y enlutado, otras *(PLP,* 208-209, 233, 274, 280). Ambos motivos sirven, respectivamente, a la personalización de la nostalgia y el terror que el poeta siente al asomarse dentro de sí (a «ese mundo tan grande y tan abierto que tenemos en el fondo de la carne negra y cerrada»), y encontrarse con el abismo, existencial y ontológico, al que el hombre de su época se condena, cuando renuncia a las «seguridades» que el racionalismo y la religiosidad burguesa le ofrecían. El siguiente texto sitúa con claridad la procedencia y el contexto en que hay que leer el motivo de *el hombre enlutado* del Juan Ramón de *Arias tristes:*

> Nadie tiene hoy su fe segura... A todos besó la misma maga. En todos está hirviendo la sangre nueva. Aunque se

---

[53] «Creía Machado —dice Sánchez Barbudo— que sólo gracias al *otro* puede uno llegar a ser uno mismo, a adquirir plena conciencia de sí», cfr. *Estudios sobre Unamuno y Machado,* Madrid, Guadarrama, 1959, pág. 205. Partiendo de esta afirmación, K. A. Oram *(«Platero y yo.* La doble misión de JRJ», *CHA,* 376-378 [1981], págs. 687 y ss.) rastrea en el poeta de Moguer idéntica búsqueda de la propia personalidad objetivada en la *otredad* del mundo que le rodea.

despedacen las entrañas, en su rincón más callado, están, airadas y hambrientas, la Intranquilidad, la Inseguridad, la Vaga Esperanza, la Visión Secreta. ¡Un inmenso hombre pálido, de rostro enjuto, ojos llorosos y boca seca, vestido de negro, anda con pasos graves, sin reposar ni dormir, por toda la tierra —y se ha sentado en todos los hogares, y ha puesto su mano trémula en todas las cabeceras! ¡Qué golpeo en el cerebro! ¡Qué susto en el pecho! ¡Qué demandar lo que no viene! ¡Qué no saber lo que se desea! ¡Qué sentir a la par deleite y náusea en el espíritu, náusea del día que muere, deleite del alba![54].

Estrechamente ligados a esta problemática, hay dos poemas en este libro a los que es necesario aludir por la importancia que tienen, como anticipación de relevantes núcleos temáticos en la poesía posterior del moguereño. En el primero de ellos apunta ya, plenamente definido, el cada vez más significativo panteísmo de Juan Ramón:

> Quiso mi alma el secreto
> de la arboleda fantástica.
> ...............................................
> Y ya, sola en la noche,
> llena de desesperanza,
> se entrega a todo, y es luna
> y es árbol y sombra y agua.

(PLP, 281)

En el segundo, entre tanto, se formula la problemática pregunta, en torno a la cual surgirá, aunque en un registro dife-

---

[54] José Martí, «Prólogo» a J. A. Pérez Bonalde, *Poemas del Niágara* (1882). Cfr. J. Olivio Jiménez, *Antología crítica de la poesía modernista hispanoamericana*, Madrid, Hiperión, 1985, pág. 13. Es evidente que Juan Ramón conocía este texto de Martí. «El beso de la Maga», de Martí, se traduce en el *beso negro*, de Juan Ramón, en la reseña a *La copa del rey de Thule* (1900), de Francisco Villaespesa. Esta figura del «hombre vestido de negro» pronto se convierte en motivo tópico de la poesía modernista: es el poeta *nictálope* de tantos textos, símbolo de una conciencia escindida entre un *yo lúcido* y un *yo irracional* que se presiente y se teme. Véase acerca de la insistencia modernista en tal fragmentación, S. Yurkievich, *op. cit.*, pág. 17.

rente, *Espacio:* «¿Por qué, si vuelan las almas, / no vuelan también los cuerpos / a la tumba pura y triste / de un dulcísimo lucero?» *(PLP,* 291-292).

*Jardines lejanos*[55] es, en muchos aspectos, un libro que responde a claves estéticas idénticas a las de *Arias tristes.* Idéntico clima otoñal reina en los *jardines* de este libro[56]. Pero los seres fantasmales que los pueblan ya no son trasunto de Thanatos, sino encarnación de Eros: «A veces sentimos que en el alma empiezan a brotar estrellas, no se sabe de dónde; y estas estrellas se inflaman, se matizan, se coloran fantásticamente, y van acercándose, y tienen ojos de mujer, y van acercándose...» *(PLP,* 349).

Ignacio Prat[57] ha analizado con minuciosidad el sustrato biográfico que anima bajo «Jardines galantes»; Graciela Palau de Nemes[58] ha apuntado pistas para leer en el mismo sentido las otras dos secciones del libro: «Jardines místicos» y «Jardines dolientes». Pero no se ha estudiado todavía cómo la citada distribución poemática está al servicio de un comienzo de estructura, a través de la cual el poeta pretende plasmar la problemática de su mundo interior. Juan Ramón, en «Jardines galantes», canta la insatisfacción de las «rosas carnales» *(PLP,* 375) de sus amores franceses[59]; en tanto que, en «Jardines místicos», unas «sombras de la vida soñadas en una oscuridad de otro mundo» *(PLP,* 407) nos hablan de esas «novias blancas» que «se fueron, o que se murieron», y que «no pudieron besarme..., y que yo no pude besar». Ambas secciones, frente a la tercera de *Jardines lejanos,* están escritas desde la memoria proyectada sobre el pasado; y ambas convergen sobre el presente de «Jardines dolientes» en un intento de explicarlo y explicarse. «La carne llena de sol, / el alma llena de sombras» *(PLP,* 393), de «Jardines galantes», contrasta con la nostalgia erótica que puebla de voces y sombras femeninas los «Jardi-

---

[55] *Jardines lejanos,* Madrid, Fernando Fe, 1904.

[56] Sobre el motivo del *jardín* en la poesía juanramoniana, así como sobre la tradición literaria de tal motivo, ha escrito unas bellas páginas M. Alvar, «Simbolismo e impresionismo en el primer Juan Ramón», *BRAE,* 61 (1981), págs. 408-412.

[57] *Estudios sobre la poesía contemporánea,* Madrid, Taurus, 1982.

[58] *Vida y obra de Juan Ramón Jiménez,* I, Madrid, Gredos, 1974.

[59] Véase I. Prat, «Prólogo» a *Jardines lejanos,* Madrid, Taurus, 1982.

nes místicos». «Por las ramas en luz brillan ojos / de lascivas y
bellas serpientes» *(PLP,* 409)[60]. Y del diálogo entre el anhelo
erótico y el espiritual, que trazan las dos primeras secciones
del libro, surge «Jardines dolientes». Tras cada recuerdo eróti-
co se encubre la búsqueda de algo que no se acierta a definir:

> Y, de repente, una voz
> melancólica y distante,
> ha temblado sobre el agua
> en el silencio del aire.
> ........................................
> Una voz que me va haciendo
> llorar por nadie y por alguien
> en esta triste y dorada
> suntuosidad de los parques.

> *(PLP,* 355)[61]

La insuficiencia del amor —carnal o espiritual— como me-
dio de acceso a ese «algo indefinido y vago» tras el que cami-
na la poesía junramoniana de esta época, desemboca en la
*tristeza*[62], palabra clave en la sección de «Jardines dolientes».
Pero es en esta sección, precisamente, donde la citada tristeza,

---

[60] R. Gullón («El primer Juan Ramón Jiménez», art. cit., págs. 31 y ss.) co-
menta la presencia en el primer Juan Ramón de una aguda conciencia de «cul-
pabilidad ante lo erótico», conciencia que pone en relación con la lectura que
hizo nuestro poeta, con fecha muy temprana, de Samain y de Mallarmé («La
carne es triste»). Ciertamente, creo que es en este contexto donde debe situar-
se, para su correcta lectura, *Jardines lejanos.* Pero ya en *Ninfeas* está presente la
duda del que asocia sexualidad o deseo con la idea de derrota de la parte espi-
ritual del hombre. De ahí procede la vaga sensación de culpabilidad que re-
zuman muchos de sus poemas. Véase, también, I. Prat, ed. cit., pág. 25.
[61] Desde el primer momento, la crítica de principios de siglo situó la clave
de la escritura de Juan Ramón en la persecución permanente, por parte del
poeta, de un ideal misterioso. Un buen resumen de los primeros juicios críti-
cos recibidos por Juan Ramón se encuentra en R. Gullón, «El primer Juan Ra-
món Jiménez», art. cit., págs. 39-41.
[62] En el contexto romántico del que emerge el modernismo, la tristeza tie-
ne una valoración positiva, como signo de distinción intelectual. El dandysmo es
la personificación de tal idea. Baste el recuerdo de algunas citas: «El conoci-
miento es dolor» (Byron) o «¿No ves cuán necesario es este mundo de penas
y desventuras para enseñar a la inteligencia y convertirla en alma?» (Keats).

resultante de la búsqueda erótica apuntada, se revela como estado sentimental especialmente iluminador: «Para sentir los dolores / de las tardes, es preciso / tener en el corazón / fragilidades de lirios...», dice Juan Ramón en un poema *(PLP,* 477-478) que puede ser leído como el manifiesto de su poética actual. La tristeza hace del poeta un visionario y le prepara para descifrar «el secreto de los parques» *(PLP,* 483) y el idioma de las «hojas secas» *(PLP,* 498). Swedenborg, a quien Juan Ramón cita en uno de los poemas de este libro *(PLP,* 453), se halla tras la concepción del universo como libro de símbolos cuyas claves está destinado a descifrar el poeta[63].

Desde el punto de vista técnico, también este libro ofrece, respecto a *Arias tristes,* algunas variantes que son de interés. La estrofa romanceada sigue siendo la base de la mayor parte de los poemas. Pero se aprecia —y esto es, quizás, lo más relevante— una sostenida voluntad de depuración en los enmarques narrativos o descriptivos tan característicos del libro anterior. Y así, son muchos los poemas que surgen como puras apelaciones *(PLP,* 419), exclamaciones *(PLP,* 417) o diálogos *(PLP,* 420). El clima emocional que el poema quiere expresar pasa a depender de la situación y no del marco[64], señalando este libro lo que, a partir de la «segunda época» de Juan Ramón, será una constante de su poesía.

### El regreso a Moguer

En la nota autobiográfica que, en 1907, envía Juan Ramón a la revista *Renacimiento*[65], se precisa cómo, tras la desaparición de *Helios* (1904), los poetas modernistas se dispersaron. Con ello Juan Ramón no alude, exclusivamente, a la ruptura

---

[63] Excelente comentario a la visión modernista del Universo como libro de símbolos (que encierra un mensaje secreto para quien sabe leerlo), se encuentra en J. Olivio Jiménez, *Antología...,* *op. cit.,* págs. 35-36. Respecto a la deuda modernista con Swedenborg, en esta idea, véase A. Balakian, *El movimiento simbolista,* Madrid, Guadarrama, 1969.

[64] V. García de la Concha, «La poesía de Juan Ramón Jiménez: lírica y drama», *Actas...,* *op. cit.,* págs. 97 y ss.

[65] «Habla el poeta», *Renacimiento,* VII (octubre de 1907), págs. 422-425.

del grupo que, durante su estancia en el Sanatorio del Rosario, él había logrado congregar. Sobre todo, el poeta se refiere a una dispersión estética. Si durante un tiempo Bécquer había dado al modernismo español —*Alma, Soledades, Arias tristes,* etc.— un carácter que lo hacía diferente del hispanoamericano, a partir de 1905 cada poeta ensaya su propio camino.

Juan Ramón se recluye en Moguer, y desde allí —agotado ya el ciclo que se abre con *Rimas*— nos habla de su desconcierto inicial[66]. En realidad toda la escritura de este momento (1905-1912) estará marcada —en persecución siempre de un lenguaje propio— por el ensayo de nuevas posibilidades para la palabra poética. *Las hojas verdes*[67], el primer libro fechado en Moguer, es bastante revelador de lo que vengo diciendo. Desde un punto de vista temático, esta colección de poemas no añade nada a los libros precedentes. Estas «hojas verdes» —como se señala en el prólogo en prosa que precede a los poemas y como los propios títulos de los poemas se encargan de aclarar— son hermanas de las «hojas secas» y de las «rosas» que hemos visto morir en los libros precedentes. Pero algo nuevo ofrece este poemario: un cierto grado de humor *(PLP,* 711-712, 730-731) en el tratamiento de temas, que la poesía anterior había hecho familiares[68], da testimonio del agota-

---

[66] «Carta a Rubén Darío», en *Cartas, op. cit.,* págs. 41-42.

[67] Juan Ramón trabajó en Moguer en varios libros a la vez, pero *Las hojas verdes* es el primero que da a la estampa, con un pie de imprenta que lleva la fecha de 1909. Este libro, en realidad, fue pensado como sección de un conjunto mayor que habría de llevar el título de *Olvidanzas.* Para el estudio de la génesis de *Las hojas verdes* puede consultarse, J. Urrutia, «Prólogo» a *Las hojas verdes. Baladas de primavera,* Madrid, Taurus, 1982; también A. Campoamor González, *Vida y poesía..., op. cit.,* pág. 97. Ambos confirman que la fecha de redacción de los poemas fue 1906. Hoy el lector de JRJ puede encontrar en la librería una edición de *Olvidanzas* (Madrid, Aguilar, 1968) de cuya preparación se encargó Francisco Garfias. Pero este texto, por la anárquica mezcla de poemas de varias épocas, no tiene nada que ver con el libro pensado por JR.

[68] La crítica, por lo general, ha carecido de la sensibilidad necesaria para apreciar la dimensión irónica de bastantes textos modernistas. No es la ironía una cualidad que se les reconozca a los autores de este movimiento; sin embargo, J. Olivio Jiménez *(Antología..., op. cit.,* págs. 37-39) destaca este rasgo como característico de la escritura del momento. Ciertamente, Juan Ramón no figura entre los autores más destacados del momento en el uso de la ironía, pero muchos poemas de este libro responden a ese espíritu.

miento en que ha desembocado la vía poética que trazan *Rimas, Arias tristes* y *Jardines lejanos. Las hojas verdes* es un libro de ensayos técnicos que apuntan, sobre todo, hacia una renovación del verso: nuevos metros —endecasílabos, decasílabos, hexasílabos, etc.—, nuevas combinaciones estróficas, rimas agudas, encabalgamientos sorprendentes y rupturas léxicas forzadas por la rima[69]. Junto a ello, hay que destacar también cómo, en este libro, la poesía de Juan Ramón se abre a la ola orientalista que, desde su *Nuevo Mercurio,* había puesto de moda Gómez Carrillo[70]. En definitiva, *Las hojas secas* marca el comienzo de un tiempo nuevo en la poesía de Juan Ramón; un tiempo nuevo que se va a definir por la persecución, con tanteos en distintas direcciones, de la palabra y de la voz propias.

## Por las lindes de lo popular

El largo retiro de Juan Ramón en Moguer responde a causas biográficas que la crítica ha analizado bien. Pero tiene también una significación estética que conviene no olvidar.

> El pueblo —escribirá Juan Ramón en cierto momento— es intuición, y cuando un hombre *cansado de la vida* se *retira* a la naturaleza (santo, poeta, sabio) va en busca de la intuición,

---

[69] Jorge Urrutia (ed. cit., pág. 29) pone en relación algunos de estos juegos con Pascoli, a quien Juan Ramón leyó en la etapa de Moguer, según testimonio que documenta J. Guerrero Ruiz, *Juan Ramón de viva voz,* Madrid, Ínsula, 1961, pág. 69.

[70] Se ha estudiado el «orientalismo» de Juan Ramón, ligándolo sobre todo a sus trabajos sobre Tagore. Sin embargo, el influjo de la literatura y de las ideas orientales se documentó en nuestro poeta desde fechas muy anteriores. Véase Yong-Tae Min, «Tres etapas del orientalismo en Juan Ramón Jiménez», *CHA,* 376-378 (1981), págs. 284 y ss. El gusto por lo oriental está muy extendido en el ambiente de principios de siglo (cfr. Abdellah Djbilou, ed. de *Diwan modernista,* Madrid, Taurus, 1986), y Gómez Carrillo, desde su *Mercurio,* cumplió una función de transmisión importantísima de la moda oriental que irrumpe en el París de 1900. Véase sobre todo de Lily Litvak, *El sendero del tigre,* Madrid, Taurus, 1986.

de la desnudez de la cultura; no va a aprender, va a olvidar, es decir, a aprender y encontrar en el olvido[71].

El resultado de tal *aprendizaje en el olvido* se plasma en libros como *Pastorales*.

La crítica viene adscribiendo *Pastorales* a la línea poética de *Arias tristes*. Se parte, para ello, de la fecha de redacción del mismo. No hay que olvidar, sin embargo, que el libro no se publica hasta 1911, y que recoge poemas que, evidentemente, son posteriores a todo el ciclo iniciado en *Rimas*[72]. En cualquier caso, responde a una estética muy diferente. Desde el pequeño prólogo en prosa que abre el libro —«Hay en la naturaleza un secreto...»—, *Pastorales* revela la presencia de toda una serie de influjos krausistas[73] que resultan novedosos. El primer, y más llamativo, reflejo de tal presencia se hace evidente en la valoración estética de lo *popular* hacia la que apunta esta poesía[74]. El folklore —cantares populares *(PLP*, 538,

---

[71]   *Crítica paralela,* ed. Arturo del Villar, Madrid, Narcea, 1975, págs. 203-204.

[72]   Parece evidente que poemas como el que comienza «Mujer, perfúmame el campo» *(PLP,* 615) responden a la misma problemática de otros textos, especialmente de *Jardines lejanos.* A. Campoamor González *(op. cit.,* pág. 96), coincide en datar los textos de *Pastorales* en una fecha similar o inmediatamente anterior a la de *Jardines lejanos.* No obstante, conociendo la forma de trabajar de Juan Ramón y teniendo en cuenta la fecha de edición (1911), cabe suponer que el poeta, de 1904 a 1911, añadió mucho y corrigió bastante sobre el esquema inicial. En cualquier caso, en *Pastorales* subyace un fondo anecdótico que convierte este libro en algo radicalmente diferente a la trilogía madrileña. Para todas estas cuestiones y las que se refieren a la génesis y evolución del libro, véase A. Campoamor y R. Gullón, eds. de *Pastorales,* Madrid, Taurus, 1982, págs. 9-10, 32 y ss. y 42.

[73]   Aunque la relación de Juan Ramón con el krausismo —muy temprana y muy intensa a pesar de las conclusiones a las que llegue Saz-Orozco *(op. cit.,* págs. 37 y ss.)— era bastante conocida, el significado real de esta filosofía en el pensamiento del moguereño, no quedó puesto de relieve hasta los trabajos de G. Azam, *La obra de Juan Ramón Jiménez, op. cit.,* págs. 212 y ss. Allí encontrará el lector abundante documentación y una bibliografía actualizada sobre el tema. Por lo que se refiere a la importancia del krausismo en la valoración de lo popular, véase M. Alvar, «Tradicionalidad y popularismo en la teoría literaria de JRJ», en *CHA,* 376-378 (1981), págs. 518 y ss.

[74]   El primero en señalar el origen krausista de su aprecio por lo popular es el propio Juan Ramón, que ve en la valoración de lo popular una de las mayores diferencias entre el modernismo español y el hispanoamericano. Espe-

37

571-572, 587-588), canciones de cuna *(PLP,* 585-588, 598) y cuentos *(PLP,* 539, 541)[75]— pasa a ser, como núcleo o como contrapunto temático, un constituyente importante de *Pastorales*. Es más, la misma distribución de los poemas se apoya, aquí, en una leve trama narrativa, cuyos personajes —Galán, Estrellita, María, Francina, la abuela...[76]— usurpan el puesto del yo lírico de los libros precedentes. En respuesta a esta actitud ante los materiales populares, a la imaginación infantil, como fuerza transformadora de la realidad, se le otorga un valor que, respecto a lo que ocurría en la poesía precedente, resulta también extraño *(PLP,* 557-558). Consecuentemente, cuando el yo existencial del poeta se manifiesta, lo hace a través de una serie de poemas *(PLP,* 583, 654-655) que resulta difícil integrar en la estructura global del libro. Con *Pastorales* Juan Ramón descubre un camino en el que la poesía española de su siglo daría frutos importantes, pero en sí mismo este es un libro no logrado[77]. Quizá, lo más relevante del libro resida en el trabajo de reelaboración creativa a la que, en estos poemas, se somete la estructura rítmica del romance tradicional[78];

---

cialmente, desarrolla esta idea en los textos de *Alerta,* ed. Francisco J. Blasco, Universidad de Salamanca, 1983. Allí puede leerse: «Tampoco se asomó Rubén Darío a la Institución Libre de Enseñanza, donde se fraguó, antes que con la jeneración del 98, la unión entre lo popular y lo aristocrático» (pág. 76).

[75] Un mecanismo básico en la conformación del mundo poético modernista es, en opinión de J. Olivio Jiménez *(op. cit.,* págs. 27-31), el *sincretismo* de las más variadas corrientes. Para ejemplificar tal mecanismo, *Pastorales* es un libro extraordinario: lo popular, la mitología escandinava *(PLP,* 555), la mitología clásica latina y la mitología cristiana *(PLP,* 656-657), la comedia del arte *(PLP,* 682), etc.

[76] Casi todos estos personajes esconden personas reales de la vida del poeta. Véase Antonio Campoamor González, «Prólogo» a *Pastorales,* ed. cit., pág. 16.

[77] *Platero y yo,* libro en que Juan Ramón trabaja por las mismas fechas, es el resultado, sin duda alguna, de una mejor asimilación de lo popular. Sin embargo, las *Baladas* tienen una importancia singular en la historia de la poesía española del siglo XX, ya que inician una corriente poética que —con Lorca, Alberti, etc.— gozará de gran vitalidad en la década de los 20. Cfr. R. Senabre, «Juan Ramón Jiménez y Antonio Machado», en *Juan Ramón Jiménez en su centenario,* Cáceres, 1981, pág. 218.

[78] Véase, en este sentido, el trabajo de Manuel Cifo González, «Tradición e innovación en los romances de *Pastorales»,* *CHA,* 376-378 (1981), págs. 669 y ss.; y, de mayor alcance, el estudio de A. Carreño, «Juan Ramón Jiménez y el Romancero», *CHA,* 376-378 (1981), págs. 785 y ss.

así como en el cambio de perspectiva que supone la traslación hacia el plano de lo humano *(PLP*, 598, 613-614) de esa ambientación sentimental que antes se buscaba, exclusivamente, en el paisaje[79].

En la misma línea de experimentación con materiales de procedencia popular, hay que situar las *Baladas de primavera*. Fechado en 1907, pero sin publicar hasta 1910[80], es éste un libro plenamente logrado, «comienzo de una línea que —como afirma Aurora de Albornoz[81]— ha de culminar en la *canción pura* de *Estío* y de otros libros posteriores». En efecto, las *Baladas* suponen una conseguida recreación de la estructura compositiva que es propia de la canción, en la tradición popular. La ruptura —tonal, emocional y rítmica— que los estribillos —apelaciones, exclamaciones o interrogaciones— suponen respecto al discurrir de las estrofas —descripciones gradativas o diálogos— es aprovechada al máximo por un poeta, que ahora se nos revela como un buen conocedor de las posibilidades expresivas del ritmo. Juan Ramón mismo, consciente siempre del sentido de su creación, califica estos poemas de «un poco exteriores», con «más música de boca que de alma». Es el lógico resultado del trabajo experimental que se inicia con *Las hojas verdes*[82]. Conviene tener en cuenta,

---

[79] El paisaje, con todo, no desaparece. Lejos de hacerlo, se complica y amplía sus funciones. Cfr. Antonio Campoamor González, «Prólogo», ed. cit., págs. 17-20. Ya no es sólo el espejo en que el poeta busca la objetivación de su mundo interior. Ahora, sobre todo, destaca por su humanización; por ser un paisaje animado, con un alma propia que busca comunicar su secreto mensaje.

[80] Se trata de un libro breve (26 poemas en 88 páginas, en la primera edición). Inicialmente, *Baladas de primavera* se concibió como la sección primera de un conjunto más amplio que acogería también *Platero y yo* y *Otoño amarillo*. Hoy el magnífico trabajo de M. A. Vázquez Medel [una síntesis del cual ha sido publicada con el título «Claves estilístico-textuales para el estudio del proceso creativo juanramoniano», en *Actas.., op. cit.,* págs. 589 y ss.] ha abierto un camino espléndido para estudiar la génesis y la evolución textual de los poemas de este libro, desde su primera redacción hasta su formulación definitiva en las últimas antologías.

[81] Juan Ramón Jiménez, *Nueva Antología,* ed. Aurora de Albornoz, Barcelona, Península, 1973, pág. 41.

[82] Véase el «Prólogo» en prosa que Juan Ramón coloca al frente de los poemas de este libro *(PLP,* 737).

sin embargo, que las *Baladas* no son un mero ejercicio de virtuoso. Las nuevas fórmulas que Juan Ramón ensaya aquí vienen exigidas por un clima espiritual nuevo también. La «nostalgia de la salud» *(PLP,* 775-776, 778-780) sustituye ahora a la invariable tristeza de los libros precedentes. Y la *«música de boca»* responde a la convicción de que la *canción (PLP,* 742-743) y la *carne (PLP,* 744-745, 771-772) son un buen antídoto contra la «bruma interior». De tal manera que, el libro se ofrece, en su apasionado diálogo con la naturaleza —el almoraduj, la amapola, el pájaro del agua, la flor de la jara, el pino, el avión, etc.—, como una necesaria salvación del abismo interior a través de la «primavera» exterior. «Donde la carne aparece —escribe el poeta— se cierra la flor de dentro»[83]. En lo popular encuentra Juan Ramón una posibilidad alternativa al intimismo becqueriano de los libros anteriores[84]. Y en lo popular, visto a través de un espíritu cultivado, radica una de las claves esenciales para leer a nuestro poeta.

## Los libros amarillos de Moguer

Se equivoca la crítica cuando se refiere a los libros que van de *Elegías* (1908) a *Melancolía* (1912) con el título de *decadentes*[85]. Muy al contrario, en sus páginas asistimos —por uno de los varios caminos que Juan Ramón ensaya en este momento— a la segunda depuración del decadentismo de sus libros primeros. La preferencia que estos libros demuestran por el

---

[83] *Ibíd.*

[84] Desde luego, no se trata sólo del abandono del *jardín* francés por el *campo* moguereño, como afirma J. Urrutia en el prólogo a su edición *(op. cit.,* pág. 22). Se trata de un cambio relevante en la orientación estética.

[85] Con *Elegías* se inicia una fase nueva en la escritura juanramoniana, fase que la crítica —con una unanimidad que se hace sospechosa y con una total falta de precisión terminológica— ha calificado de *modernismo decadente.* De «etapa de esplendores decadentes» la tacha Gerardo Diego, «Juan Ramón Jiménez: *Segunda antología poética*», *Peña labra,* 20 (1976), pág. 53. Desde mi punto de vista —y como intentaré demostrar en las páginas que siguen— la crítica, unánimemente, se equivoca: leer los libros que van de *Elegías* a *Melancolía* en clave decadentista es falsear completamente el proceso evolutivo de nuestro poeta.

alejandrino —que gozó de tanto prestigio entre los modernistas— ha podido resultar engañosa[86]. Conviene no olvidar los datos que nos suministran las cartas y los primeros aforismos del poeta. Entre las primeras, hay dos, de 1912 exactamente, que recogen con fidelidad el clima espiritual que da lugar a los libros que siguen. La primera va dirigida a Unamuno; la segunda a «Cardenio», de *La Provincia*. En ambas (*C*, 46 y 98) se repite la misma idea: la poesía es una actividad espiritual, que se define, justamente, en su oposición al «oficio» literario[87]. Tal concepción de la poesía, que reaparece de forma obsesiva en los aforismos juanramonianos de esta época, es, en mi opinión, básica para entender la nueva posición estética de Juan Ramón. Renuncia a toda escritura que pretenda ser literaturización de nada. Concibe la poesía como un instrumento, cuya misión es configurar el mundo interior del poeta y, a la vez, transformar el universo todo en que dicho mundo ha de inscribirse[88]. De una parte, hacia dentro, la palabra del poeta «enforma» su mundo interior, elevándolo al nivel de la conciencia; de otra, hacia fuera, se constituye en voz para «un universo que no quiere hablar», dando lugar a ese «idioma íntimo y concreto que hablan los árboles con las

---

[86] Respecto al uso del alejandrino entre los modernistas, T. Navarro Tomás, *Métrica española*, Madrid, Guadarrama, 1974; P. Enríquez Ureña, «Sobre la historia del alejandrino», *RFH*, VIII (1946), págs. 1-11. Para el caso de Juan Ramón, véase R. Gullón, «Plenitudes de Juan Ramón Jiménez», *Hispania*, XL, 3 (1957), pág. 277.

[87] Al desarrollo de esta idea dedicará Juan Ramón, en su última época, una conferencia completa. Véase «Poesía y literatura», en *(TG) El trabajo gustoso*, ed. de Francisco Garfias, Madrid, Aguilar, 1961, págs. 35 y ss.

[88] Es la poesía una actividad que repercute, a la vez, sobre su propio autor y sobre el contorno sobre el que éste se mueve. Así expresa Juan Ramón esta idea en su prosa de reflexión teórica: «Poetizar es llegar, venir a ser yo cada día en una nueva visión y una nueva expresión de mí mismo y del mundo que yo veo, mi mundo» *(El trabajo gustoso, op. cit.*, pág. 126). El origen de esta idea hay que buscarlo en la estética de Hegel. Dice el filósofo alemán: «El hombre también está comprometido en sus relaciones prácticas con el mundo exterior, y de estas relaciones nace igualmente la necesidad de transformar este mundo, como a sí mismo, en la medida en que forma parte de él, imprimiéndole su sello personal. Y lo hace para reconocerse en la forma de las cosas, para gozar de sí mismo, como de una realidad exterior» (G. W. F. Hegel, *Introducción a la estética*, Barcelona, Península, 1973, pág. 68).

nubes, las estrellas con los pájaros, las rosas con el corazón»[89]. Si en los «libros inéditos» de esta misma época, a los que luego me referiré, es posible descubrir los ensayos de Juan Ramón para desnudar la palabra de la «ilusión» de la forma —ya que poetizar es esculpir (que no vestir) el alma mediante la escritura—, no son otros los postulados que, dentro de un ropaje todavía modernista, hacen explícito los libros amarillos. El poeta —que, según uno de sus aforismos, es «el que arranca el tesoro de la inmensidad a la eternidad» *(LPr,* 491)— tiende a crear un ámbito de realidad, en que las ansias de infinito[90] que le mueven no aparezcan negadas de antemano; renuncia, sin embargo, a toda ilusión o ficción de infinitud edificada sobre soportes formales, al margen de la realidad. En otro aforismo precisa: «Aunque tarde, he comprendido una cosa: el hombre no debiera nunca soñar, *sino intentar realizar los elementos de sus sueños» (LPr,* 762). Sobre esta exigencia, la de adecuar realidad creada y realidad experimentada, se fundan los poemas de los libros que siguen. El poeta, dirigiéndose a la poesía —«divina mujer triste»—, le pide ahora:

> No seas la ilusión que vuela de la frente,
> sino la realidad constante y verdadera.

*(PLP,* 1331)

Pretende Juan Ramón, en este momento, fundir la calidad del sueño y la verdad de la realidad. Y hacia esa clave confluyen su teoría y su creación.

En conclusión, en los libros que siguen asistimos a una segunda depuración de los «excesos» modernistas iniciales. Desde posiciones krausistas —tras las cuales está el influjo personal del doctor Simarro—, Juan Ramón ensaya, ahora, una

---

[89] *C,* 69-71. La raigambre romántica de este punto queda confirmada en el siguiente texto, de la *Defensa de la poesía,* de Shelley: «Hay elocuencia en el viento que no sabe hablar [...] y estas cosas, por su incontenible relación con algo que existe dentro del alma, despiertan el espíritu a una rapsodia de éxtasis.» Tomo la cita de Carmen Pérez, *op. cit.,* pág. 71.

[90] Sobre la modernista «enfermedad de lo infinito», véase A. González Blanco, «La vida literaria: Juan R. Jiménez», *Nuestro Tiempo,* V, 52 (1905), pág. 542.

«nueva visión y nueva expresión de *mí mismo* y del *mundo que yo veo*». Se trata, por un lado, de edificar, por medio de la palabra poética, su propio yo. De otro lado, se trata de crear una nueva visión enriquecedora de la realidad.

Primer fruto de este nuevo enfoque son las *Elegías*[91], libro que, en cierto sentido, supone un regreso al clima espiritual de los libros anteriores a *Pastorales*. Un texto de «Elegías puras» marca el tono de la colección:

> Abandona, poeta, la loca pandereta
> y el tambor, que te han dado tanto alegre estribillo...
> Mira, el otoño piensa su elegía violeta
> y aleja por el cielo un recuerdo amarillo.
>
> Exalta la hoja seca, liba la poesía
> de esa lumbre doliente que en la tarde persiste;
> y que el lamento sea a tu melancolía
> lo que el color del llanto al horizonte triste.

> *(PLP, 811)*

En versos que recuerdan la rebeldía de aquel primer soneto de *Vida Nueva* —«¿he de guardar debajo de tierra esta sonrisa / compleja y pura, hecha de alegría y de duelo?» *(PLP, 798)*—, este libro es el canto —«voz de agua y de cristal que embellece la tarde»— resultante de una larga meditación sobre la muerte. Perdida toda ilusión y toda esperanza ante la omnipresente e inevitable realidad de la muerte, la vida pasa a ser un sinsentido, cuya «lúgubre belleza» plasma Juan Ramón en las imágenes del *muro abandonado (PLP, 794)* y de las *ruinas (PLP, 792)*. La primavera misma, y todo lo que ella significa, es «como en un ciprés un pájaro de risa, / como una mariposa en una calavera» *(PLP, 809)*. Desde esta constatación, en

---

[91] Las tres secciones que componen las *Elegías* se publicaron por separado; en 1908, las «Elegías puras»; en 1909, las «Elegías intermedias»; y en 1910, las «Elegías lamentables». Las editó la Revista de Archivos. La fecha de redacción de los poemas se sitúa en 1907-1908.

«Elegías puras» Juan Ramón trata de asumir el dolor como un elemento purificador *(PLP,* 814); a la vez que se pregunta —desdoblándose en varios interlocutores: ruiseñor, arroyo o sol— por el sentido de su canto *(PLP,* 813, 815, 819). Una respuesta —que puede servir de referencia para situar la estética de los libros amarillos de Moguer— se apunta: el canto —identificado siempre como llanto— es productor de «belleza», y ésta actúa como narcótico que pone en olvido la realidad del vivir *(PLP,* 794). En «Elegías intermedias», Juan Ramón reflexiona sobre la pérdida de la ilusión: la hipersensibilidad *(PLP,* 831), la pérdida de la inocencia en el amor *(PLP,* 832, 835, 837, 839, 852), la recreación voluptuosa en el dolor *(PLP,* 834, 845), la falsedad de la vida social *(PLP,* 837), la abulia *(PLP,* 854), han convertido al poeta en un errante náufrago que, al borde del abismo, exclama contra su destino:

> Esta desilusión penetrante y amarga,
> que empieza con la noche y empieza con el día;
> ¡este horror de vivir una vida tan larga,
> —siendo tan corta— y quieta y dorada y vacía!
>
> ¡Sentir el alma llena de flor y de simiente
> y ver llegar el hielo negativo y eterno!
> ...¡Y saber, sin embargo, que era capaz la frente
> de deslumbrar la tierra... y el cielo y el infierno!

*(PLP,* 843)

Y, junto a ello, la nostalgia de un tiempo diferente *(PLP,* 848, 849). En «Elegías lamentables» se cierra el análisis con la afirmación del mundo interior, como único ámbito de ese «algo encantado y distante», por el que el poeta suspira *(PLP,* 866):

> Lo eterno, en mí, está abierto como un tibio tesoro
> y, sobre la amargura del miedo cotidiano,
> llueve sus claridades de azul, de rosa, de oro,
> florece lo extinguido y acerca lo lejano...
>
> La luz inmarcesible que llevo dentro arde
> como una primavera de sueños de colores...

> ¡Ay, prolongar eternamente esta dulce tarde,
> o morir ya, entre estas iluminadas flores!

*(PLP, 867)*

El recuerdo *(PLP, 873, 874)* y el ensueño *(PLP, 869)* se configuran como creadores de una realidad ideal, que salva a la vida de la vulgaridad de lo cotidiano *(PLP, 875, 892, 898)*[92], y que patentiza la insaciabilidad de una aspiración que, a veces, se confunde con el deseo sexual *(PLP, 879, 886, 896)*. Y, frente a todo ello —en versos que dejan traslucir una lectura reciente de Quevedo *(PLP, 890)*[93]—, la amenaza de la muerte como única certeza. Ante ella, «esa diosa de los ojos fatales / que hace a los hombres, con su olor, meditabundos» *(PLP, 869)*:

> Se mustiará la boca romántica, que esconde
> en su sangre la esencia de la flora divina

*(PLP, 890)*

El clima, evidentemente, recuerda mucho el de libros como *Arias tristes*. Pero sería un error no percibir la diferente «ética estética» que preside la escritura de las *Elegías*. La vuelta al alejandrino no debe llevarnos a una interpretación engañosa, pues, ideológicamente, lo que el libro ilumina es el rechazo —desde posiciones éticas[94]— del componente decadente de la primera estética modernista. Las «Elegías intermedias», especialmente, son muy interesantes en este sentido... La doctrina krausista, latente en la orientación hacia lo popular que

---

[92] En un artículo cargado de sugerencias, Ricardo Senabre («Juan Ramón Jiménez y Antonio Machado», art. cit.) ha puesto de relieve el parentesco mental y expresivo entre ambos poetas, precisando en varios casos la deuda del sevillano respecto al moguereño. A los textos por él aducidos deberían añadirse algunos de *Elegías* —como el que comienza «En el sol melancólico...» *(PLP, 892)*—, que se revelan como extraordinarias anticipaciones del clima de algunos de los más característicos poemas de *Campos de Castilla*.

[93] En algunos casos, la proximidad del texto juanramoniano con el préstamo es total: «y llamo hacia la aurora..., y nadie me responde» *(PLP, 856)*.

[94] Véase, especialmente, *PLP, 884, 892, 896*.

revelan libros como las *Baladas,* se hace presente ahora en la concepción de la escritura como camino hacia el «mejor yo», concepción que con claridad emerge en varios lugares de las *Elegías.* Aquí, la poesía gravita más del lado de la «meditación» que del lado del «sentimiento». Al poeta ya no le basta con objetivar sus estados sentimentales en cuadros descriptivos, y necesita recurrir a la creación de imágenes —todavía de sabor romántico— que simbolicen su realidad interior: el pájaro errante, la errante caravana, las bandadas de mujeres desnudas, el laberinto, el ruiseñor negro, la diosa de ojos fatales, las mariposas de colores fúnebres, etc.

Fruto del mismo replanteamiento ético-estético que hallamos en las *Elegías* son *La soledad sonora* y *Poemas mágicos y dolientes*[95], libros publicados ambos en 1911. Muy influido por la doctrina krausista y por el ejemplo pedagógico de algunos de sus maestros, el primero de los libros citados es un libro volcado sobre la naturaleza[96], hasta el punto de poner en escena un *neobucolismo*[97] que casa dos tradiciones: la clásica del romance pastoril (el octosílabo de «La flauta y el arroyo») y la moderna del postsimbolismo francés (el endecasílabo de «La soledad sonora» y de «Rosas de cada día»)[98]. En la naturaleza, vista en términos arquitectónicos como un *palacio* o como un *templo* de música y color *(PLP,* 963)[99], Juan Ramón

---

[95] En ambos casos, la fecha de redacción es ligeramente anterior a la de su edición. *La soledad sonora* remite a 1908, en tanto que los *Poemas mágicos y dolientes* son de 1909. Ambos los editó la Revista de Archivos. Hoy contamos con un buen trabajo sobre el texto de *La soledad sonora,* a cargo de S. Hernández Alonso, «Para una edición crítica de *La soledad sonora»,* art. cit.

[96] Leopoldo de Luis (ed. de *La soledad sonora,* Madrid, Taurus, 1981, pág. 23) ha rastreado, en el tratamiento de la naturaleza que trae consigo este poemario, el influjo del impresionismo de pintores como Watteau y Boucher.

[97] Término que tomo de L. de Luis, *ibíd.,* pág. 23.

[98] La crítica se ha referido, sobre todo, a Samain y a Francis Jammes, a quienes Juan Ramón leyó durante su estancia en Burdeos, en la biblioteca del doctor Lalanne. No es despreciable tampoco la influencia de Chénier, a juzgar por la cita que pone al frente de *Laberinto.*

[99] Se equivoca Leopoldo de Luis (ed. cit., pág. 44) cuando la abundancia de *palacios* y *templos* en este libro la interpreta como un fenómeno puramente ornamental. No hay nada de eso. El palacio es un símbolo cabalístico, que los modernistas conocían a la perfección. Aquí, al ver la naturaleza como templo

persigue un refugio que lo salve de los *males del decadentismo*[100]. La naturaleza trae el olvido a la «memoria del vivir» *(PLP, 928)*; es «descanso para el alma fatigada» *(PLP, 949)*; es «bálsamo» para «el alma taladrada de cuidados» *(PLP, 952)*; pone «azul toda el alma» *(PLP, 969)*; y, sobre todo, a la luz de la luna, llena de idealismos el corazón y la frente del poeta *(PLP, 912, 1014 y 1028)*, abriéndole un mundo de mensajes secretos que el amanecer destruye, volviendo a dejar al poeta «como un náufrago triste, arrojado a la vida» *(PLP, 1024)*. La naturaleza ilumina un espejo ético para el poeta *(PLP, 926, 940)*, pero también —y esto es tan importante como lo anterior— una norma estética: la *copla* del agua o la *charla* del chopo le marcan el tono a la *flauta* del poeta *(PLP, 958, 965)*. Con ello, Juan Ramón se aleja —¿definitivamente?— del fallo con el que la literatura decadentista había resuelto, en favor de lo artificial, el viejo debate entre arte y naturaleza[101]. Sobre este marco, apuntan dos temas que es preciso señalar, puesto que anticipan líneas que la poesía posterior desarrollará ampliamente: la dimensión órfica del canto del poeta *(PLP, 956)*, y la conciencia de que la naturaleza lleva dentro un mensaje, para nombrar el cual el lenguaje todavía no cuenta con palabras *(PLP, 988-989)*[102]. En lo que se refiere a aspectos forma-

---

o como palacio, Juan Ramón está sobreponiendo a la interpretación materialista de la naturaleza otra animista: la naturaleza es el tabernáculo —con sus galerías ocultas y secretos tesoros— de un alma espiritual ansiosa de comunicación.

[100] Y en paralelo a esa huida del *decadentismo* —sentido ahora como enfermizo—, se percibe también en este libro una huida de lo literario, en favor de lo real. Esto concuerda plenamente con las palabras que el poeta dirige a Unamuno por estas mismas fechas: «Deseo de usted una opinión sincera y severa, teniendo en cuenta que para mí la opinión no es como para un *literato profesional*... lo que quiero saber es los puntos de contacto que mi espíritu pueda tener con el suyo...» *(C, 46)*.

[101] Para una síntesis del citado debate en el ámbito del modernismo, véase L. F. Clay Méndez, «Julián del Casal and the Cult of Artificiality: Roots and Functions», en *Waiting for Pegasus*, Western Illinois University, 1979, págs. 155 y ss.; asimismo A. E. Carter, «The Cult of Artificiality», *University of Toronto Quarterly*, 25 (1956).

[102] ¡Qué lejos estamos ya de la mera «efusión sentimental» que el poeta, en los primeros libros, busca objetivar en la naturaleza! Cfr. R. Gullón, «Prólogo» a *Pastorales*, Madrid, Taurus, 1982, págs. 17 y ss. Ahora es, precisamente, ese *decadentismo sentimental* el que se desecha.

les, ecfónesis y erotemas erigen sobre el discurso primario otro discurso que da profundidad a la reflexión ético-estética subyacente a cada poema.

Menos homogéneo —empezando por la métrica[103]— es el libro de los *Poemas mágicos y dolientes,* una colección que —presidida por un poema «A la Poesía» *(PLP,* 1039)— prolonga la revisión estética de libros anteriores. La primera sección del libro pasa revista a algunos de los tópicos más característicos de su poética anterior: *el otoño (PLP,* 1045), *la luna (PLP,* 1046-1047, 1075-1076), *el jardín (PLP,* 1048, 1065), *la languidez (PLP,* 1050), *el parque viejo (PLP,* 1052), *la nostalgia (PLP,* 1063) y *las hojas secas (PLP,* 1068). En «Ruinas» se rechaza, con énfasis, un programa ético —el de libros anteriores (1903-1904)— en el que la literatura ha suplantado a la vida real:

> ¡Cuán grato me era enantes ahogar entre las rosas,
> o entre los versos, o entre el ensueño, los desdenes!
> ¡Con qué dulzura ornaban las tardes suntuosas
> la dolorida pesadumbre de mis sienes!
>
> ¡Hoy, cuando el incesante limar de la tristeza
> ha dejado mi abril seco como el invierno,
> hoja a hoja, amarillo, cae de mi belleza
> el anhelo divino de lo puro y lo eterno!

> *(PLP,* 1100)

Piensa Juan Ramón ahora que «la misma poesía / se envilece, si el plectro toca rosas de lodo» *(PLP,* 1089) y con toda claridad manifiesta su deseo de escapar de un universo literario que se percibe, en este momento, como asfixiante: «ved todo mi tesoro: una *tumba cerrada...; /* lo demás —ilusión y color— es la vida» *(PLP,* 1903); y «el pobre corazón / ... / revolotea, mudo, como una mariposa / de oro y de luto en un *cementerio cerrado...*» *(PLP,* 1094). En las referencias negativas al *vicio (PLP,* 1098), al *placer (PLP,* 1099), al *amor burdo (PLP,* 1096) y a la *tristeza (PLP,* 1084, 1086) hay implícito un radical re-

---

[103] Octosílabos en estrofas romanceadas, silvas, serventesios, alejandrinos.

chazo de la estética decadentista a que respondía su poesía anterior. A la vez que, en el poema último de esta sección, apunta la dirección de un nuevo camino: «abramos de ilusión este nuevo camino / con esta luz de oro, con estas cuatro rosas» *(PLP,* 1105). Con «Francina en el jardín», la tercera sección del libro, se clausura una etapa, convirtiendo —por la poesía— en canto y en material de memoria un trasfondo erótico que al poeta le resulta, en su nuevo camino, irrecuperable:

> Jardín, palacio de ilusión
> de mis viejos ensueños; eres,
> en el fondo de mi memoria
> un mausoleo con cipreses...

> *(PLP,* 1122)

Desde la nueva estética que persiguen los *Poemas mágicos y dolientes,* se rompen los estrechos límites del *jardín* de libros anteriores para dar acogida a la serie de escenas marineras de «Marinas de ensueño» *(PLP,* 1127-1137), a la vez que en la última sección del libro, «Perfume y nostalgia» *(PLP,* 1151-1164), se alumbra un nuevo clima espiritual, enraizando las imágenes soñadas o deseadas de un futuro ideal (poemas II, IV, VIII, X, XII) con los momentos plácidos, salvados por el recuerdo, de un pasado que ahora se rechaza (poemas I, III, V, VII, IX, XI).

El prólogo en prosa a «Voz de seda», la primera de las siete secciones de *Laberinto*[104], hace explícito el programa bajo el que se escribe el nuevo libro de Juan Ramón:

Es el alma, ansiosa de una elegancia espiritual y suprema que lo invadiera todo, que todo lo cambiara. ¡Si la hora vi-

---

[104] *Laberinto* lleva como fecha de escritura la referencia 1910-1911. Lo publicó en 1913 la Editorial Renacimiento. Su división en siete secciones desarrolla el esquema implícito en *The Blessed Damozel,* de Dante Gabriel Rossetti, dedicando cada sección a una mujer distinta y colocando al frente un retrato de la mujer ideal. Cfr. Howard T. Young, «Prólogo» a *Laberinto,* Madrid, Taurus, 1982, págs. 12-13. En este mismo lugar el lector encontrará interesantes referencias sobre la presencia de la literatura prerrafaelista en Juan Ramón.

niese constantemente de un fondo inefable! ¡Si el vivir co-
tidiano tuviera sus fondos de jardín con pajarillos líricos!
[...] ¡Hablemos todos bien, y bajo, a ver si surge el encanto
misterioso! *(PLP,* 1173).

Sobre la imagen del «laberinto», el poeta simboliza el conflic-
to entre el ansia irracional de eternidad *(PLP,* 1287) y la concien-
cia cierta de los límites *(PLP,* 1239). Sobre todo en «Variaciones
inefables» *(PLP,* 1227-1253) —sección central y más importan-
te de *Laberinto*— la poesía de Juan Ramón se embarca en una
dirección metafísica, que ya no habrá de ser abandonada nun-
ca[105]. Se repiten, en esta parte del libro, los poemas que estu-
dian la realidad exterior espejada en una superficie, o velada
por la lluvia, por la niebla, o por el humo de una hoguera.

A veces, convertido en reflejos, «el mundo, vasto y negro,
se disipa en la hora / y sólo quedan leves mundillos de topa-
cio...» *(PLP,* 1235); y, así, la fantasía del poeta queda libre, al
servicio de sus ansias de trascendencia:

Los ojos se extravían —negros, grandes, azules—
más allá de la carne, por cima de las cosas,
y se cargan de ansias y de llantos sin nombre,
con la nostalgia incomprensible de la hora...

¡Brumoso y malva, el mar piensa tras los pinares,
un humo sucio queda sobre las quietas frondas,
...es un secreto eterno que vibra en nuestra alma,
que quisiera estallar como una inmensa rosa!

*(PLP,* 1247)

Pero no es éste el tono predominante. Con mayor frecuen-
cia, la realidad, en la inanidad de sus reflejos o veladuras, sir-
ve para revelar el sinsentido de la existencia:

Se nubla: ¿Es que la luna se deshace en neblina?
¡Oh, qué tristeza! Todo se queda sin sentido...

---

[105] Para el estudio de la dimensión metafísica de la poesía y de la poética de
Juan Ramón, remito a lo que ya escribí para mi *Poética de Juan Ramón, op. cit.*

¡Qué pequeño es el bosque! ¿Y las sombras? ¿Y aquel
sin fin de sueños de cristal de lo infinito?

....................................................................

Se ve dónde se esconden los pájaros... ¿Secretos?
Ya no hay secretos, ¡ha concluido lo divino!
Estamos aquí todos, entre cuatro paredes,
¡sin saber qué hacer, ni para qué hemos venido!

*(PLP, 1233)*

Es, sin embargo, en «Tesoro» *(PLP,* 1207-1209), en la bellísi-
ma «Carta a Georgina Hübner», donde la dimensión metafí-
sica de *Laberinto* alcanza el tono más desgarrado[106]. Y, junto al
ansia de trascendencia, «Nevermore» *(PLP,* 1287-1306) habla
de la nostalgia de un paraíso perdido. Entre ambos extremos,
el vivir cotidiano resulta ser una horrible pesadilla, contra la
cual sólo es posible oponer la belleza sensual de la mujer (en
«Voz de seda»):

¡Dicha que es en la vida miserable y difícil
como un oasis en un seco desierto,
ráfaga de la gloria que pasa por la carne
como algo inenarrable, encantado y eterno!

*(PLP, 1183)*

En otros casos («Sentimientos musicales») es la belleza es-
piritual de la poesía la que le permite al poeta escapar de la ci-
tada pesadilla. Ambas, la belleza sensual y la belleza espiri-
tual, se reconcilian, en la última sección del libro, bajo el sím-
bolo del jazmín *(PLP,* 1319)[107].

---

[106] Para la historia de Georgina Hübner, véase H. Young, ed. cit., pág. 26.
Es en el poema a Georgina, como digo, donde podemos encontrar los tonos
más desgarrados de esta nueva orientación poética juanramoniana: «¿Qué
niño idiota, hijo del odio y del dolor, / hizo el mundo, jugando con pompas
de jabón?», H. Young remite —creo que con razón— estas preguntas del mo-
guereño a la queja de Macbeth: «Life is a tale told by an idiot» *(ibíd.,* pág. 30).

[107] La belleza —en una larga tradición que los prerrafaelitas se encargaron
de personificar en la oposición de la *mujer fatal* (morena y sensual) y la *mujer
frágil* (rubia y espiritual)— posee siempre dos caras: de un lado, se le atribuye

Se abre *Melancolía*[108] con 19 estampas que nos remiten a un viaje en tren. El viaje es real y las referencias —Los Pirineos, Laruns, Guipúzcoa, Castilla, Arcachon, etc.—, puestas al frente de los poemas, esbozan el posible desarrollo espacial del mismo. Sin embargo, este viaje alcanza en el resto del libro un sentido metafórico, que es imprescindible desentrañar para una correcta lectura de los poemas. Sin salir de «En tren», la primera sección del libro, cuando el poeta se pregunta «¿Está el destino lejos?» *(PLP,* 1348), o cuando manifiesta su «afán de llegar pronto o... de no llegar nunca..., / a no sé dónde ...¡para qué!..., a no sé qué hora» *(PLP,* 1339), nos damos cuenta de que el centro semántico de gravedad ha variado. El sistemático cambio de tiempos verbales (presente-pasado) apoya el citado desplazamiento semántico. Más allá del viaje real que inicia el libro, vamos a asistir a un viaje interior.

Se cubre la primera etapa de este viaje interior a lo largo de «El alma encendida», «La voz velada» y «Tercetos melancólicos». A través de estas tres secciones, que siguen a «En tren», el discurso de *Melancolía* progresa hacia la configuración del mundo interior del poeta, en sus aspiraciones de infinitud, eternidad y pureza. La materia enmudece y el espíritu renace, lleno de «una nostalgia inmensa de cosas infinitas». La segunda etapa del viaje —«Hoy» y «Tenebrae»— constata, sin embargo, el fracaso del poeta, que no puede conseguir, en la realidad exterior, un ámbito que satisfaga dichas aspiraciones:

> Dentro del alma las penas inmutables...
> Fuera, la indiferencia, lo que huye, lo que cambia.
>
> *(PLP,* 1450)

---

un poder consolador, embriagador; de otro, se la teme como a algo terrorífico. H. Young (ed. cit., págs. 31 y ss.) estudia el origen romántico (Shelley, Baudelaire) de esta tradición. En Juan Ramón, el conflicto heredado de la tradición se acrecienta al identificar —y en esto la pedagogía de la Institución acentúa el trauma de sus años infantiles en el Colegio de los Jesuitas— goce sensual y sentimiento de culpa.

[108] *Melancolía* se imprimió en la Revista de Archivos, apareciendo con un pie de imprenta que fecha la edición en 1912. Las fechas de redacción coinciden con las de *Laberinto.*

El mundo interior aspira a lo eterno e inmutable, mientras que el mundo exterior, definido en la mutabilidad y el cambio, contradice dicha aspiración. Al poeta, frente a «la muerte, el invierno, el luto, el mal, el odio, / que hunden la vida en un torbellino de sombra», le queda la posibilidad de dotar a la vida de «versos perfectos y gloriosos» *(PLP,* 1455). No se engaña a sí mismo, sin embargo, y sabe que eso es alzar, «sobre lo que fina, la cumbre de oro de otro falso infinito» *(PLP,* 1436). «Me cansa el encanto de mis propias canciones», dice en otro lugar *(PLP,* 1434). El poeta ha ensayado en su viaje —búsqueda del «sentido profundo y eterno de la vida» *(PLP,* 1331)— todos los caminos, hasta descubrir que estos caminos «no te llevarán, poeta mudo, a ninguna parte» *(PLP,* 1451)[109]. Incluso desde el punto de vista estético, *Melancolía* es un libro último, sin salida posible, al borde siempre de un estéril manierismo[110], que vuelve sobre viejos temas de un sentimentalismo ya agotado[111]: las lágrimas como fuente de purificación *(PLP,* 1381, 1382), la vida retirada *(PLP,* 1383), el rechazo de la lógica y de la vulgaridad burguesas *(PLP,* 1384, 1431)[112], el otoño como símbolo de lo decadente *(PLP,* 1369). Todo ello en pugna con lo nuevo *(PLP,* 1391, 1420, 1426, 1433).

---

[109] Este «viaje» le permite al poeta el desarrollo de una muy rica y variada gama de motivos con fuerte valor simbólico. De ello me ocupo en el «Prólogo» a mi edición de *Melancolía,* Madrid, Taurus, 1981, págs. 36 y ss.

[110] Véase, al respecto, *PLP,* 1373. E. Molina [«Sentido y forma de un tema poético: el ferrocarril en la poesía de JRJ», *CHA,* 376-378 (1981), págs. 271 y ss.] ha estudiado, con precisión, cómo este manierismo se manifiesta, incluso, en el ritmo del alejandrino, que se acompasa con el ritmo del viaje, en una alternancia de versos bimembres y trimembres que responde a la mayor o menor velocidad del tren.

[111] E. Molina (art. cit., págs. 271 y ss.) estudia el extraordinario cúmulo de sensaciones (sobre todo visuales) a que responden los versos de *Melancolía.*

[112] El rechazo de la lógica por parte de los modernistas (impresionismo, simbolismo, etc.) no se traduce tan sólo en el plano de la expresión, sino que, especialmente, se manifiesta en una manera radicalmente diferente de ver la realidad. Cfr. S. Yurkievich, *op. cit.,* págs. 18-19.

*Los libros inéditos de Moguer*

Dan testimonio de la considerable actividad creadora desempeñada por Juan Ramón, en los años de su retiro en Moguer, la abundancia y diversidad de proyectos literarios —*Arte menor* (1909), *Esto* (1908-1911), *Poemas agrestes* (1910-1911), *Poemas impersonales* (1911), *Historias* (1909-1912), *Libros de amor* (1911-1912), *Apartamiento* (1911-1912), *La frente pensativa* (1911-1912), *Pureza* (1912), *El silencio de oro* (1911-1913) e *Idilios* (1912-1913)— que, en los libros impresos en este momento, se anuncian. Hoy conocemos ya algo —bastante— de los materiales con que el poeta trabajaba para dichos proyectos. Pero la verdad es que tales materiales nunca recibieron la confirmación del libro impreso. Se trata de un corpus poético —en espera de una buena edición—, sobre el que resulta, en su estado actual, muy difícil arriesgar un juicio crítico[113]. Pero, tomando como referencia aquellos textos que sin duda alguna pertenecen a los años que nos ocupan, parece evidente que los libros en proyecto continúan las corrientes de pensamiento que ya conocemos por los libros editados: la tensión entre lo sensual y lo espiritual; entre viejas fuerzas que le impulsan al recogimiento interior y nuevas fuerzas que le abren el camino hacia una visión vitalista de la realidad; la permanente batalla entre instinto e inteligencia; «el nostálgico anhelo de ser otro, de ser Dios...». En los materiales destina-

---

[113] Esta afirmación quizás extrañe al lector enterado que conozca los *Libros inéditos de poesía*, ed. Francisco Garfias, Madrid, Aguilar, 1964, 2 vols. Pero seguro que no extrañará a aquéllos que se hayan tomado la molestia de abrir tales volúmenes. El editor —sin criterio científico alguno para la reconstrucción de los distintos libros proyectados por Juan Ramón— amontona textos de muy diferentes épocas y, por lo tanto, de muy diferentes estilos y estéticas: poemas inéditos —¿en qué fase de elaboración?— con otros muy tardíamente revisados para alguna de las antologías del poeta; se permite seleccionar (por sistema), entre varias versiones de un poema, la más moderna; no esboza intento alguno de recomposición de la estructura originaria de los distintos proyectos, limitándose a poner un poema tras otro. Los *Libros inéditos de poesía* siguen siendo libros inéditos.

dos a los citados proyectos encuentran acomodo, sin embargo, toda otra serie de líneas, que apenas apuntan en los libros editados y que aquí reciben un considerable desarrollo: *a)* la preocupación religiosa que, acallada en los textos impresos, emerge ahora con una expresión entre la oración y la queja *(Arte menor* y *Apartamiento)*[114]; *b)* la preocupación erótica, que se debate entre la placidez del recuerdo salvado por la memoria y el arrepentimiento —«la carne huele a rosas sepulcrales»— *(Libros de amor)*[115]; y *c)* la preocupación social, que apunta en una doble dirección: histórica —crítica de la vulgaridad burguesa[116] *(Esto)*— y metafísica —testimonio de la radical injusticia que supone la existencia de la enfermedad y la pobreza[117] *(Historias)*. Constituyen estos tres puntos una triple preocupación que deriva de la profunda reflexión ético-estética que se refleja en *Apartamiento;* sobre todo en la sección titulada «El corazón en la mano»: la idea de una «aristocracia de espíritu», así como la de la posibilidad de un arte que «haga buenos a todos», refleja en este momento la deuda juanramoniana con la doctrina krausista. Es «la humilde alegría de ser bueno» lo que Juan Ramón persigue a través de su incansable labor estética. Una nota, de 1911, precisa el sentido que preside la creación del moguereño: «Me mueve un deseo de [...] daros siempre algo a través del tiempo, en esta vida clara y libre en la que el espíritu se sale de la carne miserable

---

[114] Con exacta precisión puede hablarse de «poesía religiosa» con relación a la poesía de Juan Ramón. Pero, en absoluto, puede hacerse del poeta moguereño un creyente confesional. Ni siquiera el padre C. Saz-Orozco puede convencer de ello a ningún lector. No se olvide el «odio» del poeta «a la iglesia, al acordeón, a la guardia civil».

[115] Espléndido me parece el artículo que a este tema dedica J. A. Fortes, «De cuando Juan Ramón dice distanciarse del modernismo», en *Criatura afortunada, op. cit.,* págs. 55 y ss.

[116] La valoración estética de lo feo, el feísmo, no es —dentro de la tradición romántica asimilada por el modernismo— extraña a Juan Ramón. Pero llama la atención el hecho de que en Juan Ramón *feísmo* y *vulgaridad burguesa* siempre andan de la mano. Véase *LIP. II,* pág. 423 y *LIP. II,* pág. 118.

[117] En este sentido, véase G. Salvador, «La poesía social de Juan Ramón Jiménez: *La carbonerilla quemada»,* en *Juan Ramón Jiménez en su centenario, op. cit.,* págs. 171 y ss.

y, como un cuerpo de ella, la envuelve toda y la penetra y la ilumina en un silencio altivo»[118].

## AVIDEZ DE ETERNIDAD (1914-1923)

No hay desacuerdo en la crítica a la hora de señalar que el regreso del poeta a Madrid y el conocimiento de Zenobia marcan un cambio de rumbo en su escritura[119]. Yo añadiría un nuevo componente en la determinación de tal cambio: el influjo de Ortega y Gasset[120]. La tensión entre misticismo y sensualismo, que —bajo diversas formas— da significado a la melancolía de los primeros libros de Juan Ramón, se resuelve positivamente en un vitalismo de corte orteguiano. Junto a ello, la dimensión sicologicista de la primera poesía juanramoniana cede el paso a la nueva dimensión ética y metafísica, que ya apuntaba en los últimos libros de Moguer. A Juan Ramón ya no le sirve la vieja palabra —instrumento que él había tomado de la tradición literaria romántica, afinándolo extraordinariamente y poniéndolo al servicio de la introspección y del autoanálisis. Ahora necesita reinventar el «nombre exacto de las cosas», una palabra desnuda —nueva y propia— que le abra el paso a la contemplación del mundo; una palabra que le permita desnudar la realidad y que le haga visible la verdadera y profunda significación de las cosas[121].

---

[118] Cfr. Francisco Garfias, «Introducción» a *Libros inéditos de poesía, op. cit.*, págs. 20-21.

[119] A. Sánchez Romeralo, «Introducción» a *La realidad invisible, op. cit.*, pág. XVIII.

[120] Véase del propio Juan Ramón, «Recuerdo a José Ortega y Gasset», *Clavileño*, IV, 24 (1953), págs. 44-49; hoy recogido en *Estética y Ética estética*. A la vez que yo estudiaba el influjo de Ortega en la estética del Juan Ramón de 1913, R. Cardwell («Juan Ramón Jiménez, José Ortega y Gasset y el problema de España», en *Actas..., op. cit.*, págs. 225 y ss.) realizaba un espléndido trabajo, demostrando el influjo de Juan Ramón en el pensamiento de Ortega, a quien se anticipa en varios años por lo que se refiere al examen de «España como problema».

[121] La «palabra exacta», concepto clave en la estética juanramoniana de este periodo, se ha convertido en el tema central del soberbio estudio de M. Coke-Enguidanos, *Word and Work in the Poetry of Juan Ramón Jiménez*, Londres, Tamesis Books, 1982.

Juan Ramón con Federico García Lorca y sus hermanas en Granada (1924).

La relación yo-mundo se modifica radicalmente en esta segunda etapa de la creación juanramoniana. Si anteriormente el mundo exterior —en un descriptivismo sentimental que guarda estrechas deudas con diversas corrientes pictóricas de la época[122]— justifica su presencia en los poemas por servir a la plasmación objetivada del mundo interior del poeta, ahora —a la vez que se desnuda y esencializa en uno o en varios de sus componentes— gana autonomía, convirtiéndose en sujeto de esa meditación metafísica que viene a ser el poema[123]. Ya no le interesa el cuadro paisajístico en cuanto soporte de estímulos o de estados sentimentales. Le interesa la realidad en cuanto enigma que guarda celosamente en sí el significado profundo de la existencia. La poesía se convierte, por ello, en amorosa tarea de desciframiento de dicho significado: el pájaro y la rama, la piedra y el cielo, la raíz y el ala, etc., dejan de ser parte de un cuadro, para convertirse en símbolos portadores de un mensaje en clave, a la vez, ética y metafísica. Aquí comienza el verdadero simbolismo moderno de Juan Ramón, un simbolismo diferente al francés, porque, a la dimensión metafísica de éste, nuestro poeta añade una dimensión ética («que la belleza haga buenos a todos») que a él le viene del krausismo[124].

Los libros de la segunda etapa juanramoniana —y en esto el poeta ya no cambiará nunca— revelan una ineludible voluntad de ver el mundo con ojos nuevos y propios; revelan

---

[122] Sobre este tema, sigue siendo esencial el trabajo de A. Crespo, *Juan Ramón Jiménez y la pintura*, Universidad de Puerto Rico, 1973.

[123] La evolución de la poesía juanramoniana de la sensación al sentimiento, y de éste a la reflexión metafísica, ha sido estudiada por E. Molina Campos, «Sentido y forma de un tema poético...», art. cit., especialmente págs. 270 y ss.

[124] Como los simbolistas franceses, Juan Ramón concibe el mundo como un universo de símbolos con multiples y misteriosas correspondencias entre sí: las cosas no tienen valor en sí mismas, sino en cuanto símbolos que remiten —a la vez que ocultan— a un más allá desconocido. Como los simbolistas franceses, Juan Ramón piensa que descifrar uno de tales símbolos supone la posibilidad de iluminar parte de esa zona misteriosa que la realidad visible está velando. Pero Juan Ramón persigue, en ese desciframiento de la realidad invisible que es su poesía, no sólo una clave cognoscitiva, sino también una norma de vida.

un tenaz esfuerzo por, libre de la visión convencional de las cosas y libre de la visión deformadora de cualquier código literario, mirar el mundo con ojos recién estrenados. Es el «más allá» de las cosas lo que el poeta busca con su mirada[125]. Las cosas son el vestido y Juan Ramón busca el «desnudo» que hay tras ellas. Para ello, Schopenhauer[126] había dicho que la percepción de la idea requería que, cuando se contemplase un objeto, el poeta hiciese abstracción de su posición en el tiempo y en el espacio. Y eso es lo que hace Juan Ramón desde los *Sonetos espirituales,* sometiendo sus poemas a una progresiva descontextualización. Pero esto no le basta. Sabe que, pues las palabras hablan de las cosas, le es preciso inventar una *nueva palabra* que le permita hablar de ese «desnudo» que las cosas visten. Tal palabra será la base de su *poesía desnuda*[127], una poesía en la que la exigencia de «desnudez» se hace extensiva a todos los niveles: fónico-rítmico, léxico, temático...

Como consecuencia de todo esto, el poema llega, a veces, a unos niveles tales de concisión expresiva, de abstracción y de ambigüedad, que la crítica ha definido la escritura juanramoniana de esta etapa como «intelectualista»[128] y como «hermética»[129].

---

[125] Juan Ramón, con toda seguridad, conocía «el arte de saber ver» de Manuel B. Cosío, hoy publicado en el *Boletín de la Institución Libre de Enseñanza,* III, 65 (1978); así como el «Renan» (1909), de Ortega y Gasset, en *OC,* I, Madrid, Revista de Occidente, 1957, 457. En ambos se hace hincapié en la necesidad de una manera de mirar que, más allá de las cosas, vaya al «alma de las cosas».

[126] «Sobre la metafísica de la Belleza y Estética», cfr. M. Coke-Enguidanos, *op. cit.,* págs. 55-56.

[127] Dos trabajos se han ocupado de revisar el estado de la cuestión en torno a este concepto de la poética juanramoniana: G. Palau de Nemes, «Poesía desnuda: ruptura y tradición», en *Actas...,* I, *op. cit.,* págs. 47-62; y, sobre todo, A. Vilanova («El ideal de la poesía desnuda en JRJ», en *Juan Ramón Jiménez en su centenario, op. cit.,* págs. 274 y ss.) que lleva a cabo un excelente rastreo —desde la *Estética* de Hegel, Schiller, Lessing, etc.— del origen de la semántica de la desnudez en el poeta de Moguer.

[128] A. González, *Juan Ramón Jiménez: estudio,* Madrid, Júcar, 1973, pág. 220.

[129] Recuérdese el título *La poesía hermética de Juan Ramón Jiménez* (Madrid, Gredos, 1973), obra en la que M. Predmore organiza toda su interpretación de la poesía juanramoniana en torno al concepto de *hermetismo,* usando tal concepto de una manera tan poco estricta que se confunde con «abstracto», «intelectualista», etc. Para una revisión de la cuestión, véase M. Coke-Enguidanos, *op. cit.,* págs. 49-51.

Y sin embargo, ninguna de estas etiquetas se aviene con la postura de Juan Ramón, que siempre en su crítica y en su teoría poética se manifestó contrario a la poesía como fruto del intelecto[130]. No hay que caer en confusiones. Dice un poema de *Estío:*

> No os quitéis la pasión
> del momento. Que el grito
> de la sangre en los ojos
> os rehaga el sentido
> tierra, un punto, de fuego
> sólo, sobre el sol ígneo,
> ............................................
> tal vez con el instinto
> uno y fuerte, un momento
> vayáis hasta el destino.
>
> Tiempo tendréis después
> de alargar los caminos
> vistiendo, hora tras hora
> el desnudo bien visto.
>
> ¡Con qué segura frente
> se piensa lo sentido!

*(LP, 110)*

Si la poesía de esta época juanramoniana resulta más difícil, la razón de ello reside exclusivamente en el tipo de realidad de la que se quiere dar cuenta; una realidad imprecisa y problemática, que exige —San Juan, al fondo— una expresión también imprecisa: cuanto más exacta, más imprecisa[131]. A esta imprecisión contribuye también —y en no poca medida— la brevedad caricterística del poema de esta época; brevedad que es el resultado de reducir la experiencia poética a sus constituyentes esenciales. Juan Ramón se esfuerza por dejar fuera del poema todo aquello que pertenece al ámbito cir-

---

[130] Véase mi *Poética de Juan Ramón, op. cit.,* págs. 176-190 y 312-319.
[131] Así lo ha visto A. Sánchez Romeralo (ed.), *La realidad invisible, op. cit.,* págs. XXX y ss.

cunstacial que suscita la emoción poética, para darnos ésta desnuda. El resultado, convertido en palabra es la pura efusión lírica —exclamación, pregunta o diálogo—, que se entrega al lector libre de toda contextualización[132].

## De la palabra «desnuda» al «nombre exacto de la cosa»

Tres libros marcan el proceso que va de los libros amarillos de Moguer al *nombre exacto* de *Eternidades: Sonetos espirituales, Estío* y *Diario de un poeta recién casado*. A través de ellos el poeta trabaja en la forja de esa materia nueva que hará posible la *palabra desnuda*. Y con ellos se cierran todos los tanteos precedentes: Juan Ramón encuentra su propia y definitiva voz.

Los *Sonetos espirituales*, escritos entre 1913 y 1915, aparecen en 1917, conociendo ese mismo año hasta cuatro ediciones. Se trata de un poemario que sorprende por la tremenda disciplina formal a que se somete la materia poética. Y no me refiero sólo a la elección del soneto como molde unificador de todos los poemas del libro[133]. Me refiero sobre todo a su medido diseño compositivo, un diseño que —como bien ha recordado Torres Nebrera[134]— está en deuda con las convenciones de los cancioneros petrarquistas[135]; un soneto prólo-

---

[132] La función del *contexto* (situacional) en la poesía del Juan Ramón de este momento ha sido vista muy bien, en el artículo de A. García Velasco, «Título-poema como conjunto», *CHA*, 376-378 (1981), págs. 457-462.

[133] Los libros de sonetos conocen por estas fechas un auge extraordinario. G. Torres Nebrera, en el artículo más completo que conozco sobre los *Sonetos espirituales* («Para una lectura de los *Sonetos Espirituales*», en *Juan Ramón Jiménez en su centenario, op. cit.*, págs. 231-258), señala los títulos más relevantes que responden a este gusto de la época por el soneto: S. Rueda, *Piedras preciosas* (1900); M. de Unamuno, *Rosario de sonetos líricos* (1911); M. Machado, *Apolo* (1911); R. Villaespesa, *Libro de los sonetos* (1913).

[134] *Ibíd.*, págs. 242 y ss. Espléndido análisis del diseño compositivo de los *Sonetos*.

[135] *Ibíd.*, pág. 234. Véase, además, A. M. Gallina, «Juan Ramón Jiménez petrarchista», *Annali di Ca Foscari* (1963).

go[136] y tres secciones («Amor, «Amistad» y «Recogimiento»)
con un número similar de poemas, describiendo un proceso
que va de la ilusión al renunciamiento y que, simbólicamen-
te, se subraya con el título de los dos poemas que abren («Pri-
mavera») y cierran («Otoño») el libro. Los *Sonetos* se han leído
tradicionalmente como un cancionero amoroso: encuentro del
amor, ruptura y sublimación por el ensueño y la memoria.
A esta lectura contribuye la repetida aparición de materiales
—de estilo y de contenido[137]— procedentes de la tradición li-
teraria amorosa clásica[138]. Y es evidente que puede hacerse una
lectura amorosa de los *Sonetos espirituales*[139]. Pero más allá de
tal lectura, el libro plantea el problema de la difícil coexistencia
entre el «anhelar divino» y la «miseria de la carne umbrosa», la
difícil coexistencia de lo ilimitado en lo limitado que es el exis-
tir. El poeta se ve a sí mismo como ese pajarillo que

> De cuando en cuando, intenta una escapada
> a lo infinito, que lo está engañando
> por su ilusión; duda, y se va, piando,
> del vidrio a la mentira iluminada.
>
> Pero tropieza contra el bajo cielo
> una vez y otra vez, y por la sala
> deja, pegada y rota, la cabeza...

*(LP, 59)*

---

[136] Del tema del *soneto prólogo* en los cancioneros petrarquistas españoles se
ha ocupado J. M. Rozas, «Petrarca y Ausias March en los sonetos-prólogo amo-
rosos del Siglo de Oro», *Homenajes. Estudios de Filología Española*, Madrid, 1964.

[137] También en este punto es esencial el trabajo de G. Torres Nebrera (art.
cit., págs. 245 y ss.). A él, y a la sucinta bibliografía que él recoge, remito al lec-
tor. Véase también Allen W. Phillips, «Prólogo» a *Sonetos espirituales*, Madrid,
Taurus, 1982, págs. 24 y ss.

[138] A. W. Phillips, *op. cit.*, págs. 30 y 31.

[139] La anécdota amorosa que está al fondo de los *Sonetos* sólo emerge con
valor autónomo en sí misma en *Monumento de amor*, un libro todavía inédito,
en el que Juan Ramón trabajaba por las mismas fechas en que redactó los *So-
netos espirituales*. *Monumento de amor*, por los documentos que he podido con-
sultar en el Archivo Histórico Nacional, es un libro en que verso y prosa se
mezclan en una especie de diaria meditación juanramoniana sobre los altiba-
jos de sus relaciones con Zenobia.

Desde esta perspectiva, el lenguaje amoroso —presente, sobre todo, en la primera sección— se revela como lenguaje metafórico, potenciando sobre el sentido literal de los textos otro sentido que trasciende el primero y que convierte el libro en una metafísica meditación marcada por la renuncia. Desde estos presupuestos, la propia elección de un molde formal cerrado, como es el soneto, para acoger el «total anhelo» del poeta, tiene —como aclara el soneto prólogo— un significado metafórico. El esfuerzo expresivo que supone el dar forma a lo ilimitado en la «limitación de las orillas» del soneto *(LP,* 9) habla de la ascesis existencial que supone la vida, cuando, soñándose eterno, el hombre cobra conciencia de sus límites. La primera sección analiza la primavera de la ilusión; la segunda da paso al conflicto entre anhelo —sólo logrado en el sueño— y realidad *(LP,* 36, 39, 43); en tanto que la tercera canta —el otoño al fondo como norma de recogimiento y renuncia— la aceptación de los límites del existir como «cárcel pura, / en que el cuerpo, hecho alma, se enternece» y en que «la vida se desnuda, y resplandece / la excelsitud de su verdad divina» *(LP,* 71). El camino de la desnudez pasa por el de la disciplina. Y ésta, que es la norma estética que explica el soneto, es también la norma ética que domina el discurrir poético de todo el libro.

Y tras la disciplina, la libertad. El primer paso lo dará *Estío*[140], un libro de canciones, de verso libre y de romances, los tres cauces que el Juan Ramón de la madurez propondrá para liberar toda la poesía española de influjos extraños[141]. El libro se divide en tres secciones: «Verdor», con 54 poemas; «Amanecer de agosto», un solo poema; y «Oro», con 51 poemas. Un total de 106 poemas, precedidos por un significativo poema de Shelley[142], que tiene como tema el *tránsito* al que ine-

---

[140] Madrid, Ed. Calleja, 1916. La fecha de escritura —a tenor de la crisis amorosa que subyace en *Estío*— puede situarse en torno a 1914-1915.

[141] Sólo «Amanecer de agosto», poema núm. 55, está en alejandrinos.

[142] El influjo más poderoso —desde la fecha de los libros amarillos de Moguer— es el de la lírica inglesa, cuya presencia en la obra de Juan Ramón hoy

ludiblemente están sujetos todos los seres. Así acaba este soneto:

> It is the same! —For, be it joy or sorrow,
>   The path of its departure still is free:
> Man's yesterday may ne'er be like his morrow;
>   Nougth may endure but Mutability.

*(LP, 77)*

Lo único que dura es la mudanza. Sobre tal eje girará ese «diario íntimo» que Juan Ramón titula *Estío*. La primera sección celebra la aparición del amor. Un amor que lo trastorna todo *(LP, 92, 93, 94, etc.)*; que despierta en el poeta la voluntad de ser *(LP, 137)*, y que le empuja a una vivencia gozosa de la realidad *(LP, 104)*. La segunda sección sitúa al lector ante las oscuras premoniciones del sueño; y la tercera recoge los temores y las dudas del poeta ante la inestabilidad de todas las cosas: la vida está hecha de contrarios en lucha permanente y sin sentido *(LP, 148)*; el mundo —antes pleno de gozosas presencias— se le aparece ahora «suntuoso y lleno de vacíos», por la ausencia de la amada *(LP, 150, 151, 152, 183)*; el amor no puede reconciliar materia y espíritu *(LP, 175, 184-185, 186)*; la voluntad es incapaz de atar el tiempo y traspasar la realidad del hoy a la orilla del mañana *(LP, 187, 196)*; en tanto que «una demencia / sin razón, confunde loca, / realidades y apariencias / en un carnaval romántico / fuera de lugar y época» *(LP, 190)*. Dede el *estío* —y con los malos presagios de ese «Amanecer de agosto», que divide el libro—, el poeta canta el «Verdor» de la esperanza primaveral (el amor de Zenobia) y el «Oro» de la —¿inevitable?—decadencia otoñal (la conciencia —con Shelley, al fondo— de que la *mudanza* es el seguro destino de los seres). La temática amorosa da coherencia

---

conocemos bastante bien. Véase, especialmente, H. T. Young, *The line in the Margin. Juan Ramón Jiménez and his Readings in Blake, Shelly and Yeats* (University of Wisconsin Press, 1980): en este mismo trabajo el lector encontrará referencia más amplia a otros artículos del excelente crítico americano, en que se examina la misma cuestión. Véase, también, C. Pérez Romero, *Juan Ramón Jiménez y la poesía anglosajona* (Cáceres, 1981).

al texto de *Estío*, pero, como ocurriera en los *Sonetos espiritua-les*, Juan Ramón potencia, sobre la lectura amorosa[143], otras lecturas. En concreto, hace depender de su vivencia amorosa el descubrimiento de una ética y una estética nuevas[144], con lo que el libro se convierte en una triple meditación: sobre el yo y su obrar *(LP*, 108, 109, 124), sobre la escritura poética *(LP*, 95, 105, 110, 112-113, 169, 182 y, sobre todo el 193: anti-cipo de la clave estética del *Diario)*, y sobre el amor[145]. El procedi-miento, para lograr esto, es, no obstante, diferente al utilizado en los *Sonetos*. Allí era la metáfora la que abría el texto hacia otros niveles diferentes al literal. Ahora, Juan Ramón comienza por desnudar la emoción lírica de toda anécdota y contex-tualización; y, luego, la hace depender de un *tú*, cuyo referente —¿la amada?, ¿la poesía?, ¿el alma?— no se concreta nunca. Ello, así como el frecuente uso de la copla sentenciosa de rai-gambre popular, explica el tono hermético de muchos poemas.

La madurez, que apuntaba ya en *Estío*, alcanza su plenitud en el *Diario de un poeta recién casado*[146]. Juan Ramón, que en los libros precedentes había trabajado la palabra poética en to-

---

[143] Isabel Paraíso del Leal *(Juan Ramón Jiménez Vivencia y palabra*, Madrid, Alhambra, 1976, págs. 59-60) intenta reconstruir la vivencia amorosa subya-cente. Pretende que tal vivencia se halle, en el libro, sometida a una reordena-ción «deformadora», encaminada a evitar lo excesivamente biográfico. En una dirección diferente a la apuntada por Paraíso, yo he intentado explicar qué sentido tiene tal reordenación, que —desde luego— yo no juzgo «deforma-dora», sino de clara «voluntad formal».

[144] Nosotros sabemos ya que no era tan nueva la ética —estética a que res-ponde *Estío*. Lo que sí ocurre ahora es que la estética de raíz ética se ve ahora confirmada por el influjo de Zenobia. Ésta insistirá en que el mejor fin de la poesía es hacer buenos, mejores, a los lectores, discutiendo con el poeta que libros como *Laberinto* cumplan con tal misión. Cfr. G. Torres Nebrera, art. cit., pág. 243, n. 24.

[145] El tema está muy bien visto en César Nicolás, «Algunas claves en la obra poética de Juan Ramón Jiménez», en *Juan Ramón Jiménez en su centenario*, *op. cit.*, págs. 79-80.

[146] Apareció en 1917, en las prensas de la Editorial Calleja. Las fechas de re-dacción, en este caso, están perfectamente registradas, ya que casi cada poema lleva al frente el día exacto de su escritura (enero-octubre de 1916). No existe aún una edición crítica de este libro, tan sumamente importante tanto en la

das las direcciones que la herencia modernista hacía posibles, se sitúa con este libro fuera de toda tradición. Inventa una palabra nueva, libre de todo condicionamiento de escuela o de época, e inaugura un tiempo nuevo para la poesía española. El *Diario,* en su momento, causó un desconcierto[147], que no es imputable sólo a la estrechez de cierta crítica. El *Diario* fue, y, sigue siéndolo, un libro adánico en muchos aspectos. El verso libre, la alternancia de prosa y verso, la diversidad —del puro lirismo a la ironía— de registros tonales, la riqueza expresiva —de la desnudez extrema al barroquismo[148]—, la asimilación —el «collage»[149]— de diversidad de voces, el diálogo frecuente con otros textos[150], etc., hacen del *Diario* un libro de plurales descubrimientos. Pero —ya lo advirtió el poeta— «no [es] el ansia de color exótico, ni el afán de *necesarias novedades*» lo que se persigue. Las originalidades técnicas del *Diario* responden —en palabras de Ricardo Gullón— a la «nueva intuición generadora del poema». Son «revelaciones de la palabra en movimiento»[151], una palabra que necesita romper límites y que, vuelta de lleno a la realidad, genera un discurso totalizador, síntesis de los más variados discursos por los que la realidad se expresa. Por ello, la novedad de este libro no se agota en la forma. Del *Diario* —dirá Juan Manuel Rozas en trabajo de obligada lectura— «nacen dos corrientes

---

historia particular del propio poeta, como en la historia general de la poesía española del siglo xx. De gran valor considero las notas de Ricardo Gullón que van al frente de su edición para Taurus, Madrid, 1982, págs. 43-46. Importante también, para conocer la historia de los poemas del *Diario* en las distintas selecciones antológicas que hizo JRJ, es el trabajo de M. A. Vázquez Medel, «Apuntes para una lectura metafísica del *Diario*», en *Archivo Hispalense,* LXV, 199 (1982), págs. 233-262.

[147] Véase al respecto la polémica que en 1918 mantienen J. Casares y R. Cansinos Assens en torno al libro de Juan Ramón. Información y resumen de la misma en R. Gullón, ed. del *Diario de un poeta recién casado, op. cit.,* págs. 47-48.

[148] Para todas estas cuestiones, véase R. Gullón, ed. cit., págs. 22-24.

[149] Sobre la técnica del *collage,* véase A. de Albornoz (ed.), de Juan Ramón Jiménez, *Nueva Antología, op. cit.,* págs. 55-56.

[150] *Ibíd.,* pág. 54. De la misma autora, véase también «El sentido de la cita y la autocita en *Espacio*», *Actas..., op. cit.,* págs. 7 y ss.

[151] Ricardo Gullón, ed. cit., pág. 9.

fundamentales de poesía posterior: la que vengo llamando el hodiernismo poético que culminará en *Cántico;* y la que prepara la semántica irracional que culminará en *Poeta en Nueva York...,* las realizaciones estéticas del 27 más opuestas y significativas de la literatura de los años de entreguerras»[152].

El *Diario de un poeta recién casado* nace de las notas de viaje con que, diaria y puntualmente[153], Juan Ramón salva del olvido las múltiples impresiones y sugerencias surgidas a lo largo de una travesía que —desde Madrid a Nueva York, en viaje de ida y vuelta— lo conduce al encuentro con Zenobia. Es una obra, por tanto, emparentada con el libro de viaje. Su estructura superficial responde al esquema del cuaderno de notas de viaje[154]; un viaje cuyas etapas pautan la división de las distintas secciones que componen el *Diario:* «Hacia el mar», «Amor en el mar», «América del Este», «Mar de retorno», y «España», con el añadido de una sexta sección, «Recuerdos de América del Este», que viene a cerrar y enmarcar en el pasado el presente puntual de las cinco partes precedentes[155]. Pero, el libro de Juan Ramón conecta también —desde el mismo título— con la literatura confesional del «diario», un género en ebullición en la España del momento[156]. Y, al fundirse en el li-

---

[152] J. M. Rozas, «Juan Ramón y el 27. Hodiernismo e irracionalismo en la parte central del *Diario*», en *Juan Ramón Jiménez en su centenario, op. cit.,* pág. 150.

[153] Juan Ramón se sirvió de diversos cuadernillos donde iba tomando notas durante el viaje. Sobre estas notas surgirán luego los poemas del libro tal como hoy los conocemos. De estos cuadernillos sólo se salvó el cuaderno que registra las impresiones del viaje de vuelta, hoy publicado por A. Sánchez Barbudo (ed.), JRJ, *Diario de un poeta recién casado,* Barcelona, Labor, 1970, págs. 297-303.

[154] Esta estructura superficial ha sido estudiada, en artículo modélico, por M. A. Pérez Priego, «El género literario de *Diario de un poeta recién casado*», en *Juan Ramón Jiménez en su centenario, op. cit.,* págs. 114 y ss.

[155] Como antecedente de esta estructura de viaje configuradora del poemario puede considerarse *Melancolía;* véase mi edición, *op. cit.*

[156] M. A. Pérez Priego (art. cit.) ha estudiado el nacimiento del *diario íntimo,* como género en el que vienen a confluir dos corrientes: *a)* la exaltación del sentimiento y el auge de la literatura confesional (Rousseau); y *b)* la afirmación de la observación y de la sensación como fuentes de conocimiento (Locke y Condillac). Asimismo ha estudiado la importancia del género en España —Unamuno—, con el influjo extraordinario del *Diario* de Amiel, muy apreciado por los institucionistas. Una selecta bibliografía sobre el tema en págs. 104-105 del artículo de Pérez Priego.

bro de Juan Ramón los dos géneros, la perspectiva presentizadora del *diario* convierte el *viaje* en un viaje interior[157]. Pero no es una sicología, como en los libros de Moguer, lo que emerge de este viaje. El *diario* decimonónico ha quedado atrás, en el pasado[158]. Lo que alumbra es el hacerse paso a paso de una conciencia, en un continuo preguntarse por la realidad profunda que hay detrás de las cosas. Desde el prólogo en prosa que abre el libro, el autor nos avisa de que es «la igualdad eterna que ata por dentro lo diverso en un racimo de armonía sin fin» lo que persigue. El *Diario* no es el resultado de un autoanálisis, sino de una contemplación. Y, como resultado de tal contemplación, el poeta accede a una visión superadora de ese secreto —la mudanza, el cambio y el tránsito rigen el destino de todas las cosas— que, en el último poema de *Estío,* no quería decir por no turbar el sueño del mundo.

En «Hacia el mar», el *Diario* nos cuenta cómo el amor ha transformado el yo poético —niño recién nacido *(LP,* 225)— en conciencia y corazón *(LP,* 218); una conciencia y un corazón expectantes de una realidad invisible, todavía «sin nombres ni apellidos» *(LP,* 221), que se presiente *(LP,* 209, 215) detrás de todas las cosas[159]. El encuentro con el mar[160] en las secciones II y IV, y el encuentro con la ciudad del futuro —esa «Marimacho de uñas sucias» *(LP,* 361)— en la sección III, le abren el paso a una visión diferente de la realidad. El mar[161], en «El

---

[157] Para esta lectura, véase R. Gullón, ed. cit., págs. 30-31.

[158] La torpeza de la lectura de M. Predmore *(La poesía hermética, op. cit.)* queda puesta en evidencia por la interesante visión —muy precisa en la localización del contexto histórico en que el libro se sitúa— de J. M. Rozas «Juan Ramón y el 27...», art. cit., págs. 159-160. Véase también Gustavo Correa, «El mar y la poesía de conciencia en Juan Ramón», *CHA,* 376-378 (1981), págs. 248 y ss.

[159] El «viaje de amor» se convierte, así, en algo que potencia su lectura como «viaje de conocimiento». En la base de esta identificación está la íntima relación *amor-verdad* propia de una poesía de raíz platónica. El carácter cognoscitivo del eros platónico ha sido considerado por A. Sánchez Romeralo (ed.), *La realidad invisible, op. cit.,* pág. XXIV.

[160] Símbolo, el mar, de la conciencia del poeta. Véase al respecto Gustavo Correa, «El mar y la poesía de conciencia...», art. cit.

[161] Según Sánchez Romeralo *(La realidad invisible,* ed. cit., págs. XXIII-XXIV), la gran lección del mar —una lección de profundidades metafísicas— es que el *todo* como la *nada,* es uno y solo y desnudo. Y, junto a esta lección

amor en el mar», aparece como una realidad opaca, como la cara visible de la nada *(LP, 263)*, como el espejo picado en que se mira la nada *(LP, 268)*. Pero la mirada del poeta, dotando de conciencia a la realidad visible, es capaz de elevar las cosas hasta sus nombres, hasta su verdadero significado *(LP, 262)*. Y, entonces, el mar se abre dejando paso a un más allá, que es un «Síííí... que el alma sabe alto / y quiere creer lejos, sólo lejos...» *(PL, 279)*. Tras la realidad visible de las cosas, hay otra realidad invisible que se esconde a los ojos, pero que la mirada del poeta —eternamente deshojando la rosa para verle el alma *(PL, 285)*— es capaz de crear. En «América del Este», la realidad le ofrece una visión desagradable, negra y sucia *(LP, 296)*, de olores *(LP, 326)* y ruidos *(LP, 345)*. Su vivencia de esa *civitas hominum* que es Nueva York[162] le hace exclamar: «¡Qué angustia! ¡siempre abajo! Me parece que estoy en un gran ascensor descompuesto, que no puede —que no podrá!— subir al cielo» *(LP, 340)*. Pero el poeta inventa con su palabra la primavera *(LP, 349)* y la luz nueva de la primavera le permite descubrir cómo —al igual que en un fruto la semilla— lo infinito habita en lo finito *(LP, 335)*; el mundo ilimitado del misterio en la realidad visible de las cosas *(LP, 351)*; la eternidad en todo lo que muda, *(LP, 354, 377)*. En «Mar de retorno» y en «España», se repite el proceso: al comienzo, la comunicación con el mar resulta difícil *(LP, 431-432, 437-438)*. Pero, con el tiempo, el mar acaba revelando su verdad:

> Hoy el mar ha acertado, y nos ofrece una visión, mayor de él que la que teníamos de antemano, mayor que él hasta hoy. Hoy le conozco y le sobreconozco. En un momento voy desde él a todo él, a siempre y en todas partes él.

---

el *mar* —con el ritmo suelto y variable del oleaje— le da también al poeta una sintaxis poética y un verso libre «con función expresiva, no ornamental ni musical»; un verso concorde con la nueva realidad tal y como ésta se le ofrece: «movediza y llena de agujeros... porque no estará vista en superficie, sino en profundidad».

[162] Para el significado de *Nueva York,* en la poesía española de los años 20, véase J. M. Rozas, art. cit., págs. 153-157.

Mar, hoy te llamas mar por vez primera. Te has inventado tú mismo y te has ganado tú solo tu nombre, mar *(LP,* 435).

El mar le ofrece al poeta su lección: lo eterno está en lo mudable y el infinito ilimitado en lo limitado. Al poeta le corresponde rescatarlos —¿crearlos?— con su palabra; al poeta le corresponde inventar el nombre que enseñe a los otros a ver la realidad invisible de las cosas *(LP,* 289, 368, 502).

La preocupación metafísica a la que responde esta visión de la realidad se hallaba ya en aquel primer manuscrito de *Nubes,* pero sólo en el *Diario* tal preocupación encuentra la expresión justa[163]. Con este libro la poesía de Juan Ramón deja de ser modernista, para hacerse plenamente moderna. El profesor Rozas hizo una nómina casi exhaustiva de los rasgos en que se manifiesta la modernidad de este libro; a la autoridad de su magisterio remito al lector[164]. Por mi parte, sólo me li-

---

[163] Sobre la lengua poética del *Diario,* véase M. A. Pérez Priego, art. cit., pág. 117; también J. L. Tejada, «Una visión del mar o del poeta en el *Diario...* de Juan Ramón Jiménez», *Actas..., op. cit.,* págs. 561-565.

[164] Por el interés y exactitud de sus palabras, creo conveniente reproducir aquí el texto exacto al que me refiero: «En esquema muy apretado, el *Diario* fue para el 27: 1) Ese claro deseo de que la estructura material del libro sea un *supersignificante* al servicio de la poética interna. 2) Una pura poesía que podrá superar los diversos ideales paralelos: cubismo, Huidobro, Valéry. 3) Un contacto con la vida moderna, con la *civitas hominum,* simbolizada en New York, que incorporará, estilizándolo o desmitificándolo el, a menudo, pésimo maquinismo de origen futurista. 4) La nueva dialéctica entre el campo, ahora más andaluz que castellano, y la ciudad, si queremos, de la naturaleza frente a la historia. 5) Esa parontofilia temática y ese buscado hodiernismo del punto de vista. 6) La poesía amorosa de la pareja, amor, si complicado, total y vivido desde el presente, como tema central y liberado de los complejos noventayochistas al respecto. 7) Una poética del mar que, como el propio Juan Ramón expresó muchas veces, trajo novedades de concepción del mundo y del ritmo del verso. 8) Una preocupación por lo onírico e irracional, distintos del soñar despierto, del evocar machadiano y del propio Juan Ramón anterior. 9) El poema en prosa nuevo, precisamente entre la edición corta y la larga de *Platero,* y superándolo intelectualmente. 10) La ruptura de barreras entre prosa y verso, tan fecunda, y que tanto angustiará al poeta, hasta acabar, en *Leyenda,* desafortunadamente, poniendo en prosa los versos del *Diario.* 11) La caricatura lírica de seres y cosas, anticipo de *Españoles de tres mundos.* Y 12) Una preocupación social, que ya estaba en *Platero,* centrada en la realidad compleja del mundo moderno y alejada ya totalmente de la bucólica y del ademán cos-

70

mitaré a apuntar que la nueva visión que alumbra el *Diario* no se explica exclusivamente por la realidad biográfica —el viaje nupcial que a él subyace. Muy al contrario, responde a todo un coherente y consciente programa estético que —con Ortega como ideólogo inspirador más relevante— apunta, desde 1909 aproximadamente, una nueva concepción de la literatura. En las *Meditaciones del Quijote* (1914), Ortega había escrito: «Hay dentro de cada cosa la indicación de una posible plenitud. Un alma abierta y noble sentirá la ambición de perfeccionarla, de auxiliarla, para que logre esa plenitud.» Y Ortega sabe que esa misión le está destinada —sobre todo— al poeta, porque tal «ambición de perfeccionar las cosas» no se cumple por medio de la razón, sino de la sensibilidad (de la razón vital, en todo caso). Por ello, añade: «¡Amadlas! ¡Amadlas! Cada cosa es un hada que reviste de miseria y vulgaridad sus tesoros interiores, y es una virgen que ha de ser enamorada para hacerse fecunda»[165]. No otra es la experiencia de que habla el *Diario:* el descubrimiento —invención perfeccionada— de una realidad invisible, detrás de la visible, y su comunicación a los demás para enriquecer su conciencia de la vida *(LP,* poema 120). Esta doble realidad —la visible y la que el poeta crea— explica el descubrimiento de un espacio poético nuevo, en el que también diversos registros se complementan[166]. Pero orteguiano es también el vitalismo al que —desde la cita del sánscrito que Juan Ramón coloca al frente del *Diario:* «¡Cuida bien de este día! Este día es la vida, la esencia misma de la vida» *(LP,* 205)— se consagra cada una de sus páginas[167].

---

tumbrista. No es poco. Y podríamos seguir más allá del convencional número doce, rematando la cuestión con el valor dado por Predmore al *Diario* dentro del simbolismo europeo, en ese magnífico camino de libros tectónicos, en estructura y símbolos personales, que va de *Las flores del mal* a *Cántico.*»

[165] *Meditaciones del Quijote,* Madrid, Cátedra, 1984, págs. 46-47.

[166] R. Gullón (ed. cit., pág. 36) menciona el *estilo lírico* que habla de la «eternidad»; y el *estilo caricaturesco* que habla del «tiempo».

[167] Creo innecesario añadir nada a lo tan bien visto por J. M. Rozas («Juan Ramón Jiménez y el 27...», art. cit., págs. 160-163). Como testimonio de la presencia de este vitalismo en la base de la que surgen estos poemas, considérense los siguientes versos del *Diario:* «¡Oh, memoria, memoria / necia, vieja, pesada y habladora, / isla de llanto y cobardía!» *(LP,* 436).

En 1918 Juan Ramón publica *Eternidades*. Por esas fechas —en un alarde sorprendente de actividad creadora—, el poeta está trabajando en *Piedra y cielo, La realidad invisible, Unidad, Hijo de la alegría, Fuego y sentimiento, Luz de la atención, La mujer desnuda, Ellos, La muerte, Forma del huir, El vencedor oculto, La obra, Entretiempo, 1920 (Miscelánea), 1921 (Miscelánea), 1922 (Miscelánea)* y *1923 (Miscelánea)*[168]. En 1923 aparecieron *Poesía* y *Belleza;* en 1922 había aparecido la *Segunda antolojía poética,* y fue éste el libro que el público leyó. El escaso eco que en la crítica[169] despertaron los libros de este momento —*Eternidades, Piedra y cielo, Poesía* y *Belleza*— explica muchos de los errores de lectura que la poesía de Juan Ramón ha soportado hasta hoy, porque los citados libros son claves para entender la base estética sobre la que, desde ahora, se asienta la escritura juanramoniana. Es en estos libros donde el poeta desarrolla, en una profunda —aunque fragmentaria— meditación, su peculiar concepción de la poesía, de la palabra poética y del sentido de la escritura poética.

En efecto, en el *Diario,* Juan Ramón ha descubierto la presencia de una realidad invisible tras la realidad visible, y en los libros que siguen ensaya una profunda reflexión sobre el instrumento lingüístico que le permita acceder a tal realidad. Ello explica que tanto *Eternidades* como *Piedra y cielo* —y lo mismo es posible que ocurriera con el diseño originario de los restantes libros de la época— se abran con una serie de poemas que configuran una auténtica *ars poetica*[170]. Desde ellos,

---

[168] Todos estos libros se anuncian en *Poesía* y *Belleza,* configurados estos dos últimos como antología de todos los arriba citados, excepción hecha de *Entretiempo.* La configuración de este último la reconstruye A. Sánchez Romeralo, en *Poesías últimas escojidas,* Madrid, Espasa-Calpe, 1982.

[169] Véase G. Palau de Nemes, «Juan Ramón Jiménez, of naked poetry and the master poet (1916-1936)», *STCL,* 7, 2 (1983), págs. 136 y ss.

[170] La reflexión poética de Juan Ramón en estos libros engarza (como ha estudiado M. Coke-Enguidanos, *op. cit.,* págs. 26-52) con la preocupación por el lenguaje presente en las corrientes filosóficas de principios de siglo. De gran inte-

Juan Ramón clama por una «palabra nueva»[171], una palabra que sea el *nombre exacto* de las cosas. Mucho se ha escrito sobre el significado de este sintagma, clave en la estética de Juan Ramón Jiménez de este momento[172]. Pero, con frecuencia, se ha cometido el error de partir, para su exégesis, exclusivamente del poema tercero de *Eternidades,* cuando la poética juanramoniana del *nombre exacto* no se define sino en toda una serie de poemas. A su luz, el *nombre exacto* es auténtica creación del yo como conciencia[173], a la vez que auténtica creación de la *verdadera realidad* de las cosas[174], de esa realidad que está más allá de los objetos. En la base —como siempre—, la filosofía de Ortega:

> Imaginemos, pues, el hombre como un animal enfermo, de una enfermedad que simbólicamente llamo paludismo, porque vivía sobre pantanos infectados. Y esa enfermedad, que no logró destruir la especie, le causó una intoxicación que produjo en él una hipertensión cerebral; ésta originó una consiguiente hipertrofia de los órganos cerebrales que trajo consigo, a su vez, un grado mayor de hipertensión mental —cuyo resultado fue que el hombre se llenó de imágenes, de fantasía—, en que, como es sabido, aún los animales superiores son tan pobres; se encontró dentro con todo un mundo imaginario, frente, aparte y contra el mundo exterior [...]; el primer hombre tiene que vivir, a la vez, en dos mundos —el de

rés para el conocimiento de las ideas que configuran la *ars poética* juanramoniana es el trabajo de R. Reyes, «*La callada palabra* de Juan Ramón», *Actas...,* II, *op. cit.,* págs. 469 y ss.

[171] V. García de la Concha (ed. de *Eternidades,* Madrid, Taurus, 1982, págs. 19 y ss.), caracteriza, desde los poemas de Juan Ramón, los rasgos en que se define esta palabra. M. Coke-Enguidanos *(op. cit.)* pone en relación esta *nueva palabra* con el aprendizaje de Juan Ramón en los *imaginistas;* R. Reyes (art. cit.), con Goethe. Yo, por mi parte, he estudiado en otro lugar *(Poética de Juan Ramón, op. cit.,* págs. 140 y ss.) las conexiones de nuestro poeta con Ortega y Gasset, en lo que se refiere al tema de la palabra poética.

[172] Véase M. Alvar, «Juan Ramón Jiménez y la palabra poética», en *Actas...,* I, *op. cit.,* pág. 22; A. Sánchez Romeralo, «En torno a la obra última de JRJ», *Actas...,* I, *op. cit.,* págs. 77-78; V. García de la Concha, «La prosa de JRJ: lírica y drama», en *Actas...,* I, *op. cit.,* pág. 110; J. Guerrero, «El mito de Narciso en Juan Ramón Jiménez», *CHA,* 376-378 (1981), pág. 430.

[173] Véase mi *Poética de Juan Ramón, op. cit.,* págs. 239-244.

[174] *Ibíd.,* págs. 153-159.

> dentro y el de fuera—, por tanto, irremediablemente y para
> siempre, inadaptado, desequilibrado; ésta es su gloria; ésta es
> su angustia [...]. Y la historia universal es el esfuerzo [...] de ir
> poniendo orden en esa desaforada, anti-animal fantasía. *Lo*
> *que llamamos razón no es sino fantasía puesta en forma*[175].

El equilibrio entre ambos mundos —el de dentro y el de
fuera— sólo es posible a través del «pensamiento artístico».
De una parte, la palabra poética —el nombre exacto que Juan
Ramón le pide a la inteligencia— va convirtiendo los objetos,
de este mundo caótico de fuera, en *valores* y en *significados* cul-
turales, alumbrando así, frente a la realidad objetual, una nue-
va realidad vital que es creación íntegra del arte. La esencia de
esta nueva realidad ya no radica en las cosas, sino en la expe-
riencia del yo con las cosas; no tiene existencia autónoma,
sino que es realizada, ejecutada por el arte, que es la única for-
ma válida para realizar la síntesis entre el dentro y el fuera del
yo: «la realidad de que habla la ciencia no es más que una
realidad pensada. Realidad viva únicamente la tienen los ob-
jetos, cuando en ellos se prende nuestro deseo y nuestra nos-
talgia»[176]. Es decir, la realidad viva es creación del yo, y el úni-
co instrumento capaz de tal creación es el arte. De otra parte,
la creación artística ha de ser vehículo apropiado para *elevar el*
*mundo de dentro* a la superficie, y dar significado y valor a los
elementos irracionales que lo componen: «dramaturgias y
madrigalerías —escribe Juan Ramón a Gómez de la Serna—
que se alumbran momentáneamente en los rincones del cere-
bro, surjen, al conjuro del arte, para superponer a la vida mo-
nótona estampas de belleza, que son como una subvida nues-
tra que hay que encarnar» (*C*, 69-70). Los materiales irraciona-
listas —el sueño, la fantasía, lo instintivo— de la primera
poética siguen teniendo validez en la estética presente de Juan
Ramón. En absoluto puede hablarse de intelectualización del
poema, sino que, lejos por igual del racionalismo y del irra-
cionalismo, se afirma el valor del arte como iluminación que
«da cuenta de la vida inconsciente»; que carga de significado

---

[175] Cfr. *ibíd.*, pág. 142.
[176] J. Ortega y Gasset, «Epistolario liminar», *El Sol* (3 de febrero de 1918).

ciertos impulsos espontáneos; que incorpora, en definitiva, los materiales del mundo interior en unos «entramados de sentido» que se configuran como *conciencia*. Existe la realidad objetual así como el mundo interior, y ambos son anteriores al poema. Pero sobre ellos el poeta edifica una realidad vital nueva y una conciencia, de manera que la poesía puede definirse como «un *venir a ser yo* cada día, en una nueva visión y nueva expresión de mí mismo y del *mundo* que yo veo, mi mundo» *(TG*, 126). Pero para esta nueva visión, al poeta ya no le basta con nombrar los objetos en su realidad visible, limitada y finita; precisa el nombre exacto que dé cuenta también de esa realidad invisible, ilimitada, eterna, de la que los objetos son sólo signo; realidad que, pues no existe con antelación al hombre, es *creada* en la escritura poética[177], que, además de edificarla, la salva de la destrucción convertida en sustancia que trasciende la temporalidad del vivir[178]:

> Creemos los nombres.
>
> Derivarán los hombres.
> Luego, derivarán las cosas.
> Y sólo quedará el mundo de los nombres,
> letra del amor de los hombres,
> del olor de las rosas.
>
> Del amor y las rosas,
> no ha de quedar sino los nombres.
> ¡Creemos los nombres!

*(LIP,* 1, 287)[179]

Tratando este mismo tema, he escrito en otro lugar:

---

[177] Todo este complejo ideológico se sustenta sobre la diferenciación orteguiana entre *realidad objetual* y *realidad vital.* Cfr. mi *Poética de Juan Ramón, op. cit.,* págs. 144-148.

[178] *Ibíd.,* pág. 149.

[179] El texto pertenece a *Poemas impersonales,* libro que lleva como fecha de escritura la de 1911, pero en el que se hace evidente la presencia de abundantes textos recreados en fechas mucho más tardías.

Puesto que el mundo de los hombres y el de los objetos ha de cambiar y pasar, es finalidad primera de la creación artística erigir una realidad fiable y duradera, que transmita al porvenir los significados afectivos y lógicos que las cosas despertaron en el hombre, en una época histórica determinada. El arte hace del reino de los nombres —letra del amor de los hombres— creación para el presente y depósito para el futuro de la *realidad vital* de un momento dado[180].

En lo que se refiere a su formalización, concebida esta poesía como camino hacia una nueva —interior y exterior— realidad, los poemas adquieren ahora una forma muy peculiar, cuya característica más evidente es el *fragmentarismo*[181]. Los poemas de los libros que a continuación voy a comentar, se presentan como islotes que elevan al nivel de la expresión la noticia fragmentada de una meditación en el fondo de la conciencia. Como muy bien vio Sánchez Romeralo para *La realidad invisible*[182], a veces estos poemas nos hablan del feliz acceso a esa nueva realidad, y entonces predomina el tono exclamativo; en otros casos, el poema refleja la totalidad de la secuencia (búsqueda y hallazgo), y entonces meditación y exclamación se superponen.

Sobre este fondo surge *Eternidades*[183], libro que abre un entrañable diálogo del yo con las cosas, frente al poder destructor del tiempo y de la muerte[184]: «Soy —escribe Juan Ra-

---

[180] *Poética de Juan Ramón*, *op. cit.*, pág. 154.
[181] En esto, la poesía de Juan Ramón, aunque desde postulados bien diferentes, coincide plenamente con la vanguardia. No obstante, la crítica ha visto en la brevedad y fragmentarismo del discurso poético del Juan Ramón de este momento el resultado de la influencia oriental, tras su estancia en América (1916) donde se familiariza con el *hokku-like verse*, muy de moda entre los poetas americanos del *Imagism*. Cfr. Yong-Tae Min, «Tres etapas de orientalismo en Juan Ramón Jiménez», art. cit., págs. 288 y ss.
[182] Éd. cit., págs. XXV-XXVII.
[183] Madrid, Tipografía de Ángel Alcoy, 1918. El libro lleva como fechas de escritura 1916-1917.
[184] Así ve el tema M. d'Ors: «Una manera de vencer la muerte consistirá entonces en asimilarse este mundo, jugar, convertirlo en yo, en alma personal eterna... Otra, en transformar el propio yo efímero en mundo, conquistando

món— como un niño distraído / que arrastran de la mano / por la fiesta del mundo. / Los ojos se me cuelgan, tristes, / de las cosas... / ¡y qué dolor cuando me tiran de ellas!» *(LP,* 682). Por encima —o dentro de— los sucesivos *yos* históricos en que se desarrolla una vida *(LP,* 588, 619, 676), existe un *yo* final que se sueña infinito *(LP,* 627, 634), mayor que el mundo exterior, y capaz de abarcar el universo dentro de sí *(LP,* 683). Pero este *yo último* dista mucho de responder a idea alguna de trascendencia[185]. Es pura creación humana, a través de la poesía. De ahí la gozosa exclamación —tan mal leída— en que se resuelve el poema 97 de *Eternidades:*

> Yo solo Dios y padre y madre míos,
> me estoy haciendo, día y noche, nuevo
> y a mi gusto.
>
> Seré más yo, porque me hago
> conmigo mismo,
> conmigo solo,
> hijo también y hermano, a un tiempo
> que madre y padre y Dios.
>
> Lo seré todo,
> pues que mi alma es infinita;
> y nunca moriré, pues que soy todo.

---

así para el propio espíritu la inmortalidad de la naturaleza», cfr. «Tiempo, muerte, salvación y poesía en *Eternidades»,* en *Criatura afortunada, op. cit.,* págs. 150-151. La idea está perfectamente vista por M. d'Ors. Pero, del citado diálogo, no surge exclusivamente una lucha «contra el tiempo y contra la muerte»; mediante tal diálogo Juan Ramón busca también «salvarse en las cosas del naufragio interior» (Ortega) y salvar el *mundo-caos,* convirtiéndolo en conciencia. La base de este diálogo es plenamente orteguiana.

[185] De origen krausista es la idea del *hombre sucesivo,* central en el pensamiento poético de Juan Ramón. El discurrir del *yo temporal* sólo alcanza un sentido, cuando se entiende como creación progresiva de un *yo conciencia.* En *Animal de Fondo,* Juan Ramón identifica ese *yo último* con Dios *(LP,* 1341-1344). Pero un *Dios* que no implica trascendencia alguna, sino que se identifica con la *conciencia.* La muerte suprimirá el yo temporal pero en pie quedará esa *conciencia* (convertida en obra) con que el poeta ha ampliado el sentido del mundo.

> ¡Qué gloria, qué deleite, qué alegría,
> qué olvido de las cosas,
> en esta nueva voluntad,
> en este hacerme yo a mí mismo eterno!

> *(LP, 647)*

Pero, la construcción de este nuevo *yo* va estrechamente ligada a una nueva visión del mundo. No se trata sólo de poner en pie ese *yo último*, se trata de «romper la copa / de la naturaleza con mi frente; / ganar más luz al pensamiento» *(LP, 684)*. Se trata de iluminar nuevas zonas de realidad y de dotarlas de significado, porque las cosas no existen como realidades plenas *(LP, 572, 576, 606)*, hasta que la mirada del poeta —convirtiendo las cosas en conciencia— no las ilumina *(LP, 581)*; hasta que no encuentran en la mente del poeta «lo increado» *(LP, 599)*[186]. Existir es, así, una continua creación, un permanente ir dando vida al infinito en las cosas mientras se muere *(LP, 653, 685)*. Y escribir poesía es «soñar», para que otros vean las cosas con ojos infinitos *(LP, 670-671)*. De manera obsesiva en este libro, el árbol, con sus raíces hundidas en la tierra

---

[186] Las *cosas* —los objetos— pueden existir en el mundo exterior, pero nos son totalmente indiferentes; no alcanzan valor de realidad, en tanto en cuanto no se realizan en la vida de alguien. «Las cosas solas no son malas ni buenas» *(LPr, 758)*. Es la poesía, en ese caso, realización de realidades de existencia virtual; es, camino hacia la auténtica realidad. Crea la poesía los *ámbitos de significación y valoración* que permiten el tránsito de los seres vivos a la realidad auténtica de las cosas. La palabra poética es camino hacia las cosas, para «los que no las conocen», para «los que ya las olvidan», para «los mismos que las aman».

Quedan rotas, así, las concepciones racionalistas decimonónicas de la realidad, en una ruptura que resulta ser paralela, aunque no idéntica, a la vanguardia. El realismo burgués da las cosas ya valoradas —ética y lógicamente— y seleccionadas dogmáticamente; el idealismo crea una tabla de valores absolutos y el grado de realidad de los objetos aumenta o disminuye, según estén más o menos próximos a los lugares más altos de dicha tabla; la realidad vanguardista es una realidad hecha de fragmentos caóticamente recogidos y construida sobre la suma alógica y azarosa de los mismos; la generación del 14, por el contrario, parte de lo fragmentario, sí, pero lo reincorpora en un universo de sentido —relaciones—, en que cada una de las partes alcanza plenitud significativa. Cfr. mi *Poética de Juan Ramón, op. cit.*, pág. 155.

y con las ramas libres hacia el infinito, será la imagen emblemática en que se concreta la visión juanramoniana de la existencia *(LP,* 587, 594).

Sobre la imagen del árbol —tal y como acaba de ser descrita— surge el título del siguiente libro de Juan Ramón: *Piedra y cielo*[187]. Como el anterior, este libro da cuenta del soporte metafísico en que se apoya la poesía juanramoniana. Sus poemas se distribuyen en tres secciones: «Piedra y cielo, I» encara una poética de la realidad; «Piedra y cielo, II», una poética del yo; en tanto que «Nostalgia del mar», la sección segunda y central del libro, contextualiza la meditación poética de las otras dos partes. En la primera sección, el *sueño* como alternativa a la *vigilia (LP,* 719); el *recuerdo,* que eterniza el instante convirtiéndolo en material de conciencia *(LP,* 702-710)[188]; y el *sentimiento,* que reduce lo diverso a la unidad *(LP,* 711), convergen en la definición de una escritura que persigue «estar, con todo yo, en cada cosa» *(LP,* 701) y comprender el «secreto pequeño e infinito» que anida tras la naturaleza *(LP,* 716). Se trata de edificar una conciencia que, tras atesorar todos los secretos de la naturaleza, se proyecte sobre la realidad dotándola de sentido *(LP,* 736, 743). La certidumbre de que lo eterno está aquí —el cielo está en la piedra misma *(LP,* 749)— y de que debe ser creado por el hombre *(LP,* 725) es el gran hallazgo de esta sección[189]. Y «Piedra y cielo, II» desarrolla, tras el paréntesis de esa noche de duda que es «Nostalgia del mar», dicho hallazgo: la conciencia del poeta, en su «afán —dice el

---

[187] Apareció con fecha 1919, editado por la imprenta Fortanet en Madrid. La redacción de los poemas hay que situarla entre 1917 y 1918.

[188] Para el posible influjo del budismo zen sobre el concepto juanramoniano del *instante,* véase Yong-Tae Min, «Tres etapas del orientalismo...», art. cit., pág. 294. Véase también C. Nicolás, «Algunas claves...», art. cit.

[189] J. Guerrero («El mito de Narciso en JRJ», art. cit., págs. 427-428) ha señalado la dependencia del inmanentismo juanramoniano («Dios [es] un temblor que tenemos dentro, una inmanencia de lo inefable», *CcJR,* pág. 108) con las ideas evolucionistas de raíz neoplatónica procedentes del siglo XIX. Ciertamente, ese es el contexto, pero el influjo más directo en Juan Ramón es el krausismo, como ya he señalado en varios lugares.

autor— de gozarlo todo, / de hacerme en todo inmortal»
*(LP,* 819), se ha apropiado e interiorizado el universo ente-
ro *(LP,* 810), fecundando el cuerpo de la realidad visible con
un alma «insaciable y eterna» *(LP,* 821). *Piedra y cielo* termina
—como *Eternidades*— con una afirmación de la palabra poéti-
ca como salvación del yo y del mundo en un eterno presente
contra el que nada puedan ni el tiempo ni la muerte *(LP,* 829).

*Poesía* y *Belleza*[190], aunque carecen —por su ya mencionado
carácter antológico— del diseño unitario de los libros anterio-
res, continúan el camino abierto por los mismos. A. Sánchez
Romeralo, que es uno de los que mejor conocen esta etapa
del poeta, esboza una acertada descripción de los libros con-
tenidos en estas dos antologías:

> En ocasiones, dejó pautas sobre el contenido de los libros.
> Así, de *Hijo de la alegría* dice: «Quise titular "Hijo de la alegría"
> un libro donde se recojieran mis versos más chocantes, abusi-
> vos y caprichosos»; y cita «Aurora de trasmuros», «Pegado a la
> pared», «Los pueblos a la vía», «Del pozo de la noche», «Os-
> curo frío tranquilo», «Un cable de teléfono», «Tranvía al cam-
> po» y «Un insecto aplastado», poemas que corresponden a los
> números 87, 16, 72, 127, 48, 62 y 121 de *Poesía* y al 69 de *Be-
> lleza*. (Son éstos, poemas de «belleza fea» o «fealdad bella»,
> como dice en otro lugar.) De *Luz de la atención* dice el poeta,
> en otro documento inédito, que «es el título que yo tenía pen-
> sado para un libro de poemas brotados en mí como sucesión
> de un poema, cuadro, música, etc., ajenos en una circunstan-
> cia especial mía de espacio o tiempo, moral o física», y da
> como ejemplos: «Sol poniente y William Blake», «Un entie-
> rro y Goethe», «La verdad y Grünewald» (poemas 81 y 38 de
> *Belleza,* y 50 de *Poesía,* respectivamente).

---

[190] Ambos libros aparecieron en Madrid, en 1923, editados por el propio
Juan Ramón. Ambos se presentan al público como antología de la obra en
verso escrita entre 1917 y 1923. Los títulos de los libros representados en tales
antologías figuran al frente de cada uno de los dos volúmenes, tras la dedica-
toria «A la inmensa minoría», coincidiendo las listas de uno y de otro. En otras
palabras, *Poesía* y *Belleza* no son libros complementarios, sino dos selecciones
de textos hechos a partir de un mismo corpus. Los títulos de los libros anto-
logizados son los ya citados.

Por supuesto, los títulos de algunos libros ofrecen ya indicios de su contenido, como *La muerte, La obra, La mujer desnuda*, temas que Juan Ramón llamaría después *presencias* («Las tres presencias desnudas», en *Leyenda*, núms. 914-980), constantes en su poesía. *Ellos* es un libro dedicado a los familiares («Ellos de mi propia sangre», en *Leyenda*, núms. 754-775), y, sobre todo, a la madre del poeta (poemas estos últimos trasladados después a *La realidad invisible*, y agrupados en una sección bajo el título «A la vejez amada»). En *El vencedor oculto*, el poeta reunía una serie de poesías compuestas desde la perspectiva de un más allá (tras la muerte) imaginado. En *Fuego y sentimiento* se incluían las nostálgicas y evocativas «Auroras de Moguer» y otros poemas de nostalgia moguereña. Los temas de otros libros, como *La realidad invisible* y *Unidad*, eran más variados y podían coincidir con los temas propios de otros libros, lo cual es explicable porque en aquellos libros se perseguía una *realidad invisible* tras la múltiple realidad visible, o se afirmaba la *unidad* subyacente bajo la rica y varia realidad total. Los libros de *Miscelánea*, 1920-1923, reunían un conjunto de poemas escritos en esos años y no asignados específicamente a ninguno de los otros libros. No mencionado en las portadillas de *Poesía* y *Belleza*, un proyecto de libro con el nombre de *Entretiempo* agrupaba poemas inspirados dominantemente por la luz y el perfil de una primavera incipiente o de un comienzo de otoño.

De todos estos libros, sólo puede leerse *La realidad invisible*, en la extraordinaria reconstrucción crítica de Sánchez Romeralo. Para el resto hay que acudir a la selección antológica de *Poesía* y *Belleza*[191]. No obstante, podemos decir que la forma que Juan Ramón dio a estas dos selecciones potencia un tema, que ya nos es conocido, sobre todos los demás: la *obra* como realidad vencedora de la muerte y de lo desconocido. En otro lugar[192], me he referido a esa doble «enfermedad» que define la crisis modernista de la que arranca toda la escritura

---

[191] En edición de pulcrísima tipografía, han aparecido, editados por Francisco Hernández Pinzón y por Francisco Garfias, *Luz de la atención (1918-1923)*, Madrid, El Observatorio Ediciones, 1986; *Hijo de la alegría*, Madrid, El Observatorio Ediciones, 1986; y *Fuego y sentimiento*, Madrid, El Observatorio Ediciones, 1986.

[192] *Poética de Juan Ramón, op. cit.*, págs. 219 y ss.

juanramoniana: la «enfermedad del infinito» y la «enferme-
dad de lo incognoscible»[193].

Los primeros libros del poeta de Moguer surgen de este
fondo. Con el *Diario*, la crisis modernista queda definitiva-
mente superada. A través de la escritura de este último libro,
Juan Ramón vislumbra una *nueva realidad* y, en potencia, la
posibilidad de un *nuevo yo*. Los libros que siguen al *Diario*,
hasta 1923, responden a la búsqueda de una palabra y una
poética que haga posible la materialización de tal descubri-
miento. Si en la poesía de la primera etapa Juan Ramón bus-
caba fuera los símbolos que le permitiesen reconocer su sen-
timiento objetivado en las cosas, ahora mira hacia dentro
para desde allí, volver a crear de nuevo la *realidad de fuera*.

NECESIDAD DE CONCIENCIA INTERIOR (1923-1954)

En otro lugar[194] ya he señalado la fecha de 1923 como enor-
memente significativa para la historia de la poesía de Juan Ra-
món. Desde este año hasta 1936 no vuelve a publicar ni un solo
libro. Algunas muestras de su permanente actividad creadora
van apareciendo en los *cuadernos*[195] y en los periódicos de la épo-
ca[196]. Pero Juan Ramón ocupa una parte importante de su tiem-
po en la revisión, ordenación y reelaboración de su obra en ver-

---

[193] Los términos fueron acuñados por Andrés González Blanco *(Enferme-
dad del infinito)*, para explicar la causa de la *tristeza* juanramoniana en sus pri-
meros libros [«La vida literaria: Juan Ramón Jiménez», *Nuestro tiempo*, V, 52
(1905), pág. 542], y *(Enfermedad de lo incognoscible)*, por Ramón Pérez de Ayala,
para definir la crisis espiritual de su generación, reflejada en el protagonista de
*La pata de la raposa (OC*, I, pág. 267).

[194] *Poética de Juan Ramón, op. cit.*, pág. 169.

[195] Se trata de *Unidad* (1925), *Obra en marcha* (1928), *Sucesión* (1932), *Presen-
te* (1933) y *Hojas*. Una recolección parcial de los textos pertenecientes a estas
publicaciones se encuentra hoy en Juan Ramón Jiménez, *Cuadernos*, ed. Fran-
cisco Garfias, Madrid, Taurus, 1971.

[196] Especialmente, hay que citar *La gaceta literaria, El Heraldo de Madrid, Floresta
de prosa y verso, Nueva Poesía* y *Frente literario*. Para las referencias exactas, véase
A. Campoamor Gónzalez, *Bibliografía..., op. cit.* Por mi parte, he sacado a la luz toda
una serie importante de proyectos editoriales, que complementan la visión del tra-
bajo juanramoniano en estas fechas. Cfr. «Índice incompleto de proyectos juanra-
monianos y K. Q. X.», *Studia Philologica Salmanticensia*, 6 (1981), págs. 21 y ss.

so[197], proyectando una «edición definitiva» de la misma en siete volúmenes, de los cuales sólo apareció *Canción* (1936)[198].

En forma de libro no aparece un nuevo título juanramoniano hasta 1946, año en que vio la luz *La estación total*[199], obra a la que seguirán únicamente, en lo que se refiere a ediciones preparadas por el poeta, *Espacio* (1943-1953)[200], *Romances de Coral Gables* (1948) y *Animal de Fondo* (1949), títulos que, en los tres casos, hacen referencia no a libros completos, sino a secciones de libros mayores que finalmente el poeta nunca pudo concluir. Los dos citados en primer lugar se piensan como secciones de *En el otro costado*[201], en tanto que el ter-

---

[197] Sobre la forma de corregir-revivir-recrear en Juan Ramón, véase el análisis de A. de Albornoz, «El poeta de *Arias tristes* revivido por el último Juan Ramón», *CHA*, 376-378 (1981), págs. 655 y ss.

[198] Hacia 1923, Juan Ramón aparece empeñado en la tarea de revisar, corregir y revivir su obra («que de modo informe —dice el propio poeta en carta a Curtius— existe ya toda»), Bajo el título *Obra (Unidad)* diseña una edición en 21 volúmenes: siete para el verso, siete para la prosa, y siete de apéndices. La *Obra (en verso)* estaría formada por *Romance, Canción, Estancia, Arte menor, Silva, Miscelánea* y *Verso desnudo.* Cfr. J. Guerrero Ruiz, *Juan Ramón de viva voz,* Madrid, Ínsula, 1961.

[199] *La estación total* recoge poemas de los *Cuadernos* y de *Canción,* junto a otros nuevos. Pero no es una antología, sino un libro de estructura cuidadosamente pensada y cerrada.

[200] *Espacio* es un poema de muy lenta elaboración. El primer fragmento, «Espacio (una estrofa)» apareció en *Cuadernos americanos,* XI, 5 (1943). Al año siguiente y en la misma revista apareció «Espacio-Cantada», que es el fragmento segundo *[Cuadernos americanos,* XVII, 5 (1944)].* Ambos están impresos, en ésta, su primera edición, en verso libre. Completo —y ya prosificado— no se publicó hasta diez años después, en *Poesía española,* 28 (1954).

[201] De *En el otro costado,* hoy poseemos una buena edición a cargo de A. de Albornoz, Madrid, Júcar, 1974. Esta edición organiza los textos —«de acuerdo con un último proyecto realizado por el poeta», en palabras de su responsable— en cinco partes o libros: *Mar sin caminos, Canciones de La Florida, Espacio, Romances de Coral Gables* y *Caminos sin mar.* El diseño responde a un esquema de simetrías, con el eje en *Espacio,* que es muy del gusto del Juan Ramón último. No obstante, hay suficientes elementos de juicio para pensar que aún no poseemos una edición solvente —y tardaremos en tenerla, porque es tarea de años— ni de *En el otro costado,* ni de ninguno de los libros mayores en que Juan Ramón trabajó durante los últimos años de su vida. La recuperación por parte de Arturo del Villar de *Tiempo,* un texto en relación de complementariedad con *Espacio,* hace muy problemático el esquema propuesto por A. de Albornoz para *En el otro costado.* Véase Juan Ramón Jiménez, *Tiempo y Espacio,* ed. A. del Villar, Madrid, Edaf, 1986.

cero se escribe como una parte de *Dios deseado y deseante*[202]. Y a estos títulos deben añadirse *Una colina meridiana* y *De ríos que se van*[203]. Bajo la serie de títulos citados nos vamos a encontrar con una poesía cuyos rasgos diferenciales, respecto a la anterior, Sánchez Romeralo va a cifrar en los siguientes puntos: 1) conciencia de la propia ultimidad; 2) se acentúan las tendencias místicas; 3) retorno a las formas tradicionales españolas; 4) nostalgia de España y el recuerdo de la infancia; y 5) la conquista de la infinitud[204].

De cualquier modo, es en el propio Juan Ramón donde vamos a encontrar la clave más adecuada para acceder a esta poesía: «si en mi primera época, la poesía fue *éstasis de amor,* y en la segunda *avidez de eternidad,* en esta tercera, es *necesidad de conciencia interior*» *(LP,* 1342). La *conciencia,* en efecto, se convierte en el concepto central de la escritura juanramoniana de esta tercera etapa. Al dinamismo exterior que cantan los libros siguientes al *Diario* corresponde, tras *La estación total,* un dinamismo interior que localiza en la *conciencia* del poeta —en ese «fondo de aire» que es la conciencia— el camino hacia lo absoluto. Hasta este momento su poesía da cuenta de la apasionada búsqueda de lo eterno, en lo temporal; de lo in-

---

[202] También de *Dios deseado y deseante* poseemos hoy una buena edición, a cargo de A. Sánchez Barbudo (Madrid, Aguilar, 1964). A. Sánchez Barbudo aporta en esta edición una importante cantidad de materiales inéditos (18 poemas). Desde la fecha de su publicación no se han hecho aportaciones significantes para enmendar este corpus. No obstante, sabemos que Juan Ramón, hacia 1953, manejaba la cifra de 80 poemas para su libro. Por ello, y hasta que no dispongamos de un índice completo de los fondos de la «Sala de Zenobia y Juan Ramón», este poemario no podrá considerarse cerrado. Por otra parte, es necesario un esfuerzo mayor en la ordenación de los poemas que conocemos. Ya sabemos que, sobre todo a partir de 1914, Juan Ramón cuida extraordinariamente el diseño de sus libros, otorgando a tal diseño un relevante papel significativo.

[203] El primero permanece inédito como libro, aunque está representado por casi medio centenar de poemas en las últimas antologías juanramonianas (véase *Leyenda,* ed. A. Sánchez Romeralo, Madrid, Cupsa, 1978). Respecto a *De ríos que se van,* hay edición (a cargo de P. Beltrán de Heredia, Santander, Bedia, 1974), pero tampoco esta edición es plenamente satisfactoria ni definitiva.

[204] Véase su trabajo «En torno a la obra última de Juan Ramón Jiménez», en *Actas...,* I, *op. cit.,* pág. 67. Con rasgos parecidos enjuicia esta poesía en su edición de la antología juanramoniana, *Poesías últimas escogidas,* ed. cit., págs. 28 y ss.

finito en lo finito; del todo en las cosas; de lo invisible en lo visible. Es ahora el momento gozoso de celebrar con el canto el hallazgo. Y su poesía es la letra de tal celebración.

Mucho se ha insistido —sobre todo al encarar la escritura de esta etapa— en la similitud de la experiencia poética juanramoniana con la experiencia mística. Y, desde luego, el lenguaje de esta poesía parece confirmar el citado parentesco. El tono celebrativo y de exaltado arrebato amoroso, así como su expresión por medio de repeticiones, balbuceos, exclamaciones, paralelismos, etc., acercan la gramática juanramoniana a la de San Juan de la Cruz[205]. Pero conviene no confundir los términos, ya que leer esta poesía en clave mística es errar el camino. Swedenborg —que Juan Ramón cita en un poema de la primera época[206] y que está en la base de la teoría poética de las correspondencias[207]—; el krausismo —con su idea de un Dios en el final y no en el origen[208]—; el modernismo teológico (Loisy, Tyrrel, etc.) —con su concepto de Dios como creación inmanente de la conciencia[209]—; el panteísmo de Spinoza —a quien Juan Ramón leyó con suma atención en esta última época[210]—; el budismo zen —cuyas influencias en Juan Ramón cada vez son mejor conocidas por la crítica[211]—, determinan en nuestro poeta la configuración de una concepción de la existencia, desde la que proporcionar respuestas —¿suficientes?— a esa *avidez de eternidad* que, desde muy temprano, está en la base de su escritura. Como acertadamente ha visto M. Coke-Enguidanos[212], toda la obra de Juan Ramón —al igual que ocurre con la de otros máximos representantes de la estética europea del fin de siglo— está marcada por el angustioso sentimiento del poder aniquilador

---

[205] *Ibíd.*, pág. 71.
[206] *Jardines lejanos (PLP,* 453).
[207] A. Balakian, *El movimiento simbolista, op. cit.*
[208] Cfr. G. Azam, *La obra de Juan Ramón Jiménez, op. cit.*, págs. 211 y ss.
[209] *Ibíd.*, pág. 440.
[210] Véase I. Prat, «Reseña a Ceferino Santos Escudero: *Símbolos y Dios en el último Juan Ramón Jiménez*», *Ins.*, XXXI, 353 (1976), pág. 9.
[211] Véase Yong-Tae Min, art. cit., págs. 284 y ss.
[212] «Juan Ramón en su contexto esteticista, romántico y modernista», *CHA,* 376-378 (1981), págs. 532 y ss.

del tiempo, por la necesidad de perpetuar el instante fugaz, y por la fe en la poesía como única defensa contra la temporalidad. Pues bien, Juan Ramón Jiménez no sólo ha buscado en la creación un refugio contra tal angustia, sino que a través de la poesía ha perseguido —sin resignarse jamás a la idea de la muerte— una interpretación positiva de la existencia, una interpretación que hiciera aceptable la posibilidad de saltar del tiempo a la eternidad. Para la expresión del hallazgo final —tras la larga persecución que es toda su obra[213]— Juan Ramón recurre —y Cesar Nicolás lo explica muy bien— a toda una serie de «sistemas semióticos como la mística, la alquimia o el ocultismo —y religiones esotéricas como la cristiana— que aparecen como intertextos inmediatos al sistema autónomo de signos verbales que constituyen la obra poética de Juan Ramón Jiménez, con la que establecen lo que E. Benveniste denomina una *relation d'homologie* y provocan el carácter pretendidamente hermético que se le adjudica»[214].

La primera etapa hacia ese hallazgo del que acabo de hablar queda recogida en los versos de *La estación total*[215], un libro al que Juan Ramón, lejos de configurar como una antología, otorga una estructura muy precisa. Como ocurre en el resto de su producción desde aquí hasta el final, la escritura juanramoniana gravita en torno a un núcleo esencial: la elaboración de una teoría que —al margen de cualquier promesa religiosa[216]— hi-

---

[213] Leída toda la obra de Juan Ramón desde la poesía de estos años finales, se revela, con absoluta claridad, el sentido último y profundo de toda su escritura. Desde *Ninfeas* hasta *Animal de Fondo*, toda su obra queda englobada en una misma unidad de sentido: la búsqueda del absoluto.

[214] «Algunas claves...», art. cit., págs. 94-95.

[215] *La estación total con las canciones de la nueva luz (1923-1935)*, Buenos Aires, Losada, 1946. El corpus de este libro lo forman, en su mayor parte, poemas ya publicados en los *Cuadernos*, textos procedentes de *Canción*, y poemas publicados en algunos periódicos y revistas literarias de principios de los años 30.

[216] En «Quemarnos del todo», Juan Ramón postula la necesidad de que «consideremos como fin nuestra existencia» para «encontrar todos en ella el suficiente paraíso» *(TG*, 191). Y esta idea de un «paraíso aquí y ahora», frente a las promesas trascendentalistas de todas las religiones, es una idea clave en todas las conferencias que Juan Ramón Jiménez leyó en sus años de exilio americano.

ciera comprensible y aceptable el tránsito de la vida a la muerte. Este libro, como conjunto, canta —al hilo del viejo simbolismo modernista de las estaciones[217]— la inmersión del *yo histórico* en la corriente infinita de un *yo total*[218], inmersión que se opera en esa «quinta estación» que es la «estación» definitiva y total.

Los 55 poemas que componen el libro se distribuyen con cuidadosa simetría en tres núcleos: «La estación total, 1», con catorce poemas; «Canciones de la nueva luz», con veintiséis; y «La estación total, 2», con quince. La primera sección reanuda —tras el largo silencio que va de 1923 a 1946— el discurso poético en el mismo punto en que lo habían dejado los libros de la etapa anterior: en determinados momentos de gracia, las líneas de la eternidad y de la historia se cruzan *(LP,* 1136-1137); se produce, entonces, la súbita revelación del *ser (LP,* 1148-1149) —como Infinito, como Eternidad, como Totalidad— ante el asombrado *estar* del hombre *(LP,* 1136-1137, 1138). El ámbito de tal irrupción de la eternidad en la historia del hombre es, siempre, el de la conciencia vigilante y alerta *(LP,* 1135, 1160-1161). Hasta aquí, la plasmación de una experiencia que ya es vieja en la poesía juanramoniana. Pero, ahora y desde esta primera sección, se avanza un paso más. La muerte es la definitiva salida de la historia a esa eternidad, que desde la vida apenas es entrevista. Y, en consecuencia, la muerte se carga de notas positivas. Tras serle revelada la eternidad, al poeta ya no le sirve su voz ni su mirada, ya no le basta su forma de hombre, precisa «salir y ser en otro ser el otro ser», quizás «el ser que siempre hemos querido ser» *(LP,* 1139). El tono exaltado y celebrativo de estos poemas se comprende,

---

[217] Baste recordar las *Sonatas* de Valle-Inclán. La primavera y el otoño, sobre todo, son dos formas opuestas de «tiempo sentimental» en que los modernistas gustan situar los *paisajes de alma* con que se identifican y en las que sienten objetivado su mundo interior.

[218] Intentando definir el *yo poético* que vamos a encontrar en la poesía juanramoniana de este momento, César Nicolás («Algunas claves en la forma poética...», art. cit., págs. 89-90) se refiere a un «yo total, desviado, simbólico y altamente peculiar y abstracto, que se define por su equivalencia y fusión con la obra... es el yo divino, el yo creador y poético por antonomasia. Suma de yos sucesivos... El yo universal, el yo panteísta y cósmico...».

cuando se descubre que para el poeta morir no es acabar. La conciencia —«difundida, igual, mayor, / inmensa / en la totalidad» *(LP,* 1164)— sigue existiendo. Con la muerte lo que acaba es la forma, pero la conciencia, «enquistada en la tierra que no se desmorona», «fundida a lo que nunca cambiará ya de historia» *(LP,* 1166), sigue una nueva y eterna existencia integrada en el alma del universo[219].

Desde tal intuición, la vida —libre ya de la angustia del tiempo— se carga de significado: vivir es «fundir conciencia» *(LP,* 1175); es transformar la soledad, la obscuridad, la vaciedad de la historia, en compañía, en luz, en sentido *(LP,* 1176): es traer a Dios al plano de la historia *(LP,* 1182). Integrada la idea de la muerte en una teoría que la hace aceptable, la existencia se ilumina como un paraíso posible que hay que construir *(LP,* 1178, 1188). Visión de la vida desde una «nueva luz», eso es lo que cantan las breves canciones de la sección segunda. El retorno a metros y formas tradicionales —la canción, sobre todo— viene acompañado de una apertura, en todos los sentidos, a la vida y al mundo *(LP,* 1198). El hallazgo intelectual de la sección primera da paso, en esta sección segunda, a una vivencia —diferente y gozosa— de la realidad *(LP,* 1199). La experiencia es la misma *(LP,* 1234), pero la meditación se hace, ahora, canto *(LP,* 1213). Desde la conciencia de la eternidad, se salva el valor positivo de la historia *(LP,* 1216). La naturaleza toda tiene un alma, a la que, tras la muerte, vendrá a sumarse el poeta, enriqueciéndola con la aportación de su conciencia *(LP,* 1226, 1239).

La última sección da cuenta de esos instantes supremos en que la eternidad se hace presente en la historia, fundiendo pasado y futuro en un presente cargado de plenitud

---

[219] Es de subrayar la insistencia con que, en esta época, Juan Ramón, en una lectura muy particular y original del mito, recurre a *Narciso* para personificar esta idea: «Narciso es el hombre que se encuentra con él en la naturaleza... y quiere dejar de ser individuo aparte; es el poeta que quiere su eternidad en toda la naturaleza metamorfoseante; el dios, en suma, que quiere ser toda la naturaleza. Por eso es homicida de su forma única, no suicida de su espíritu general... Es el gran mito del Creador que desea metamorfosearse en la naturaleza.» Cfr. «Ideología», *CHA,* 52 (1954).

*(LP,* 1276-1277)[220], instantes en que los seres todos actúan como mensajeros de la *estación total (LP,* 1282-1283). Tres espléndidos poemas —«Criatura afortunada», «Mirlo fiel» y «Mensajera de la estación total»— estratégicamente distribuidos, al comienzo, en el centro y al final, constituyen tres puntos climáticos de la experiencia poética antes descrita. Entre ellos, y en un tono de menor exaltación verbal, se sitúan una serie de poemas que cantan la presencia misteriosa de la realidad invisible en la visible *(LP,* 1250-1251) o la eterna lucha del *ser* por hacerse *forma.* Se cierra, así, en un círculo perfecto, el poemario. Si la primera sección gravita sobre el ansia de los seres vivos de regresar —más allá de la historia, más allá de la multiplicidad de las formas— al seno del Todo; la última se cierra —en perfecta simetría de amor correspondido— con la constatación de la permanente dinámica del Todo por hacerse forma. La doctrina plotiniana de la doble cadena —ascendente y descendente— de los seres prefigura la cuidada estructura de este libro juanramoniano[221].

Pero, antes de acabar con este libro, es preciso aludir a un poema —uno de los mejores de todo el libro— que me parece clave para entender la poética de Juan Ramón en este momento. Me refiero a «Poeta y palabra», en la sección primera, donde se define la actividad poética como conciencia vigilante que escucha la «profunda, callada, verdadera palabra..., que llega del redondo todo», un *todo* que es el alma del universo constituida por la suma de conciencias «de los que se fueron» *(LP,* 1171-1172)[222].

---

[220] Presente que Yong-Tae Min («Tres etapas del orientalismo...», art. cit., pág. 297) identifica con el concepto de *tiempo inmutable* del budismo zen. *La estación total* sería la estación en que primavera nunca se hace verano. No obstante, estoy de acuerdo con Isabel Armas («El narcisismo "óptimo" de JRJ», art. cit., págs. 444-445) en que el misticismo juanramoniano al que remiten estas ideas dista mucho de cualquier forma de misticismo (oriental u occidental): el encuentro con el Todo no lleva nunca a un abandono de la propia conciencia individual. Más bien ocurre lo contrario.

[221] M. Gras Balaguer («Apuntes para una lectura de Juan Ramón», art. cit., pág. 577) explica esta idea («La conversión del *todo* al *yo* o del *yo* al *todo*» a través de la asimilación poética) con referencia al panteísmo spinozista.

[222] Nada tiene que ver, en este caso, la *callada palabra* juanramoniana con la *poética del silencio* de Mallarmé; y disiento firmemente del intento de compara-

Bajo el título de *Romances de Coral Gables* (1948)[223], ofrece Juan Ramón el primer testimonio de su escritura poética, tras el forzado exilio a tierras americanas. *La estación total*, aunque se publica —como ya quedó anotado— en 1946, recogía textos anteriores a la salida del poeta de España. Así, pues, entre uno y otro título, media nada más y nada menos que una guerra, sentida por el poeta de Moguer con agudo dolor[224]; y esto, necesariamente, se trasparenta en la escritura. En *La estación total* desemboca una cosmovisión a la que Juan Ramón ha accedido en una meditada y lenta evolución. Los *Romances* no modifican esencialmente los pilares básicos de tal cosmovisión, pero sí traen un tono radicalmente diferente: todo lo que en aquel libro era canto gozoso de un hallazgo, en este se convierte en expresión de la experiencia dolorosa de la soledad del hombre; lo que en aquél era certeza, en éste se convierte en duda; la constatación de la radical incomunicación del yo en la temporalidad de su existir resquebraja la confianza en la fusión del hombre con la totalidad, gozosamente presentida en los versos de *La estación total*. Pero el ansia de totalidad permanece idéntica en un texto y en otro.

Los *Romances de Coral Gables* dan acogida a 20 poemas repartidos en dos secciones («Yo con ello» y «Ello conmigo»),

---

ción que lleva a cabo M. Coke-Enguidanos, en «Towards a poetry of silence Stéphane Mallarmé and JRJ», *STCL*, 7, 2 (1983), págs. 147 y ss. *La callada palabra* de Juan Ramón —como muestra el poema al que ahora me refiero— es el silencio con que se expresa el alma del universo, un alma que es una especie de conciencia general de la humanidad, constituido por la suma de conciencias individuales «que se fueron». Es ese *otro yo* «que no se quiere callar», que encontraremos en *Espacio*.

[223] México, Ed. Stylo, 1948. De esta edición se encarga el grupo de poetas reunidos, en su exilio mexicano, en torno a Francisco Giner. A este último se debe una reciente reedición de este texto (*Voces de mi copla, Romances de Coral Gables*, Madrid, Taurus, 1982), en cuya introducción da cuenta de la primera edición del texto, de cómo se formó el libro y de las circunstancias que lo rodearon. A la citada introducción remito.

[224] Como testimonio de este dolor, véanse los escritos de *Guerra en España*, libro juanramoniano reconstruido, con múltiples aciertos, por A. Crespo (Barcelona, Seix Barral, 1985).

90

con un poema («Anadena de Bocarratón») marcando la transición de una parte a otra. Cada una de las dos secciones desarrolla un aspecto de la duda que ha venido a trastornar la consoladora visión del anterior. «Yo con ello» habla de la radical soledad de un *yo,* que se siente inmenso hacia dentro, pero que, hacia fuera, no acierta a conjugar su existir como conciencia con el ser inconciente de las cosas:

> Ente dos piedras camino,
> me echo entre piedra y piedra;
> piedras debajo del pecho
> y encima de la cabeza.
> Y si quiero levantarlas,
> me hiere la piedra eterna;
> si piso desesperado,
> sangro en la piedra eterna.

*(VCRCG,* 91)

Desde el título de esta primera sección, el *yo* se define como conciencia en soledad inquiridora, en tanto que el ello se oculta tras la oscuridad, tras la solidez pétrea y muda de las cosas. En la segunda sección, «Ello conmigo», se refleja la angustia de sentirse *ser en tránsito;* la angustia de tener que olvidar la «forma distinta» de «hombre errante», la unicidad del *yo,* para «subir a lo otro», al «ser del no ser supremo» *(VCRCG,* 114-115). La interrogación que ponen en pie estos poemas se precisará en *Espacio,* un libro que nace del mismo clima que los *Romances.* Con el libro que ahora comento, Juan Ramón da un paso más en ese proceso de transformación enriquecedora del romance tradicional, que se inicia con *Pastorales.* R. Alberti llama a Juan Ramón el «creador del romance moderno»; según él, con el poeta de Moguer se da el paso definitivo del romance narrativo tradicional al romance lírico: «la anécdota desaparece, o queda diluida, diseminada en la música»[225]. Pues bien, con los *Romances de Coral Gables* el

---

[225] «La poesía popular en la lírica española contemporánea», conferencia de 1932, recogida ahora en *Prosas encontradas (1924-1942),* ed. R. Marrast, Madrid, Ayuso, 1973, pág. 124.

romance se transforma de lírico en metafísico. Y, como consecuencia, la nueva fórmula trae consigo un nuevo lenguaje, en el que el grado de abstracción —sobre todo en algunos poemas— se lleva a unos extremos que anuncian ya *Animal de Fondo*.

Aunque, desde un punto de vista literario, sea un texto radicalmente diferente al de los *Romances, Espacio* (1954)[226], responde al mismo clima espiritual que acabamos de describir. El feliz hallazgo de *La estación total* —recordemos: *vivir* es «fundir» una conciencia inmortal[227], para así burlar a la muer-

---

[226] Existen tres ediciones diferentes de *Espacio*. Los fragmentos primero y segundo, en la versión original en verso, se publicaron en los *Cuadernos americanos* de México, en los números XI, 5 (1943) y XVII, 5 (1944). Completo, el texto no se publicó hasta 1954, en *Poesía española*, 28 (1954), edición esta en que, por primera vez, se publica íntegro el fragmento tercero —el poeta había ido dando algún anticipo de éste en periódicos como *La Nación* y otras revistas—, junto a los dos fragmentos ya conocidos, pero que ahora aparecen prosificados. De reseñar es también la edición facsimilar que Ricardo Gullón dio en *Peña Labra*, 40-41 (1981), y que parece ser —desde luego, es anterior a la versión de *Poesía española*— la primera versión en prosa del poema íntegro. Para más datos sobre la génesis de *Espacio*, véase H. T. Young, «Génesis y forma de *Espacio*, de Juan Ramón Jiménez», *RHM*, XXXIV, 1-2 (1968). La mayor parte de las ediciones modernas no siguen, sin embargo, ninguna de las aquí citadas, sino que reproducen la de la *Tercera antología* (Madrid, Biblioteca Nueva, 1957), elaborada sobre el texto de *Poesía española*, pero con significativas supresiones de algunos pasajes en que las alusiones personales a contemporáneos del poeta son muy directas. Hoy la edición de Aurora de Albornoz (Madrid, Editora Nacional, 1982), junto al texto último depurado, ofrece el texto de la redacción inicial en verso, y una serie de documentos que ayudan a seguir y entender el proceso de escritura de este magno poema. La edición de A. del Villar (Madrid, Edaf, 1986) es, asimismo, una edición espléndida, con un apéndice (el segundo) en el que se recogen las variantes existentes de este poema, publicadas por el poeta, en diferentes medios, como textos independientes.

[227] Como ya he apuntado en otro lugar, el término *conciencia* es clave en la escritura juanramoniana de este momento. Diversas procedencias se han señalado para centrar conceptualmente el uso que Juan Ramón hace del término, pero sobre todo, se ha referido el término *conciencia* juanramoniano a Krause y a su *Ideal de humanidad para la vida*. Desde mi punto de vista, es Unamuno el que mejor define el término tal como lo usa nuestro poeta. Como muy bien ha estudiado J. M. Sánchez-Ruiz, la *conciencia* es el resultado de la interacción activa y creadora del *yo* y el *mundo*: «La conciencia tiende a penetrar en el mundo y a posesionarse de él "concientizándolo", es decir, uniéndolo a sí y dando a las cosas una finalidad. Con esta interacción, el "yo" se hace su mundo y el mundo hace al "yo": del ambiente exterior se forma el interior por una especie de condensación orgánica; del mundo de los fenóme-

te; en tanto que *morir* es sólo abandonar la forma de hombre, «metamorfosear la conciencia»[228], para fundirse con la conciencia absoluta del cosmos[229]—, ahora, ya que no le basta al

---

nos externos, el de la conciencia, que reacciona sobre aquél y en él se expansiona. Hay un continuo flujo y reflujo difusivo entre mi conciencia y la naturaleza que me rodea, que es mía también, mi naturaleza; a medida que se naturaliza mi espíritu saturándose de realidad externa, espiritualizo la naturaleza saturándola de idealidad interna. Yo y el mundo nos hacemos mutuamente» («Civilización y Cultura», *OC*, III, 472).

«Se trata, como se ve, de una causalidad recíproca; el mundo hace brotar a la conciencia y ésta a su vez hace cognoscible al mundo, dándole finalidad y por ende instalando en él algo de conciencia; y esto es posesionarse del mundo; en efecto, derramando en las cosas algo de conciencia, finalizándolas, inserimos en las cosas algo de nuestro yo y así las hacemos nuestras.»

Pero esta *conciencia* individual, que cada hombre se crea en el tiempo de su historia personal, en primer lugar no *surge* del vacío sino que en cada hombre «canturrea» y «duerme» la humanidad pasada («Lectura e interpretación del Quijote», en *OC*, III, 856), que es el abono en el que brota nuestro ser y del que se alimentan nuestras vidas («Paisajes del alma», en *OC*, I, 1066); y, en segundo lugar, esta conciencia nunca se pierde, sino que —al morir— pasa a enriquecer la conciencia colectiva de la que surgirá el mundo del mañana. Cfr. «Dimensión mundanal y social del ser, según Unamuno», *CCMU*, XII (1962), págs. 31 y ss. Pues bien, de este fondo surge la idea juanramoniana de conciencia. Lo dicho para Unamuno, vale perfectamente para el Juan Ramón de *Espacio*. Pero el poeta de Moguer da un paso más, hasta identificar esa *conciencia de la humanidad* con *Dios*: un fragmento de la nota con que Juan Ramón acompaña la edición de *Animal de Fondo* nos sitúa, con exactitud, en este punto del razonar juanramoniano: «Hoy, concreto yo lo divino como una conciencia única, justa, universal de la belleza que está dentro de nosotros, y fuera también y, al mismo tiempo, porque nos une, nos unifica a todos, la conciencia del hombre cultivado sería una forma de deísmo bastante» (*LP*, 1342). Para más precisiones sobre el concepto, tan relevante en el último Juan Ramón, véase G. Azam, *La obra de JRJ, op. cit.*, págs. 527-615.

[228] Refiriéndose a los «símbolos» de *Espacio* comenta M. T. Font (*«Espacio»: autobiografía lírica de Juan Ramón Jiménez*, Madrid, Ínsula, 1972, pág. 60) que todos ellos convergen. Son expresión de la aspiración del yo a «fundirse en un yo total (unidad de cosmos y divinidad), donde se eternice su *sustancia*». Es verdad, pero para ello es preciso cambiar de forma. Al servicio de la explicación de esta idea, se coloca la lectura que el poeta hace del mito de *Narciso*, que no es para él ni el suicida, ni el enamorado de sí mismo, sino el insatisfecho de su forma de hombre, por eso, la elimina para fundir su conciencia a la conciencia del cosmos. En trabajos espléndidos, se han ocupado de la preocupación que el mito de Narciso despertó en el Juan Ramón último, J. Guerrero Hortigón, «El mito de Narciso en JRJ», *CHA*, 376-378 (1981), págs. 413 y ss.; e I. de Armas, «El narcisismo óptimo de JRJ», *ibíd.*, págs. 439 y ss.

[229] La conciencia es —la energía nunca se pierde— lo que queda al deshacerse la forma de hombre de cada yo. Recordemos el poema «Espacio» de *La*

poeta de Moguer, que se rebela ante la necesidad de tener que abandonar su propia «sustancia», interrogando así, desde la precariedad de ésta, a su conciencia inmortal:

> Conciencia... Conciencia, yo, el tercero, el caído, te digo a ti (¿me oyes, conciencia?). Cuando tú quedes libre de este cuerpo, cuando te esparzas en lo otro (¿qué es lo otro?) ¿te acordarás de mí con amor hondo; ese amor hondo que yo creo que tú, mi tú y mi cuerpo se han tenido tan llenamente, con un convencimiento doble que nos hizo vivir un convivir tan fiel como el de un doble astro cuando nace en dos para ser uno? ¿y no podremos ser por siempre, lo que es un astro hecho de dos? No olvides que, por encima de lo otro y de los otros, hemos cumplido como buenos nuestro mutuo amor...
> Mi cuerpo no se encela de ti, conciencia; mas quisiera que al irte fueras todo él, y que dieras a él, al darte tú a quien sea, lo suyo todo, este amar que te ha dado tan único, tan solo, tan grande como lo único y lo solo. Dime tú todavía: ¿No te apena dejarme? ¿Y por qué te has de ir de mí, conciencia? ¿No te gustó mi vida? Yo te busqué tu esencia. ¿Qué sustancia le pueden dar los dioses a tu esencia, que no pudiera darte yo? Ya te lo dije al comenzar: «Los dioses no tuvieron más sustancia que la que tengo yo.» ¿Y te has de ir de mí tú, tú a integrarte en un dios, en otro dios que este que somos mientras tú estás en mí, como de Dios? *(E,* 145-146).

*Espacio* tiene un diseño cíclico minuciosamente pensado por el poeta, diseño cíclico que se apoya en la repetición, a modo de variaciones sobre un mismo motivo, de determinadas frases: «Los dioses no tuvieron más sustancia que la que tengo yo», «Para acordarme de por qué he nacido, vuelvo a ti, mar», «Dulce como esta luz era el amor», etc. Esta reiteración de frases, o motivos, da al poema una trabazón interna sobre la que ya puede apoyarse, sin problema alguno de coherencia, ese fluir fragmentario de la conciencia que es el discurso todo de *Espacio*[230].

---

*estación total:* «Tu forma se deshizo. Deshiciste tu forma, / Mas tu conciencia queda difundida, igual, mayor, / inmensa, / en la totalidad» *(LP,* 1164).

[230] A. de Albornoz (ed. cit., págs. 70 y ss.) hace referencia a un cierto «automatismo» en la escritura juanramoniana de este poema; y A. del Villar (ed. cit., págs. 36 y ss.) la pone en relación con la técnica del monólogo interior, aunque a diferencia de lo que ocurre en casos como el de Joyce, Juan Ramón se mantiene siempre lúcido, con una inteligencia vigilante de lo que el instinto le dicta.

Pero, más allá, lo que se persigue, una vez que el poeta ha renunciado a toda anécdota y a toda lógica, como base de su discurso[231], es lograr un texto en que «las ideas latentes se expresen como sentimientos rítmicos para ser sentidos también como belleza sensorial»[232].

Bajo el diseño circular que vertebra la superficie de este discurso, anima una meditación estructurada por la oposición dialéctica de dos realidades difícilmente conciliables: la inmortalidad de la conciencia y la transitoriedad del soporte corporal de dicha conciencia. Esta estructura dialéctica determina la división del poema en tres «fragmentos»: el primero, «Sucesión: 1», bascula del lado del primer término de la oposición; en tanto que el tercer fragmento, «Sucesión: 2», se centra sobre el segundo de los términos; entre ambos, el fragmento segundo, «Cantada», marca la transición de uno a otro.

El valor estético de este texto, así como su relieve en la historia de la poesía universal del siglo XX, ha sido unánimemente reconocido por toda la crítica[233]. Extraordinario interés posee la lengua literaria y los procedimientos imaginativos en que se resuelve el discurso de *Espacio*. Aurora de Albornoz ha estudiado[234], con aguda sensibilidad, algunas de sus características y peculiaridades: la enumeración (en forma de gradación o de enumeración caótica), la reiteración, la cita y la autocita, el desdoblamiento visionario del yo, las superposiciones espaciotemporales, la animación de lo inanimado, lo cinematográfico de algunas imágenes, la sintaxis musical, etc. Todo ello, en un conjunto textual, en que «las palabras obran como conjuro, arrastrando tras sí nuevas palabras, nuevos motivos, nuevos temas: también los sonidos —las puras sen-

---

[231] Carta a Luis Cernuda, recogida en *La corriente infinita*, Madrid, Aguilar, 1961.

[232] Anotación de Juan Ramón añadida al «Prólogo» que va al frente de la versión mexicana de *Espacio*. Cfr. A. de Albornoz, ed. cit., 68, núm. 16.

[233] *Espacio* es uno de los textos de Juan Ramón que mayor atención han despertado en la crítica. Una breve —pero bien enjuiciada— reseña de la bibliografía más importante sobre *Espacio*, puede consultarse en A. de Albornoz, ed. cit., págs. 63-65, especialmente nota 5.

[234] *Ibíd.*, págs. 90 y ss.

saciones auditivas— actúan como agentes desencadenantes de sonidos-eco, capaces de generar motivos, frases, temas...»[235].

Mucho menos se ha hecho en lo que se refiere al análisis del contenido de *Espacio*. Como justificación no puede aludirse a la dificultad intrínseca del texto que —al margen de las peculiaridades de su discurso que ya han sido señaladas— no presenta obstáculos especiales respecto a otras manifestaciones de la escritura juanramoniana de este momento. Se debe esta carencia, sobre todo, a la ausencia de contexto que ha presidido siempre su lectura. Contexto que —desde mi punto de vista— no puede ser el reconstruido por Aurora de Albornoz para *En el otro costado*[236]. Consciente de la singularidad de este poema, Juan Ramón dejó abundantes referencias y comentarios explicativos, que nos ayudan a comprender su génesis y significado[237], y a ellos, creo, que hay que volver. Especialmente interesante me parece la explicación que el poeta da a Díez-Canedo sobre la escritura de *Espacio*:

> Pues en 1941, saliendo yo, casi nuevo, resucitado casi, del hospital de la Universidad de Miami (adonde me llevó un médico de estos de aquí, para quienes el enfermo es un número y lo consideran por vísceras aisladas), una embriaguez rapsódica, una fuga incontenible empezó a dictarme un poema de espacio, en una sola interminable estrofa de verso libre

---

[235] *Ibíd.*, pág. 89.

[236] Esta afirmación la hago sabiendo que Aurora de Albornoz, aguda lectora y buena conocedora de la poesía de Juan Ramón, trabajó para esta reconstrucción (Madrid, Júcar, 1974) sobre índices del propio poeta. En cualquier caso, el proyecto que ella maneja difiere sensiblemente del llevado a cabo en la *Tercera antología*, también hecha sobre indicaciones del poeta. Y esto nos obliga a estar sobre aviso, a la hora de leer los textos. Por razones que se desconocen —aunque es fácil esbozar alguna hipótesis aceptable— Juan Ramón, tardíamente, incluyó *Espacio* en el conjunto de *En el otro costado*. Los poemas de este libro son de la misma época que *Espacio,* pero desde luego no son el marco natural para el que este poema nace.

[237] En especial, han de tenerse en cuenta la carta a Luis Cernuda ya citada; otra carta a Díez Canedo (6 de agosto de 1943), recogida en E. Díez-Canedo, *Juan Ramón Jiménez, en su obra* (El Colegio de México, 1944), así como distintos materiales recogidos en los apéndices de la edición de A. de Albornoz, *op. cit.,* págs. 105 y ss.

mayor. Y al lado de este poema y paralelo a él, como me ocurre siempre, vino a mi lápiz un interminable párrafo en prosa, dictado por la estensión lisa de *La Florida*, y que es una escritura de tiempo, fusión memorial de ideolojía y anécdota, sin orden cronolójico; como una tira sin fin desliada hacia atrás en mi vida. Estos libros se titulan, el primero, *Espacio;* y el segundo, *Tiempo,* y se subtitulan *Estrofa* y *Párrafo (E,* 15-16).

*Espacio* y *Tiempo* son textos gemelos y complementarios y, como tal, deben ser leídos. Se trata de dos libros que nacen uno «al lado» del otro, y que constituyen las primeras manifestaciones de la escritura no discursiva del poeta tras su exilio. La guerra civil, el exilio y la grave enfermedad a la que alude el texto, la hostilidad de un idioma que no es el del poeta, abren el vacío de una crisis que fuerza a Juan Ramón a reencontrarse consigo mismo y a cuestionar el sentido de su esencia y de su existencia. Ello sólo lo conseguirá tras un proceso de objetivación del yo que le conduce a esa mirada retrospectiva que es *Tiempo* y a ese análisis introspectivo que es *Espacio*. Los dos textos, como conjunto, surgen del replanteamiento del yo, como *historia* —en esa «escritura de tiempo, fusión memorial de ideología y anécdota, sin orden cronológico», que es *Tiempo*— y como *espacio de conciencia* —en ese «poema de espacio» que es *Espacio*. Ambos, *Espacio* y *Tiempo* son —lo dice Juan Ramón en el «Prólogo» que puso al frente de la edición mexicana de los dos primeros fragmentos de *Espacio*— la «respuesta formada de la misma esencia de mi pregunta o, más bien, del ansia mía de buena parte de mi vida»[238]. Y no olvidemos que esa pregunta —reiterada en el texto que ahora comento— tiene que ver con el «recordar por qué he nacido» y con la sustancia sobre la que se levanta la conciencia. El *yo tiempo* encuentra una razón justificadora de la existencia: la puesta en pie de un *yo espacio* final, que es la conciencia; una conciencia que, cuando la muerte rompa su forma de hombre, seguirá viviendo como puro *espacio. Tiempo* persigue la definición del *yo* como historia y en la historia; *Espacio,* la definición del yo ante la eternidad; el intento de reducir la frag-

---

[238] Ed. de A. de Albornoz, *op. cit.,* pág. 112.

mentariedad de la existencia a la unidad: la convicción de que vivir es una suma de fragmentos de existencia convertidos en conciencia[239]. *Tiempo* es la historia recuperada por la memoria e incorporada al presente. *Espacio* es el intento de convertir la conciencia en *espacio textual* antes de que se difunda en el todo.

El libro *Animal de Fondo* (1949)[240] se publicó como primera parte completa de un conjunto más amplio, que habría de llevar el título de *Dios deseado y deseante*[241]. *Animal de Fondo*

---

[239] De extraordinario interés me parecen las páginas que dedica M. Coke-Enguidanos (en su *Word and Work..., op. cit.,* págs. 122-142) al estudio de las fuentes científicas y filosóficas, en que se sustenta y apoya el pensamiento poético juanramoniano: el *Libro de Job*, el Unamuno que firma *Del sentimiento trágico de la vida* —donde también se identifica a Dios con la «conciencia misma del linaje humano»—, las teorías de la relatividad y de los quanta —que Juan Ramón pudo conocer y conoció en sus años en la Residencia de Estudiantes—, las doctrinas de Bergson y la metafísica de Ortega, en su «Adán en el paraíso».

[240] *Animal de Fondo* se publicó en espléndida edición bilingüe (español-francés) en Buenos Aires (Pleamar, 1949). De la edición y de la traducción francesa se cuidó Lysandro Z. D. Galtier. El texto completo de esta edición es el que reproduce A. Crespo en su edición de *Animal de Fondo* (Madrid, Taurus, 1981). La reedición de A. Crespo viene precedida de una soberbia introducción con precisas noticias sobre las circunstancias biográficas que acompañaron el nacimiento del texto; sobre la génesis del libro y los anticipos que del mismo fue dando Juan Ramón a distintos periódicos y revistas, de España y de América; sobre las críticas primeras recibidas por el libro, que no sólo cita, sino que comenta y reseña con buen tino; y todo ello se completa con una interesante lectura «puramente poética» de *Animal de Fondo*.

[241] Ya en las «Notas» finales de *Animal de Fondo* (1949), el poeta da noticia de cómo los 29 poemas que se acogen bajo tal título son, tan sólo, una anticipación de un libro mayor que se habría de titular *Dios deseado y deseante*. Pero *Dios deseado y deseante* nunca vio la luz. La *Tercera antolojía* incorpora siete nuevos poemas a los 29 de *Animal de Fondo*. Y, más recientemente, A. Sánchez Barbudo recuperó 21 textos más, con lo que su edición de *Dios deseado y deseante* (Madrid, Aguilar, 1964) ofrece un total de 57 poemas, número que viene a concordar con la cifra de poemas que Juan Ramón da para *Dios deseado y deseante* el 5 de noviembre de 1949, en carta a Galtier: «El libro completo tiene ahora 57 poemas y está dividido en tres partes: "Mar abajo", "La ciudad" y "Mar arriba"» (cfr. A. Crespo, *op. cit.,* págs. 25-26). Sin embargo, por R. Gullón sabemos que el libro siguió creciendo y, a finales de 1952, cuando el poeta lo da por terminado, tiene 80 poemas. Cfr. *Conversaciones con Juan Ramón, op. cit.,* pág. 119. Estamos, pues, muy lejos todavía de poder leer el texto completo de conjunto al que iba destinado *Animal de Fondo*.

es la culminación de ese misticismo poético que caracteriza toda la escritura juanramoniana de su etapa americana. Con él, Juan Ramón reanuda —tras el paréntesis de duda que cantan *Espacio* y *Los Romances de Coral Gables*— la expresión gozosa del hallazgo que celebra *La estación total*. Pero en este libro todavía quedaban sin respuesta algunas preguntas —la imposibilidad de fundir lo de dentro y lo de fuera—, que son las que luego emergerán en los libros posteriores[242]. *Animal de Fondo* es ya la respuesta a todas las preguntas, lo que le permite al poeta afirmar: «Ahora puedo yo detener ya mi movimiento / como la llama se detiene en ascua roja» (*LP*, 1291). En *La estación total* se produce el hallazgo de un «Dios posible», pero el encuentro con ese *Dios* no se da hasta *Animal de Fondo*. Lo que allí era hallazgo fugaz, es aquí identificación definitiva[243].

Este libro, el último que Juan Ramón pudo acabar y vigilar en su edición, se halla recorrido —del primero al último poema— por un discurso que funde múltiples registros, de manera que el canto arrebatado del encuentro entre su *dios deseado* y su *dios deseante* (la pura efusión mística, *LP*, 1297-1298, 1323-1324) se entrelaza permanentemente con la meditación sobre la naturaleza de tal encuentro (la teología, *LP*, 1289-1290, 1293-1294) y con la narración de cómo dicho encuentro le fue anunciado en determinados momentos de la biografía del poeta y de cómo, finalmente, se produjo (la historia, *LP*, 1295-1296, 1312-1313, 1329-1332). Y estos diferentes registros, rastreables a lo largo de todo el libro en cuidada alternancia, podemos verlos confluir, también, en la estructura de un mismo poema (*LP*, 1339-1340).

Creo que hoy ya no puede afirmarse que *Animal de Fondo* —ni por su lenguaje[244] ni por su contenido— sea un texto di-

---

[242] Véase A. Crespo, ed. cit., págs. 46 y ss.

[243] En *La estación total* asistimos a un proceso cognoscitivo; aquí a un proceso de identificación de esencias; a una vivencia de unificación ontológica.

[244] Un estudio suficiente de las peculiaridades más notables del lenguaje poético de este libro está firmado por G. Correa. De él extraigo los rasgos más significativos: «neologismos, parejas de advertios de terminación activa y pasiva, genitivos de filiación bíblica, construcciones paralelísticas, terminología amorosa que se carga de esencialidad de orden ontológico, imágenes referidas al mar...», cfr. «El mar y la poesía de conciencia...», art. cit., págs. 252-254.

ficil y mucho menos que sea un libro incoherente. Las dificultades que la crítica ha creído ver en él proceden, casi siempre, de la absurda pretensión de querer leer el *Dios deseado y deseante de Juan Ramón* en un contexto —el de la religión católica, o el de cualquier otra[245]—, que le es totalmente ajeno[246]. Leído desde el dogma católico, los 29 poemas de este libro resultan incomprensibles y algo más. El único contexto posible de lectura es el de la propia poesía juanramoniana y, desde él, cualquier lector de Juan Ramón conoce que el poeta se va definiendo en sus cincuenta años de escritura como conciencia *deseante* —de «algo vago y misterioso» en los primeros libros; de «la realidad invisible» en su segunda etapa; de la «Eternidad» y la «Totalidad», en su poesía última. Y sabe que esa conciencia —*esponja del Universo,* en expresión de Ortega— el poeta la identifica con *dios*[247]; esa conciencia es el *dios deseante* del libro que ahora se comenta; un *dios* inmanente que está dentro del poeta mismo. Pero, fuera del poeta, existe también una conciencia general —«la de otro, la de todos / con forma suma de conciencia» *(LP,* 1290)—, una conciencia que es esa alma del universo (la belleza, la realidad invisible, el Todo) que alienta detrás de todas las cosas. La imagen visible de esa realidad invisible, que es la «conciencia suma», se la da al poeta el mar, cuyos atributos —eternidad, belleza, permanente movimiento y perpetuo enriquecimien-

---

[245] Lo más importante de la bibliografía existente sobre *Animal de Fondo* se halla perfectamente reseñado en A. Crespo (ed. cit., págs. 28-42) y A. Sánchez Romeralo («Juan Ramón Jiménez en su fondo de aire», *RHM,* XXVII (1961), págs. 299 y ss.). A las referencias que allí se encuentran habría que sumar los trabajos de G. Palau de Nemes, «Poesía desnuda: ruptura y tradición», en *Actas..., op. cit.,* págs. 58-62; y, también, G. Correa, «El mar y la poesía de conciencia», art. cit., págs. 241-258.

[246] Véase J. Prat, en «Reseña al libro de C. Santos Escudero», *Símbolos y Dios en el último Juan Ramón Jiménez, Íns.,* 353 (1976), pág. 9.

[247] Por las fechas en que se publica *Animal de Fondo,* escribía Juan Ramón: «Si el fin del hombre no es *crear* una conciencia única superior, el Dios de cada hombre, un Dios de cada hombre, con el nombre supuesto de Dios, yo no sé lo que es... Pero sí, yo sé lo que es. Que nuestro Dios no es sino nuestra conciencia. Por *ella,* por *él,* podemos ser desgraciados o felices», cfr. «Vivienda y moriendo», *La Nación* (30 de octubre de 1949).

to de sus mundos interiores[248]—, constituyen ese «algo vago y misterioso» perseguido y *deseado* por el poeta a lo largo de toda su escritura. *Animal de Fondo* —escritura final que ilumina, en espléndida lectura retrospectiva, toda la obra juanramoniana— es el canto celebrativo del encuentro, de la fusión «en lucha hermosa de amor», de ese *dios deseante* que es el poeta en su historia, con ese *dios deseado* al que aspira como eternidad. La idea krausista, de un hombre en progreso hacia un *dios final,* creación de este progreso, es la urdimbre sobre la que se levanta este libro[249].

Esto debe tenerse en cuenta, para evitar —al abrir *Animal de Fondo*— cualquier lectura trascendente de la experiencia que canta el poeta en el libro. Insisto en que si hay que buscarle un contexto, éste ha de ser exclusivamente el de la obra del propio Juan Ramón. Lo que sí hay detrás del libro es una profunda reflexión sobre la «posibilidad de convertir al hombre en una conciencia con los atributos supuestos en Dios», como testimonia la serie de textos que G. Azam comenta desde el modernismo religioso de principios de siglo[250].

Las últimas antologías juanramonianas —*Tercera antolojía poética* (1957), *Leyenda* (1978)— recogen también poemas de esta última etapa pertenecientes a dos libros a los que todavía no he hecho referencia. Se trata de *Una colina meridiana*

---

[248] Un texto clave —y poco conocido—, para rastrear la formación de la imagen del mar como símbolo de la conciencia, es el artículo «El único estilo de Florit» *(CI,* 146-147). Un buen seguimiento de textos en los que la fuerza simbólica del *mar* se va concretando, hasta llegar a la densidad de este libro, se encuentra en J. Guerrero Hortigón, «El mito de Narciso...», art. cit., págs. 423 y ss.

[249] En 1913, en *El sentimiento trágico de la vida* había escrito Unamuno: «La conciencia, el ansia de más y más, cada vez más, el hambre de eternidad y sed de infinitud, las ganas de Dios, jamás se satisfacen; cada conciencia quiere ser ella, quiere ser Dios.» Textos como este, que resultan tan próximos al mundo espiritual de *Animal de Fondo,* dan cuenta de la deuda conceptual que este libro —tan original, estéticamente tan nuevo— tiene contraída con el clima ideológico del «fin de siglo».

[250] Véase su «Del modernismo al post-modernismo con Juan Ramón Jiménez», en *Actas...,* op. cit., págs. 165 y ss.

(1942-1950) y *Ríos que se van* (1951-1953). Del primero nunca se ha intentado una edición, en tanto que el segundo lo publicó Pablo Beltrán de Heredia (Santander, Bedia, 1974), en una edición pulcra y bella, pero que dista mucho de ser la edición crítica sobre la que pueda emitirse un juicio fiable. Antes de que ésta pueda hacerse, será preciso realizar una difícil tarea de reconstrucción textual, lo cual urge ya y no sólo para estos libros últimos de Juan Ramón, sino también para los libros inéditos de Moguer *(Arte menor, Esto, Poemas agrestes,* etc.), así como para los libros recogidos de forma selectiva en *Poesía* y en *Belleza*[251].

[251] En tanto en cuanto no se den las condiciones que he apuntado, me limitaré a remitir al análisis que, sobre los citados materiales, ha publicado A. Sánchez Romeralo en Juan Ramón Jiménez, *Poesías últimas escogidas*, Madrid, Espasa-Calpe, 1982, págs. 27 y ss.

# Esta edición

La selección de poemas que he recogido en el cuerpo de esta *antología* la he realizado a partir de aquellos libros de la bibliografía juanramoniana que se editaron en vida del poeta. Quiero decir con ello que quedan fuera de mi selección obras como *Arte menor, Esto, Historias, Libros de amor,* etc. (véase pág. 54), de la primera etapa; o como *Ríos que se van* y *Una colina meridiana* (véase pág. 84), de la tercera etapa. El criterio que me ha llevado a obrar así viene determinado, sobre todo, por la ausencia de ediciones mínimamente fiables para trabajar sobre los citados libros. En tanto en cuanto no se cuente con ediciones críticas rigurosas, el estudioso de Juan Ramón caminará sobre arenas movedizas. ¡Cuántas veces hemos leído que la poesía de Juan Ramón empieza a «desnudarse» en los años de Moguer, pero que de esto los lectores contemporáneos de Juan Ramón no pudieron darse cuenta, porque el cambio se produce en libros que el poeta no dio a la imprenta, en tanto que los libros editados, por esas mismas fechas, son libros cada vez más vestidos! Nada más falso. Es verdad que los libros inéditos de Moguer, tal y como Francisco Garfias los editó, nos parecen más modernos que *Melancolía,* por ejemplo. Pero, no es que anticipen ya en 1910, la poesía de 1917. Es que gran parte de los poemas que integran tales libros —en su estado editorial actual— son de 1917. La falta de todo rigor histórico ha propiciado errores como éste, errores que nos hacen perder el sentido de evolución real en la poesía juanramoniana y que yo he querido evitar a toda costa. Incluso, si para ello tenía que dejar fuera de mi selección textos cuya calidad los hacía merecedores de mejor suerte.

De lo que acabo de decir, el lector deducirá enseguida que no he hecho la selección de los poemas que van a continuación con un criterio de calidad poética. Y acertará en sus sospechas. Al menos, no ha sido la calidad el único factor que he tenido en cuenta. He querido que, en mi selección de textos, quedasen representados todos los libros publicados por Juan Ramón, todas las etapas, todos los estilos y todos los grandes temas. Sólo cuando he tenido que decidirme entre dos poemas del mismo libro y de idéntica temática ha primado la calidad. Creo que con esto, la dimensión estética del poeta de Moguer no se resentirá (elegir lo bueno de su obra es fácil, sea cual sea el criterio seguido), en tanto que a la dimensión histórica (tan olvidada por lo general) se le dará el relieve que le corresponde.

Para acompañar los textos del poeta, he procurado —siempre que he podido y siempre que el poema lo exigía— dar en nota aquella información que mejor ayudase al lector a situarse en el contexto histórico, cultural y estético adecuado para acceder a una lectura en profundidad de los poemas.

# Bibliografía

En las notas a la introducción, el lector puede encontrar la referencia precisa a las ediciones de las obras juanramonianas de las que parte esta selección. Para una descripción exacta y puntual del estado editorial en que actualmente se encuentra la obra de Juan Ramón remito a Antonio Campoamor González, *Bibliografía general de Juan Ramón Jiménez*, Madrid, Taurus, 1983. A este trabajo remito también para ampliar la selectiva nota biliográfica que doy a continuación.

ESTUDIOS

*Actas del Congreso Internacional de Juan Ramón Jiménez*, ed. Jorge Urrutia, Diputación Provincial de Huelva, 1983, 2 vols.

AGUIRRE, J. M., «Juan Ramón Jiménez and the french simbolist poets», *RHM*, XXXVI, 4 (1970-1971), 212-223.

ALBORNOZ, Aurora, «El collage-anuncio en Juan Ramón Jiménez», *Roco*, 110 (1972), 212-219.

— «*Espacio*. Algunos ecos del ayer en el hoy», *Camp de l'Arpa*, 87 (1981).

ALLEN, Ruppert C., «Juan Ramón and the world tree: A symbological Analysis of Misticism in the poetry of Juan Ramón Jiménez», *RHM*, XXV, 4 (1969), 306-322.

AZAM, Gilbert, *La obra de Juan Ramón Jiménez* Madrid, Ed. Nacional, 1983.

BLASCO, Francisco Javier, *Poética de Juan Ramón*, Universidad de Salamanca, 1981.

BOUSOÑO, Carlos, «El impresonismo poético de Juan Ramón Jiménez» *CHA*, 280-282 (1973), 508-540.

CAMPOAMOR GONZÁLEZ, Antonio, *Vida y poesía de Juan Ramón Jiménez*, Madrid, Sedmay, 1976.

CAMPOS, Jorge, «Cuando Juan Ramón empezaba. La crítica burlesca contra el modernismo», *Ins.,* 128-129 (1957), 9 y 21.

CARDWELL, Richard, «Juan Ramón Jiménez and the Decadence», *Revista de Letras,* 23-24 (1974).

— *«Los Borradores silvestres,* cimientos de la obra definitiva de Juan Ramón Jiménez», *Peña Labra,* 20 (1976).

— *Juan Ramón Jiménez: The Modernist Apprenticeship 1895-1900,* Berlín, Colloquium Verlag, 1977.

— «Juan Ramón Jiménez, an introduction», *Renaissance and Modern Studies,* XXV (1981), 1-23.

CERNUDA, Luis, «Los dos Juan Ramón Jiménez», en *Poesía y Literatura,* Barcelona, Seix Barral, 1966, 105 y ss.

— «Jiménez y Yeats», en *Poesía y Literatura,* Barcelona, Seix Barral, 1966, 251 y ss.

CESARE, G. B., *Specchio dell'ombra. (Un itinerario per la lettura di Juan Ramón Jiménez),* Roma, Bulzoni, 1978.

COLE, Leo, *The religious instinct in the poetry of Juan Ramón Jiménez,* Oxford, The Dolphin Book, 1967.

COKE-ENGUIDANOS, Mervyn, *Word and Work in the poetry of Juan Ramón Jiménez,* Londres, Tamesis Books, 1982.

CORREA, Gustavo, *«El otoñado,* de Juan Ramón Jiménez», *HR,* XLI (1973), 215-230.

CRESPO, Ángel, *Juan Ramón Jiménez y la pintura,* Barcelona, 1974.

*Criatura afortunada. Estudios sobre la obra de Juan Ramón Jiménez,* Ed. Nicolás Marín, Universidad de Granada, 1981.

DARÍO, Rubén, «La tristeza andaluza, un poeta», *Helios,* 13 (1904), 439-446.

DÍAZ-PLAJA, Guillermo, *Juan Ramón Jiménez en su poesía,* Madrid, Aguilar, 1958.

FERNÁNDEZ ALMAGRO, «Juan Ramón Jiménez y algunos poetas andaluces de su juventud», *Studia Philologica,* 1 (1960), 493-508.

FOGELQUIST, Donald, *Juan Ramón Jiménez,* Boston, Twayne Publisher, 1976.

FONT, María Teresa, «*Espacio*». *Autobiografía lírica de Juan Ramón Jiménez,* Madrid, Ínsula, 1972.

GARCÍA DE LA CONCHA, Víctor, «La forja poética de Juan Ramón Jiménez», *PSA,* CCLXII (1978), 5-35.

GICOVATE, Bernardo, «El concepto de la poesía en la poética de Juan Ramón Jiménez», *CL,* VIII (1956).

— «Preámbulo a *Dios deseado y deseante*», *ALM,* IX (1971), 213-228.

— *La poesía de Juan Ramón Jiménez,* Barcelona, Ariel, 1972.

GONZÁLEZ, Ángel, *Juan Ramón Jiménez. Estudio,* Madrid, Júcar, 1961.

GONZÁLEZ BLANCO, Pedro, «La vida literaria: Juan Ramón Jiménez. *Arias Tristes*», *Nuestro tiempo*, IV, 38 (1904), 276 y ss.

GUERRERO RUIZ, Juan, *Juan Ramón de viva voz*, Madrid, Ínsula, 1961.

GULLÓN, Ricardo, «El dios poético de Juan Ramón Jiménez», *CHA*, 14 (1950), 343-350.

— «Plenitudes de Juan Ramón», *Hisp.*, XL, 3 (1957), 270-286.

— «Símbolos en la poesía de Juan Ramón», *LT*, V, 19-20 (1957).

— *Conversaciones con Juan Ramón*, Madrid, Taurus, 1958.

— *Estudios sobre Juan Ramón Jiménez*, Buenos Aires, Losada, 1960.

— «Juan Ramón y el Modernismo», *Cuadernos*, 56 (1962).

— *El último Juan Ramón*, Madrid, Alfaguara, 1968.

— «Juan Ramón Jiménez desde el principio hasta el fin», *Sin nombre*, XII, 3 (1982).

*Juan Ramón Jiménez en su centenario*, ed. Ricardo Senabre, Cáceres, 1981.

JOHNSON, Robert, «Juan Ramón Jiménez, Rabindranath Tagore y la poesía desnuda», *MLR*, LX (1957), 534-546.

NEDDERMANN, Emmy, «Juan Ramón Jiménez: sus vivencias y tendencias simbolistas», *Nos*, I, 1 (1936), 16 y ss.

OLSON, Paul R., *Circle of Paradox*, Baltimore, The Johns Hopkins Press, 1967.

PABLOS, Basilio, *El tiempo en la poesía de Juan Ramón*, Madrid, Gredos, 1965.

PALAU DE NEMES, Graciela, *Vida y obra de Juan Ramón Jiménez*, Madrid, Gredos, 1974.

PARAÍSO DEL LEAL, Isabel, *Juan Ramón Jiménez Vivencia y palabra*, Madrid, Alhambra, 1976.

PÉREZ DELGADO, Rafael, «Primicias de Juan Ramón Jiménez», *PSA*, CCXVII (1974), 13-49.

PÉREZ ROMERO, Carmen, *Juan Ramón Jiménez y la poesía anglosajona*, Cáceres, 1981.

PRAT, Ignacio, «Juan Ramón Jiménez», en *Estudios sobre poesía contemporánea*, Madrid, Taurus, 1983, 15-100.

— *El muchacho despatriado. Juan Ramón Jiménez en Francia (1901)*, Madrid, Taurus, 1986.

PREDMORE, Michael, *La poesía hermética de Juan Ramón Jiménez*, Madrid, Gredos, 1973.

— «Imágenes apocalípticas en el *Diario* de Juan Ramón», *Revista de Letras* (1974).

SÁNCHEZ ROMERALO, Antonio, «Juan Ramón Jiménez en su *Fondo de Aire*», *RHM*, XXVII (1961), 289-319.

SANTOS ESCUDERO, C., *Símbolos y Dios en el último Juan Ramón Jiménez*, Madrid, Gredos, 1975.

SCHONBERG, J. L., *Juan Ramón Jiménez ou le chant d'Orphée*, Neuchâtel, La Baconnière, 1961.

SENABRE, Ricardo, «El proceso creador de Juan Ramón Jiménez», *PSA*, CXIII (1965), 135-146.

STEVENS, Harriet S., «Emily Dickinson y Juan Ramón Jiménez», *CHA*, 166 (1963), 29-49.

ULIBARRI, Sabine R., *El mundo poético de Juan Ramón Jiménez*, Madrid, Edhijar, 1962.

WILCOX, John, *Yeats and Juan Ramón Jiménez*, Michigan, University Microfilm International, 1977.

YOUNG, Howard T., *The Victorians Expression*, University of Wisconsin Press, 1966.

— «Génesis y forma de Espacio», *RHM*, XXXIV (1968).

— *The Line in the margin*, University of Wisconsin Press, 1980.

— «Lo que dicen los árboles, la amistad literaria entre Robert Frost y Juan Ramón Jiménez», *LT*, 111-114 (1981), 289-309.

HOMENAJES EN REVISTAS

*La Torre*, 19-20 (1957).
*Peña Labra*, 20 (1976).
*Archivo Hispalense*, 199 (1980).
*Camp de l'Arpa*, 87 (1981).
*CHA*, 376-378 (1981).
*Alaluz*, XII-XIII (1980-1981).
*STCL*, 7 (1982-1983).
*Cuadernos para la investigación de la literatura hispánica*, 1 (1982).

*Antología poética*

# 1
# Ninfeas

## I

## SOMNOLENTA

*Para José Durban Orozco*

Va cayendo la tarde con triste misterio...
inundados de llanto mis ojos dormidos,
al recuerdo doliente de Amores perdidos,
en la bruma diviso fatal cementerio...

El Sol muerto derrama morados fulgores
inundando de nieblas la verde espesura...
Dulce ritmo harmonioso de vaga amargura
me despierta... A mi lado se duermen las flores...

Taciturno prosigo mi senda de abrojos
y mis ojos contemplan la azul Lejanía...
Allá lejos... muy lejos... está mi Alegría,
en los míos clavando sus lívidos ojos...

¡Ah! ¡delirio! ¡delirio...! Al través de una rama
una Sombra adorada ligera se mueve:
una Sombra con cara de lirios y nieve,
que sus labios me ofrece y gimiendo me llama...

111

Y se aleja llorando con triste misterio.
Inundados de llanto mis ojos dormidos,
al recuerdo doliente de Amores perdidos,
tras la Sombra camino al fatal cementerio...[1].


2


TITÁNICA

*Para Miguel Eduardo Pardo*

Formado por sus lágrimas,
con márgenes de espinas,
un lago guarda el hombre[2],
el lago turbulento del Dolor...;
si angustias y recuerdos conmueven sus entrañas,
si el negro sufrimiento,
cual nube tormentosa de un cielo obscuro y frío,
con gotas ardorosas sus olas agiganta,
se sale de sus márgenes en honda convulsión...

El llanto hirviente, entonces, derrámase a raudales,
con lúgubres canciones

---

[1] Las deudas de este poema con la imaginería y la expresión románticas resultan evidentes. La adjetivación es tópica, como tópica es también la imagen de esa sombra femenina que persigue el poeta («cara de lirios y de nieve»), y que tiene su antecedente más próximo en *El rayo de luna*, de Bécquer. Asimismo hay que resaltar la repetición —con ligeras, pero significativas, variantes— de la estrofa inicial al final del poema, rasgo estructural característico de la poesía juanramoniana de toda la primera etapa.

[2] La imagen del *lago*, como símbolo del alma, se repite insistentemente en nuestra literatura modernista, casi siempre acompañada de otros motivos: el *cisne* (símbolo del poeta interrogando al destino), *los nenúfares, la diosa de ojos verdes*, etc. Para el significado de todos estos motivos, véase Ricardo Gullón, «Simbolismo y símbolos», en VV.AA., *El simbolismo*, Madrid, J. Tablate, 1984, págs. 16 y ss. Posteriormente —desnuda ya su escritura—, el *agua* de estos *lagos* se convertirá en uno de los símbolos más permanentes y, semánticamente, más ricos de toda su obra. Véase al respecto Josefa Guerrero Hortigón, «El mito de Narciso en Juan Ramón Jiménez», *CHA*, 376-378 (1981), págs. 422 y ss.

de trenos y sollozos,
mezclado con la sangre,
mezclado con la sangre que arrojó,
en luchas espantosas,
en luchas desiguales el noble Corazón...

...Y el cuerpo ya no puede
guardar entre sus bordes
el llanto venenoso,
el llanto que el Martirio acumuló...
¡Ah! y si los tristes ojos
se niegan a verterlo,
rugiendo se derrama en el doliente Espíritu
cual lava calcinada,
cual chispas de un incendio,
como acerada punta de un arpón...[3].

¡Qué llanto más horrible
el llanto convulsivo del lago del Dolor!
¡Qué llanto más amargo
el que se bebe el Alma,
el que aniquila el cuerpo y mata el Corazón!
¡El llanto que no espera
consuelo que lo enjugue...
que cae entre las sombras en el sangriento cáliz,
de una marchita Flor...!

¡Qué lágrimas, qué lagrimas,
aquellas que el Espíritu,
del fúnebre Martirio en los palacios,
sarcástico apuró,
como alacrán soberbio,
que al verse aprisionado,

---

[3] El ritmo entrecortado —puntos suspensivos, repeticiones, acumulación de comparativas, etc.— es otro de los rasgos característicos del discurso juan-ramoniano en esta su primera poesía: elocución amplificativa al servicio de una expresividad cargada de emociones.

se ríe de la Muerte, desprecia a sus verdugos
y en sus entrañas hunde su aguijón...![4].

3

## LA CANCIÓN DE LA CARNE

*Para Francisco Villaespesa*

Las moradas sombras de la tarde muerta
por el hondo valle lentas resbalaban...;
la selva sombría[5]
se quedó en silencio, triste y solitaria...;
cortando con lumbre las siluetas largas, largas y espectrales
de los negros árboles,
asomó la Luna por el alto monte su faz tersa y pálida...

Un suspiro lúbrico
estremeció el bosque triste y solitario...;
resonaron luego frescas carcajadas...;
y entre los ramajes de hojas cristalinas,
surgieron desnudas, radiantes y blancas,
hermosas bacantes
que al beso plateado de la Luna tersa, de la Luna pálida,
parecían vivientes estatuas de nieve,
parecían estatuas

---

[4] Tras de la imagen del cangrejo, se halla el escepticismo de fondo que alumbra la escritura juanramoniana de este momento. Véase, al respecto, R. Cardwell, *«Los borradores silvestres... de Juan Ramón Jiménez»*, *Peña Labra*, 20 (1976), págs. 3 y ss. Si no el «exceso de lágrimas», el autocomplaciente recrearse en el dolor es un rasgo evidente del *decadentismo* juanramoniano en este momento.

[5] Para el funcionamiento, en esta poesía, del campo semántico del *jardín* (símbolo doble «del paraíso» y del «mundo interior» del poeta), véase M. Alvar, «Simbolismo e impresionismo en el primer Juan Ramón», *BRAE*, 61 (1981), págs. 406 y ss.

de marmóreos pechos, de muslos pentélicos,
de espaldas turgentes, ebúrneas y albas...[6].

Se enlazaron todas en abrazo ardiente,
y al compás sonoro de sus carcajadas,
en un loco vértigo febril e incitante
giraron lascivas en lasciva danza...

Cesó el torbellino...
Una blonda niña de pupilas verdes y cabellos de oro[7],
de incipientes pechos y caderas lánguidas,
balanceando el cuerpo con ondulaciones tiernas, volup-
[tuosas,
entornando triste los húmedos ojos,
alzó una canturia de cadencias báquicas...

Todas las bacantes,
balanceando el cuerpo con ondulaciones tiernas, volup-
[tuosas,
entornando tristes los húmedos ojos,
con suspiros hondos la canturia báquica de la rubia niña,
[locas corëaban...

Cantaba la niña:

---

[6] Es muy frecuente en Juan Ramón, hasta muy avanzada su producción poética, asociar lo macabro y lo espectral con lo lúbrico y lo erótico. En realidad, la fusión de *Eros* y *Thanatos* es absolutamente tópica en el contexto modernista, como muy bien ha estudiado J. M. Aguirre en *Antonio Machado poeta simbolista*, Madrid, Taurus, 1982; véanse, especialmente, las págs. 228 y ss., donde se rastrean los orígenes del tópico. En este poema, no obstante, Juan Ramón está más cerca de M. Reina que de la valoración simbolista del binomio amor-muerte. De Reina procede la estampa parnasiana que forman las «hermosas bacantes» y de Reina procede, en suma, la apelación a la «carne» como único recurso contra «la tristeza que mi frente abruma» (véase el poema «A una hermosa», en *La vida inquieta*). Lo *espectral* de la escena tiene que ver con la *tristeza de la frente* del poeta.

[7] La mujer rubia de ojos claros, junto a la mujer morena de ojos negros, constituyen, asimismo, sendas imágenes tópicas del modernismo. Antes que como canon de belleza, funcionan como símbolos de un debate interior entre el ansia de misticismo y la atracción por lo erótico. Cfr. H. Hinterhäuser, *Fin de siglo*, Madrid, Taurus, 1980, págs. 91 y ss.

«La Carne es sublime, — la Carne es sublime:
la Carne mitiga los cruentos Martirios de la Vida humana...
Son sus esplendores
soles frebricientes
que alumbran la Senda,
la angustiosa Senda
de los Sufrimientos y de las Desgracias...
En las largas Horas,
en las largas Horas de recuerdos fríos y horribles nostalgias,
en que el pobre Mártir,
en que el pobre Esclavo consume las hieles de la Lucha amarga;
cuando los Desprecios, las Ingratitudes, los Amores falsos,
desbordan el rojo Lago de las lágrimas;
cuando los Pesares
destrozan el Alma,
la Carne es un dulce consuelo, es un bálsamo,
que con sus turgencias, con sus morbideces y con sus fra-
[gancias,
en espasmos rientes,
trae un noble olvido de la triste Alma;
trae un goce al cuerpo,
y bebe la sangre, y la herida cierra, y enjuga las lágrimas...»[8].

«La Carne es sublime:
la Carne mitiga los cruentos Martirios de la Vida humana...
El Día más grande de la Vida lúgubre,
es el rojo día de la Desposada,
de la pura virgen
que en delirios locos gozará una dicha lujuriosa y lánguida...:
el Placer ignoto
que entre el blanco velo y los azahares ve la virgen cándida,
es una Diadema de áureos resplandores
que ciñe la frente de los Sufrimientos y de las Desgracias...;

---

[8] Darío concreta el sentido de estos versos: «¡Cuántas veces me he refugia-
do en algún paraíso artificial, poseído por el horror fatídico de la muerte!»
*(Historia de mis libros)*. La idea de la carne como *paraíso artificial* contra la an-
gustia metafísica está fuertemente arraigada en el contexto literario de que se
nutre la primera poesía de Juan Ramón.

116

cuando el noble amado,
la cerrada verja del jardín de goces abre enardecido,
cuando el noble amado la helada Inocencia de la virgen rasga,
una Aurora ríe en los cielos verdes de las Ilusiones,
y es la Vida un Sueño de hermosas visiones enloquecedoras;
la Vida es dichosa, la Vida sonríe, suspira la Vida y la Vida
[canta...»

«En aquel Ensueño
de la niña ardiente,
de la niña ardiente que siente en sus venas la sangre infla-
[mada:
en aquel Ensueño que lleva en sus brumas
brazos amorosos y lechos nupciales y fusión hirviente de
[cuerpos y almas.
la Carne es el ángel
que bate sus alas...»

«La Carne es la gloria,
la Carne es el cielo de las Esperanzas;
aumenta alegrías,
endulza nostalgias,
y hace que se olviden los negros Pesares,
y hace que no duela la Espina del Alma...
Como a única reina, ciñámosle alegres,
de flores y risas y aromas y cantos eternal guirnalda...
Löor a la Carne,
que al arder mitiga los cruentos martirios de la Vida humana...»

Se calló la niña...
Tejió una corona de myrthos y rosas y lirios y palmas,
y ciñó su frente
y adornó sus pechos y adornó su vientre y adornó sus
[piernas y adornó su espalda...

...Las locas bacantes
se enlazaron todas en abrazo ardiente,
y al compás sonoro de sus carcajadas,
en un raudo vértigo febril e incitante

117

giraron lascivas en lasciva danza...;
y entre los ramajes de hojas cristalinas
huyeron desnudas, radiantes y blancas...

...Y entre los ramajes de hojas cristalinas,
a el beso plateado de la Luna tersa, a veces brillaban
cual estatuas níveas...
hasta que en la agreste selva se perdieron...
y la selva agreste se quedó de nuevo muda y solitaria...

...Solo allá a lo lejos... muy lejos... muy lejos...,
débiles sonaban
quejas ardorosas, intensos suspiros, sollozos extraños,
frescas carcajadas.

Y de vez en cuando,
venïa en las brisas la voz de la niña
que alzaba embriagada la canturia hermosa de cadencias
[báquicas...

...De pronto, cruzaron los Espacios mudos,
de lúgubres cuervos lúgubres bandadas,
que con fugaz vuelo
graznando seguían a tierna paloma, cuyas plumas blancas,
de gotas de sangre
iban salpicadas...

# 2
# Almas de violeta

## 1

## NUBES

*Para José Lamarque de Novoa*

De la evaporación del sentimiento,
—mar grandioso de inmensas oleadas—
en el alma aparecen condensadas
las nubes del divino pensamiento.

E igual que en el capuz del firmamento,
hay allí puras tintas nacaradas
y hay fatídicas notas enlutadas
y luz y frío y sombra y ardimiento...

A veces, los expléndidos fulgores
de un Sol pródigo en vida y en colores,
las sonrïentes nubecillas doran...

Y ese Sol, otras veces, como un muerto
queda en sudario fúnebre cubierto
y, gimiendo, las nubes tristes lloran...[9].

---

[9] La imagen de este *sol* (energía vital) velado por las *nubes* del sentimiento la
volveremos a encontrar en Manuel Machado —«el monte del escudo, / es
una nube vaga que eclipsa un vano sol» («Adelfos» en *Alma*, 1900)—, como
emblema de idéntico clima espiritual.

## 2

## SALVADORAS

*Para Nicolás María López*

Cuando lloraba yo tanto,
cuando yo tanto sufría,
mis penas, solo mis penas
fueron constantes amigas...;
me quedé sin ilusiones,
me quedé sin alegrías,
volaron mis esperanzas...,
y en el mar de mi desdicha,
pobre y solitario náufrago
sin auxilio me perdía...;
llegó un momento supremo
en que aborrecí la vida...
Entonces brilló a lo lejos
una playa bendecida,
la playa del sufrimiento,
de las tristes nostalgias...;
pensé un instante en la lucha
¡Sol que alumbró muerto día!
y me abracé a mis dolores
y salvé mi inútil vida...
¡Penas mías, yo os bendigo!
¡yo os bendigo, penas mías!
¡negras tablas salvadoras,
salvadoras de mi vida!
mi alma es vuestra, vuestra sólo;
yo no codicio alegrías,
yo gozo cuando estoy triste,
es mi llanto blanca dicha
que me embriaga de dulzuras,
de gratas melancolías...;
¡nunca, nunca me olvidéis

en el mar de mi desdicha!
¡entristeced a mi alma!
¡entristeced a mi vida!
¡que yo gozo con las penas
más que con las alegrías!
¡que jamás puedo olvidarme
de vuestra fiel compañía,
cuando solo, solo, solo,
sin auxilio me perdía;
cuando llegó aquel momento
en que aborrecí la vida;
cuando lloraba yo tanto,
cuando yo tanto sufría...![10].

---

[10] «Sorrow is knowledge: they who know the most / Must mourn the deepest o'er fatal truth. / The tree of knowledge is not that of life», había dicho Lord Byron, y los modernistas españoles convierten los versos del poeta inglés en lema de su vida. La tristeza es signo de aristocrática distinción, de inteligencia y de sensibilidad. De ahí la paradoja del *gozar en la tristeza* a que se refiere Juan Ramón. Pero no se trata de una pose convertida en moda por el dandy. Azorín escribió: «El dolor es bello; él da al hombre el más intenso estado de conciencia; él hace meditar; él nos saca de la perdurable frivolidad humana.» No se trata tampoco de un rasgo más de la supuesta *decadencia* de la época, sino que se siente como una intensificación de la vida que, al ser llevada a su extremo (hipersensibilidad), ocasionaba no sólo gozo, sino también angustia; cfr. R. Gutiérrez Girardot, *El modernismo,* Barcelona, Montesinos, 1983, pág. 70. Por otro lado, la estructura circular resalta el proceso de meditación que es todo el poema.

# 3
# Rimas

## 1

Aquella tarde, al decirle
que me alejaba del pueblo,
me miró triste, muy triste,
vagamente sonriendo.

Me dijo: ¿Por qué te vas?
Le dije: Porque el silencio
de estos valles me amortaja
como si estuviera muerto.

—¿Por qué te vas? —He sentido
que quiere gritar mi pecho,
y en estos valles callados
voy a gritar y no puedo.

Y me dijo: ¿Adónde vas?
Y le dije: A donde el cielo
esté más alto y no brillen
sobre mí tantos luceros.

La pobre hundió su mirada
allá en los valles desiertos

y se quedó muda y triste,
vagamente sonriendo[11].


2

¿A qué quieres que te hable?
Deja, deja,
mira el cielo blanquecino, mira el campo
inundado de tristeza.

Sí, te quiero mucho, mucho.
¡Ay! aleja
tu mejilla de mis labios fatigados;
calla, calla, mi alma sueña.

No, no llores, que tu llanto
me da pena;
no me mires angustiada, no suspires,
tus suspiros me molestan.

Mira el vaho que se alza
de la tierra,
¡pobre tierra!, ¡cuánto frío!, ¿no parece
una hermosa virgen yerta?

Y allá arriba ya fulguran
las estrellas,
las estrellas soñolientas como luces
que acompañan a la muerta.

¡Cuánta bruma!, ¡cuánta sombra!,
cierra, cierra

---

[11] Por lo que se refiere a este poema, resaltar que la *insatisfacción* del que
quiere escapar hacia otro lugar «a donde el cielo / esté más alto» no es sino el
trasunto anecdótico de otra insatisfacción más profunda: la del que se siente
(social pero sobre todo metafísicamente) «desterrado del cielo»; la del que «sin-
tiéndose dios, se ve condenado a vivir como un mendigo». Insatisfacción que
hunde sus raíces en el romanticismo.

los cristales, ¡siento un frío por el alma!
¿por qué, pálida, me besas?

¿Qué?, ¿qué dices?, ¿que te bese?,
deja, deja,
mira el cielo ceniciento, mira el campo
inundado de tristeza.

3

## PRIMAVERA Y SENTIMIENTO

Estos crepúsculos tibios
son tan azules, que el alma
quiere perderse en las brisas
y embriagarse con la vaga
tinta inefable que el cielo
por los espacios derrama,
fundiéndola en las esencias
que todas las flores alzan
para perfumar las frentes
de las estrellas tempranas.

Los pétalos melancólicos
de la rosa de mi alma,
tiemblan, y su dulce aroma
(recuerdos, amor, nostalgia),
se eleva al azul tranquilo,
a desleírse en su mágica
suavidad, cual se deslíe
en su sonreír la lágrima
del que sufriendo acaricia
una remota esperanza.

Está desierto el jardín;
las avenidas se alargan
entre la incierta penunbra
de la arboleda lejana.

Ha consumado el crepúsculo
su holocausto de escarlata,
y de las fuentes del cielo
(fuentes de fresca fragancia),
las brisas de los países
del sueño, a la tierra bajan
un olor de flores nuevas
y un frescor de tenues ráfagas...
Los árboles no se mueven,
y es tan medrosa su calma,
que así parecen más vivos
que cuando agitan las ramas;
y en la onda transparente
del cielo verdoso, vagan
misticismos de suspiros
y perfumes de plegarias.

¡Qué triste es amarlo todo
sin saber lo que se ama!
Parece que las estrellas
compadecidas me hablan;
pero como están tan lejos,
no comprendo sus palabras.
¡Qué triste es tener sin flores
el santo jardín del alma,
soñar con almas floridas,
soñar con sonrisas plácidas,
con ojos dulces, con tardes
de primaveras fantásticas!...
¡Qué triste es llorar, sin ojos
que contesten nuestras lágrimas!
Ha entrado la noche; el aire
trae un perfume de acacias
y de rosas; el jardín
duerme sus flores... Mañana,
cuando la luna se esconda
y la serena alborada
dé al mundo el beso tranquilo
de sus lirios y sus auras,

se inundarán de alegría
estas sendas solitarias;
vendrán los novios por rosas
para sus enamoradas;
y los niños y los pájaros
jugarán dichosos... ¡Almas
de oro que no ven la vida
tras las nubes de las lágrimas!

¡Quién pudiera desleirse
en esa tinta tan vaga
que inunda el espacio de ondas
puras, fragantes y pálidas!
¡Ah, si el mundo fuera siempre
una tarde perfumada,
yo lo elevaría al cielo
en el cáliz de mi alma![12].

4

Me he asomado por la verja
del viejo parque desierto:
todo parece sumido
en un nostálgico sueño.

Sobre la oscura arboleda,
en el transparente cielo

---

[12] La tipografía potencia la división del poema en varios bloques que van alternando el mundo de dentro y el de fuera. Este último se articula sobre dos ejes. Uno espacial: el *jardín;* y otro temporal: el *crepúsculo*. Para el primero remito a lo que ya dije en la nota 5; para el segundo, véase Josefa Guerrero Hortigón, art. cit., págs. 418 y ss.: el crepúsculo es la confusión de la tierra y el cielo, la manifestación de *dios* como unidad esencial de lo visible y lo invisible. Por lo que se refiere al mundo interior (vv. 1-10, 41-54 y 71-78), el vago anhelo de «desleírse» en la naturaleza y la sospecha de que los seres de la naturaleza hablan —y por lo tanto son portadores de un secreto que el poeta no acierta a descifrar—, constituyen una primera manifestación del panteísmo y del animismo, que vertebrarán toda la escritura del moguereño.

de la tarde, tiembla y brilla
un diamantino lucero.

Y del fondo de la umbría
llega acompasado el eco
de algún lago que se queja
al darle una gota un beso.

Mis ojos pierdo, soñando,
en la bruma del sendero;
una flor que se moría
ya se ha quedado sin pétalos.

De una rama amarillenta,
al temblar el aire fresco,
una pálida hoja mustia
dando vueltas cae al suelo.

Ramas y hojas se han movido,
un algo turba el misterio;
de lo espeso de la umbría,
como una nube de incienso,

surge una virgen fantástica
cuyo suavísimo cuerpo
se adivina vagamente
tras blanco y flotante velo;

sus ojos clava en los míos
y entre las sombras huyendo,
se pierde callada y triste
en el fondo del sendero.

Desde el profundo boscaje
llega monótono el eco
de algún lago que suspira
al darle una gota un beso.

Y allá sobre las magnolias,
en el transparente cielo

de la tarde, tiembla y brilla
una lágrima-lucero.

El jardín vuelve a sumirse
en melancólico sueño,
y un ruiseñor dulcemente
gime en el hondo silencio[13].


5

Los sauces me llamaron, y no quise
decir que no a las voces de los muertos:
abrí la verja y penetré tranquilo
en el abandonado cementerio.

Lucía por Oriente la mañana
su celeste dulcísimo y sereno,
y los rayos de un sol de primavera
doraban la campiña con sus besos.

Dentro del campo santo, entre las zarzas
y los agrios rosales, unos huesos
carcomidos y oscuros se escondían
en la tierra mojada, y por el seco
y crujiente ramaje, los lagartos
se entraban en los ojos siempre abiertos
con que las calaveras, bajo lirios,
miraban melancólicas al cielo.

A lo lejos cantaban las alondras;
mi corazón alzó su sentimiento.

---

[13] Esta «virgen fantástica» es la misma «sombra» del poema *Somnolenta*, personificación del ideal vagamente presentido (ideal que sólo en la primera y segunda etapas se determinará en propuestas concretas: belleza, infinito, Dios...). La imposibilidad de alcanzar tal ideal marca la transición —tan clara en el poema— de la *nostalgia* (v. 4) a la *melancolía* (v. 42).

Un sepulcro caído, desde el fondo
del patio, me llamó con su misterio:
su losa de alabastro estaba rota
sobre la yerba exuberante, y dentro,
con espantosa mueca, sonreía,
cuajado de rocío, un esqueleto[14].

---

[14] La atracción por lo lúgubre y macabro que revelan algunos textos del
Juan Ramón de *Rimas* debe mucho, al menos en lo que a la expresión se re-
fiere, a un romanticismo reivindicado desde la decadencia fin de siglo.

# 4
# Arias tristes

## I.  ARIAS OTOÑALES

### 1

Mañana alegre de otoño:
cielo azul, y sobre el cielo
azul las hojas de oro
de los jardines enfermos.

Y yo, desde la terraza
miro un chopo casi muerto,
cuyas pobres hojas secas
son de un blanco amarillento.

Es dulce el sol. De la fronda
triste del cercano huerto,
sale un humo azul y blanco
lleno de paz y de ensueño.

El cielo azul cada instante
es más azul; y yo siento
que en la mañana hay fragancias
aunque no haya flores; veo

temblar a las hojas secas,
y los jardines enfermos

se inundan para mi alma
de músicas y aleteos.

A la puerta del jardín
se ha parado un pobre ciego
llorando con su organillo
un aire dormido y viejo.

Y no sé cómo ha dejado
mi jardín el soñoliento
organillo con sus notas
falsas y sus ritornelos[15].


2


Pienso en ella tristemente,
y sobre el papel mi pluma
se desliza suavemente
ante el paisaje de bruma.

¿Por qué el alma llora tanto,
muerta para sus amores,
si sabe que hay otro llanto
temblando sobre las flores?

La tarde sueña, dormida
en la niebla flotadora:
daré niebla a mi alma herida
para ver si así no llora.

Todo el paisaje se esfuma;
¿en dónde está la alegría?

---

[15] Ya desde este momento, el otoño —aunque todavía no con la insisten-
cia que se da en la tercera etapa— es el ámbito elegido por el poeta para la ex-
presión de un agudo sentimiento de espiritualización: las cosas se desnudan
de la *carne* y el *espíritu* emerge triunfante; y el jardín se resuelve en fragancias,
músicas y aleteos.

Si todo muere en la bruma
muera la esperanza mía.

Ya no pensaré en su traje
blanco, ni en sus ojos, quiero
dar mis besos al paisaje
que sabe por qué me muero...

Paisaje, guarda mi ensueño...
Ya sobre el papel mi pluma
deja una rima de sueño
ante el paisaje de bruma[16].

3

Mi alma es hermana del cielo
gris y de las hojas secas;
sol enfermo del otoño,
¡mátame con tu tristeza!

Los árboles del jardín
están cargados de niebla:
mi corazón busca en ellos
esa novia que no encuentra;

y en el suelo frío y húmedo
me esperan las hojas secas:
¡si mi alma fuera una hoja
y se perdiera entre ellas!

---

[16] La bruma refleja con extraordinaria precisión el clima espiritual preferido
por la poesía de fin de siglo. Así explica tal preferencia R. Gullón: «Lo etéreo,
que en el lenguaje del poeta equivale a delicadeza y fragilidad, acaso a la cer-
canía de lo celeste, se expresa en imágenes brumosas; quiero decir, tejidas de
brumas, aptas para cualquier transformación y susceptibles de revestir las for-
mas y de aparentar las esencias que la imaginación les atribuya» («JRJ y los
Prerrafaelitas», *Peña Labra*, 20 (1981), pág. 8. Compañeras de la bruma son,
dentro del poeta, las lágrimas.

El sol ha mandado un rayo
de oro viejo a la arboleda,
un rayo flotante, dulce
luz para las cosas muertas.

¡Qué ternura tiene el pobre
sol para las hojas secas!
Una tristeza infinita
vaga por todas las sendas,

lenta, antigua sinfonía
de músicas y de esencias,
algo que dora el jardín
de ensueño de primavera.

Y esa luz de ensueño y oro
que muere en las hojas secas
alumbra en mi corazón
no sé qué vagas tristezas[17].

## II. NOCTURNOS

### 4

¿Quién pasará mientras duermo,
por mi jardín? A mi alma
llegan en rayos de luna
voces henchidas de lágrimas.

Muchas noches he mirado
desde el balcón, y las ramas

---

[17] Completando la idea de la nota anterior, el gusto por lo otoñal y deca-
dente —emblematizado aquí en la hermandad del poeta con «el cielo gris y
las hojas secas»—, tiene que ver también con la idea de la muerte como solu-
ción de ese vago anhelar que hemos documentado en Juan Ramón, desde los
primeros poemas.

se han movido y por la fuente
he visto quimeras blancas.

Y he bajado silencioso...
y por las finas acacias
he oído una risa, un nombre
lleno de amor y nostalgia.

Y después, calma, silencio,
estrellas, brisa, fragancias...
la luna pálida y triste
dejando luz en el agua...[18].

5

Alguna noche que he ido
solo al jardín, por los árboles
he visto un hombre enlutado
que no deja de mirarme.

Me sonríe y, lentamente,
no sé cómo, va acercándose,
y sus ojos quietos tienen
un brillo extraño que atrae.

He huido, y desde mi cuarto,
a través de los cristales,
lo he visto subido a un árbol
y sin dejar de mirarme[19].

---

[18] El gusto modernista —y concretamente juanramuniano— por el paisaje
nocturno, lo analiza Gullón en los modernistas desde la siguiente perspectiva:
«siguiendo a los románticos, cultivaron el discurso como forma poética apro-
piada para el despliegue del sentimiento (respondiendo) a una exigencia de los
tiempos, tanto como a una motivación personal. En la música, en pintura y
en poesía, el nocturno se impuso..., pues la noche es, a la vez, enigma y ten-
tación; como enigma incita al descifrado; como tentación impulsa a compar-
tir lo en ella oculto», «Simbolismo y símbolos», art. cit., pág. 17.
[19] Es éste uno de los primeros textos juanramonianos en que su mundo in-
terior —su yo oscuro inconsciente— se proyecta fuera, mediante la escritura,

# 6

Mi alma ha dejado su cuerpo
con las rosas, y callada
se ha perdido en los jardines
bajo la luna de lágrimas.

Quiso mi alma el secreto
de la arboleda fantástica;
llega... el secreto se ha ido
a otra arboleda lejana.

Y ya, sola entre la noche,
llena de desesperanza,
se entrega a todo, y es luna
y es árbol y sombra y agua.

Y se muere con la luna
ente luz divina y blanca,
y con el árbol suspira
con sus hojas sin fragancia,

y se deslíe en la sombra.
y solloza con el agua,
y, alma de todo el jardín,
sufre con toda mi alma.

Si alguien encuentra mi cuerpo
entre las rosas mañana
dirá quizás que me he muerto
a mi pobre enamorada[20].

---

en forma de extraño y fantasmagórico hombre enlutado. Y, desde este momento, se repetirá con frecuencia en sus versos, como antagonista del yo racional.

[20] Otra forma diferente de desdoblamiento del *yo* lo ofrece este poema, anticipo espléndido —a pesar de su sencillez expresiva— de uno de los motivos temáticos centrales de su tercera época: la confusión panteísta del alma del poeta con la de las cosas; el abandono de la forma limitada de hombre, para ser parte del alma entera de la naturaleza.

7

Yo estaba junto a mi mesa
y entre mis flores, leyendo
el libro triste y amargo
del poeta de mis sueños.

Ella se acercó callada
y me dijo: —Si los versos
te gustan más que mis labios,
ya nunca te daré un beso.

¿Vienes conmigo? ¡La tarde
está tan hermosa! Quiero
antes que llegue la noche
ir por jazmines al huerto.

—Si quieres vamos; y mientras
coges jazmines, yo leo
del libro triste y amargo
del poeta de mis sueños.

Me miró triste; sus ojos,
llenos de amor, me dijeron
que no. —¿No quieres? —Voy sola...
Entonces seguí leyendo.

Con lento paso, la pobre
se fue, sufriendo en silencio;
se fue al huerto por jazmines...
yo me quedé con mis versos.

Iba vestida de blanco.
Después mis ojos la vieron

llorando y cogiendo flores
allá en la sombra del huerto[21].


8


Su carita blanca y triste
llena de amor y de ensueño,
se perdía entre la sombra
que arrojaba el manto negro.

El manto negro envolvía
el misterio de su cuerpo
de nardo y nieve, enterrado
como si ya hubiera muerto.

Y entre la sombra divina
que arrojaba el manto negro,
brillaban sus vagos ojos
como dos negros luceros;

temblaban sus negros ojos
como dos tristes luceros,
iluminando la nieve
de sus mejillas sin besos.

La toca blanca, y más blanca
la carita...; quiso el cielo
dejar ver sólo lo blanco
de su frente y de su pecho!

Pasó a mi lado; sus ojos
a mi corazón hirieron...

---

[21] Son varios los poemas que, como este, plantean, al hilo de un diálogo entre el poeta y su novia, la tensión entre *vida* y *arte*. Y ahora Juan Ramón, muy en el contexto de su época, resuelve la tensión inclinándose por el arte. Véase V. Molina Foix, «El credo estético de un simbolista», en VV.AA., *El simbolismo, op. cit.*, págs. 48-49.

y yo me quedé en el mundo
y ella se fue hacia el convento.

   Mi alma se inundó de lágrimas
de esas que ahogan recuerdos;
deshojé todas mis flores
ante su triste silencio;

   y al pensar que no serían
nunca míos sus secretos,
en vez de seguir mirándola
bajé los ojos al suelo.

   Parece mentira! al irse
no me dio siquiera un beso;
¡cómo matan a las rosas
la azucena y el incienso!

   Mi corazón me lo ha dicho:
ella me miró un momento;
pero se fue... para siempre...,
y ya nunca nos veremos[22].

---

[22] El trasfondo biográfico a que alude el poema queda centrado en la figura de sor María del Pilar de Jesús, dedicatoria de la sección tercera de *Arias tristes* y enfermera del Sanatorio del Rosario, a la que Juan Ramón recordará con frecuencia en sus prosas *(LPr,* 901, 902, 907; sobre todo véase la página 203, en que se halla la transcripción fiel del suceso que dio lugar al poema).

# 5

# Jardines lejanos

## I. JARDINES GALANTES

### 1

Hay un oro dulce y triste
en la malva de la tarde,
que da realeza a la bella
suntuosidad de los parques.

Y bajo el malva y el oro
se han recogido los árboles
verdes, rosados y verdes
de brotes primaverales[23].

En el cáliz de la fuente
solloza el agua fragante,
agua de música y lágrima,
nacida bajo la hierba
entre rosas y cristales...

---

[23] Ángel Crespo (*Juan Ramón Jiménez y la pintura*, Universidad de Puerto Rico, 1964) ha estudiado con cuidado —y a él remito— el influjo de la pintura de la época sobre determinadas técnicas de escritura en el Juan Ramón de este momento. Todavía no existe, sin embargo, un estudio satisfactorio de la carga simbólica que el poeta proyecta sobre los distintos colores que aparecen en sus versos.

Ya el corazón se olvidaba
de la vida...; por los parques
todo era cosa de ensueño,
luz de estrellas, alas de ángeles...

Sólo había que esperar
a los luceros; la carne
se hacía incienso y penumbra
por las sendas de rosales...

Y, de repente, una voz
melancólica y distante,
ha temblado sobre el agua
en el silencio del aire.

Es una voz de mujer
y de piano, es un suave
bienestar para las rosas
soñolientas de la tarde;

una voz que me va haciendo
llorar por nadie y por alguien
en esta triste y dorada
suntuosidad de los parques[24].


2


Alegres de bien amar.

MENDOÇA


Cuando la tarde está rosa
y tú estás tan solo..., y pasan
esas mujeres, vestidas
como para una esperanza,

---

[24] En este, como en varios de los poemas que siguen, el amor, la carne y la primavera, coinciden en una llamada a la vida, frente al mundo interior de ensoñaciones hacia el que había derivado la poesía juanramoniana.

142

y todas pasan..., yo pienso
que de qué te sirve el alma
si sólo ha podido abrir
sus primaveras fantásticas?

Bien están tus hojas secas,
bien están tus nubes bajas,
bien que el jardín sea celeste
bajo tus lunas de lágrimas;

pero hay lumbres amarillas
que son oro, y rosas cálidas
más fragantes que los labios
violetas de tu amada.

Hay un bien rosa y de sol,
una luz, una fragancia,
que entran hasta el fondo negro
de las frentes inclinadas...

Muchas te miran riendo,
tienen sus carnes intactas,
y están vestidas..., ya ves...,
de gris y blanco, de malva

y gris, de gris y celeste;
miran bien..., y sus miradas
llevan las flores de abril
y la alegría de España...

—Tengo una novia de nieve,
que no besa y que no canta;
se ha muerto por mí, y yo no
puedo jamás olvidarla...[25].

---

[25] En la misma línea del poema anterior, las estrofas tercera y cuarta dan paso a una interesante autocrítica de varios motivos tópicos, esenciales en la configuración del mundo poético juanramoniano: *hojas secas, nubes bajas, el jardín con lunas de lágrimas*... José Olivio Jiménez ha estudiado esta capacidad autorreflexiva del lenguaje modernista, cfr. *Antología crítica de la poesía modernista hispanoamericana*, Madrid, Hiperión, 1985, págs. 38 y ss.

3

Las campanas del convento
están rezando hacia el sol;
frente al convento están rosas
los árboles del amor.

La iglesia envía un aroma
de incienso y de corazón,
el aire es cantar de fuentes,
olor de rosas de olor.

Las campanas del convento
están llorando hacia el sol;
el sol de abril hace risa
la estela de la oración.

—Letanías, plata y lirios...
¡fuente, beso y ruiseñor!
...Voz de ensueño, gloria abierta...,
¡madrigal y tentación!

—Aroma de carne en gracia...,
¡olor de novias en flor!
...Sobre el convento sombrío
es rosa el sol español[26].

---

[26] En la oposición *naturaleza/convento* —tan finamente trenzada en cada
una de las estrofas— sintetiza Juan Ramón toda una variada gama de tensio-
nes —estéticas, éticas, metafísicas—, a las que el poeta no encuentra, por el
momento, solución satisfactoria. Al fondo, el debate entre *erotismo* y *aspiración
mística* (casi siempre asentado en categorías estéticas y no religiosas). Cfr. Lily
Litvak, *Erotismo fin de siglo*, Barcelona, Bosch, 1979.

# 4

Esta alegría no es sincera.

Pues que han abierto esta tarde
las rosas de tu terraza,
deja que ponga mis labios
sobre tus labios, amada.

Tengo fragantes mis manos
para tus carnes intactas;
si tus pechos están blancos,
tú verás mis manos blancas.

Habrá flores y caricias
en la sombra de tu falda,
muchos besos..., muchos besos,
casi ninguna palabra...

Mis ojos sobre tus ojos,
tu alma dentro de mi alma,
tu corazón en tu pecho,
tu pecho en mi mano pálida;

todo bajo el cielo rosa
y el oro de tus pestañas,
todo, amada, bajo el sueño
de tus ojos de romántica;

la tarde se irá muriendo
sobre tus parques; el malva
y el rosa del cielo, harán
bien a las frondas doradas;

vendrá frescura de fuentes,
olor de lilas y acacias,
tal vez alguna magnolia
abrirá su carne blanca...

Y cuando la luna nueva
esté frente a tu terraza,
dará su pena más rosa
para tus rosas, amada[27].


5

*Su beldad mucho floresce.*

SUERO DE RIBERA

Francina, en la primavera
tienes la boca más roja?
—La primavera me pone
siempre más roja la boca.

—Es que besas más, o es
que las rosas te arrebolan?
—Yo no sé si es mal de besos
o si es dolencia de rosas.

Y, te gustan más los labios
o las rosas? —¿Qué me importa?...
La rosa me sabe a beso,
el beso a beso y a rosa.

Entonces le puse un beso
en la rosa de su boca...
La tarde de abril moría,
rosamente melancólica;

las fuentes iban al cielo
con su plata temblorosa...

---

[27] Primavera del parque y de la carne en una confusión que potencia, más allá del plano descriptivo, una lectura simbolista de las distintas flores que aparecen en el poema. Sobre el simbolismo erótico de las flores en la literatura finisecular, véase D. Devoto, «*Doña Rosita la soltera*, estructura y fuentes», BHi., LXIX, 34 (1967), págs. 407-435.

Francina deshojó a besos
su boca sobre mi boca[28].


## II. JARDINES MÍSTICOS

### 6

Una voz me ha llamado a lo lejos
con tristeza de amor... La arboleda
es cristal, a los tibios reflejos
de esta noche de nieve y de seda.

Otra voz... Por la blanca avenida
hay temblor de carnales placeres;
en la sombra profunda y florida
yerra un lánguido olor de mujeres.

Yo he venido a escuchar ruiseñores,
a cantar a la estrella adorada...
¿Qué querrán de mi alma esas flores
con su carne fragante y rosada?

Por las ramas en luz brillan ojos
de lascivas y bellas serpientes;
cada rosa me ofrece dos rojos
labios llenos de besos ardientes.

Y hay un llanto en las sendas en flor...
...Una pérfida mano ha cogido
a un doliente y galán ruiseñor
que en las ramas estaba dormido.

---

[28] Sobre la identidad de Francina —origen de tantos versos de Juan Ra-
món— ha escrito documentadísimas páginas Ignacio Prat, hoy recogidas en
*Estudios sobre poesía contemporánea*, Madrid, Taurus, 1982, págs. 24-56. Del mis-
mo autor, véase también *El muchacho despatriado. Juan Ramón Jiménez en Fran-
cia*, Madrid, Taurus, 1986.

Calla el agua en las fuentes..., hay pena
por lo azul..., ni una rama se mueve...,
viene un cándido olor de azucena...
Aparece la novia de nieve...

Y me muestra sus dulces blancores...
Tiene senos de nardo, y su alma
se descubre en un fondo de flores
a través de las carnes en calma.

Y a su triste mirar, y a las bellas
ilusiones que trae en su frente,
se han parado de amor las estrellas
en el claro de luna doliente[29].

7

Soy yo quien anda esta noche
por mi cuarto, o el mendigo
que rondaba mi jardín
al caer la tarde?... Miro

en torno y hallo que todo
es lo mismo y no es lo mismo...
la ventana estaba abierta?
yo no me había dormido?

El jardín no estaba blanco
de luna?... El cielo era limpio
y azul... Y hay nubes y viento
y el jardín está sombrío...

---

[29] La distribución —en posiciones que tienden a la simetría— de elementos opuestos (rosas/nardos; movimiento/quietud; voces/silencios; serpientes/ruiseñor) es característica de la poesía juanramoniana de este momento. Siempre tras tales tensiones formales, se halla la imposibilidad de conciliar cuerpo y espíritu en una coherente aceptación de ambos.

Creo que mi barba era
negra... Yo estaba vestido
de gris... Y mi barba es blanca
y estoy enlutado... ¿Es mío

este andar? tiene esta voz
que ahora suena en mí, los ritmos
de la voz que yo tenía?
Soy yo?... o soy el mendigo

que rondaba mi jardín
al caer la tarde?... Miro
en torno... Hay nubes y viento...
El jardín está sombrío...

...Y voy y vengo... Es que yo...
no me había ya dormido?
Mi barba está blanca... Y todo
es lo mismo y no es lo mismo...[30].


## III. JARDINES DOLIENTES

### 8

Para sentir los dolores
de las tardes, es preciso
tener en el corazón
fragilidades de lirios...

Estar lleno de fragancias
tristes y de llantos íntimos,

---

[30] Como el *hombre enlutado* de poemas anteriores, este *mendigo* —que es y
que no es el poeta— personifica al *yo sombrío*, en oposición al *yo lúcido*. Es la
encarnación del inconsciente, el antagonista enfermo y débil de la concien-
cia. Cfr. S. Yurkievich, *Celebración del modernismo*, Barcelona, Tusquets, 1976,
págs. 16-17. Para una lectura del poema complementaria a ésta, remito a R. Gullón
y A. Campoamor, eds. de *Pastorales*, Madrid, Taurus, 1982, pág. 27.

tener gestos de mujer,
melancolías de niño;

saber que el pesar, la música,
el amor..., todo es idilio
de almas y de labios..., y
saber hacerse el idílico.

Haber tenido luceros
en las manos, y rocío
en el corazón, y ser
todo de romanticismo;

amar los dulces espejos,
los oros claros, los visos
de las almas de las cosas,
los parques entristecidos

a través de las rosadas
muselinas..., y sentirlo
todo como una mujer
triste y frágil como un lirio.

Mirar bien al horizonte,
extasiarse en lo indeciso,
tener orgullo, tener
desdenes suaves y místicos...

Pero sufrir siempre el rosa,
sufrir el llanto sombrío
de la fuente abandonada...
sufrirlo y querer sufrirlo.

Y hasta dejarse morir
de pena, morir de frío,
morir de penumbra, o
de color, o de lirismo...

Dar toda la vida al alma,
hacerse el gris..., y sentirlo

todo como una mujer
triste y frágil como un lirio[31].


9


Hay dolientes muselinas
en los parques encantados;
y los bosques a la lumbre
de la tarde, van pasando...

Por la sombra de las frondas
todo piensa en gesto lánguido,
alejado como un sueño
de fantásticos acuarios.

Araucarias, magnolieros,
tilos, chopos, lilas, plátanos,
ramas de humo, nieblas mustias,
aguas verdes, plata, rasos...

¡Oh, qué dulce es la penumbra!
Me parece que mi llanto
ha posado su rocío
sobre todo el parque... Yo amo

estos grises de las tardes,
grises viejos, grises magos
que entreabren el secreto
de los parques y los campos.

En su tenue muselina
se desnuda lo más almo,

---

[31] *Anima* contra *Animus*. Auténtica *Ars poética* del modernismo (que me siento incapaz de comentar en el espacio de una nota), defensa del *sentimiento* como forma —más valiosa que la razón, y diferente a ella— de acceso a un conocimiento, en profundidad, de lo real. Cfr. J. Blasco, *Poética de Juan Ramón*, Universidad de Salamanca, 1981.

y las rosas son más rosas
y hay más besos en los labios,

   y hay más verdes en las hierbas
y más blancos en las manos,
y amarillos y violetas
y celestes ignorados.

   Una fábula de idilios
y de cuentos tristes, bajo
la pomposa cobrería
de los árboles románticos.

   Todo muerto, todo en éxtasis,
agua, helechos, musgo, lagos,
las hojitas verdes, como
corazones que han volado.

   Una trama de oros grises,
un ensueño de hilos blancos,
gnomos, sátiros, Ofelias,
voces vagas, ojos trágicos...

   Pero ¿el cielo? El cielo no
puede verse en este encanto;
el jardín está partido
a la altura de los labios.

   Y la luz llueve, velada
por las frondas..., solo un algo
de violeta de otro mundo,
de oro rosa, de azul pálido.

   Una luz de pesadilla
sobre los helechos blandos;
una nieve de sol, una
luz de luna; estrellas, nardos...

...El sendero! Sobre el cielo
de los parques encantados,
la arboleda está amarilla
frente al oro del ocaso[32].

---

[32] En la penumbra, las cosas se desnudan de sus formas, abriendo el camino a un estado de iluminación especial; dejando a la mirada en libertad, camino de la transrealidad de sus esencias. Véanse notas 15 y 16.

# 6
# Pastorales

## I. LA TRISTEZA DEL CAMPO

### 1

El campo duerme, temblando
en su celeste tristeza,
a la música que dan
los grillos y las estrellas.

Gira el lejano horizonte,
huye la colina, tiembla
el valle, se va el sendero...,
y todo a la claridad
dulce de la luna nueva...

¿Quién ha pasado? No sé...
Allá por la carretera
resuenan los cascabeles
de algún coche que se acerca;

coche fantástico, coche
nocturno, que nunca llega...
—No..., es la música que dan
los grillos y las estrellas.

¿Era el río? ¿Era la brisa?
La corriente tendrá pena...
Son las flores deshojadas,
la voz de la molinera...

¿Es el amor? ¡Ay, amor!
Es el agua soñolienta
que llama a su fondo de
cristal, de sombra y de hierba...

—No..., es el agua estremecida
y azul de luna, que tiembla
a la música que dan
los grillos y las estrellas[33].


2

Al irse del campo, el sol
pone en los árboles verdes
un oro en lágrimas, trémulo
como un llanto de mujeres...

El campo tiene, a la tarde,
claros verdores dolientes,
dulces verdores, tan pálidos
que parece que se mueren.

Son verdores que se ponen
todo lo tristes que pueden,
porque el valle sepa cómo
los árboles se enternecen.

---

[33] De la idea de la *Naturaleza como libro de símbolos,* a través de los cuales se
expresa Dios (expuesta por Swedenborg y difundida por los simbolistas), los
modernistas españoles extraen la idea de la *Naturaleza como criptograma.* Cfr.
S. Yurkievich, *op. cit.,* págs. 18-19; y J. Olivio Jiménez, *op. cit.,* págs. 35 y ss.

Y hasta los pájaros van
a las copas a esconderse,
que no están bien tantas alas
cuando las ramas se duelen...

Todo por el corazón
que, en una colina alegre,
mira la puesta del sol
sobre los árboles verdes[34].


3

¡Qué tristes son los caminos
polvorientos, por la tarde!,
el sol, los dora, no sé
cómo, ni nadie lo sabe.

A veces viene una copla
y se va, y hay un instante
en que parecen caminos
que no se han llevado a nadie...

Pasa un vilano de plata,
los chopos cantan al aire,
un arroyo ha dicho algo
a la hierba de los valles.

Es que el alma mira al sol...
Pero atrás queda la tarde,
la tarde gris y violeta,
triste de niebla y cantares.

---

[34] Muy interesante me parece el giro que en la última estrofa se imprime sobre la teoría baudelairiana de las *correspondencias*. Ya no se trata de establecer la correlación del mundo de fuera con el de dentro, sino de resaltar la fuerza transformadora que el mundo interior tiene sobre el exterior. Estamos en la prehistoria del concepto de poesía como creación de la realidad, base de la poética de *Eternidades*.

Es el naciente brumoso...,
es el pinar..., es..., ¡quién sabe
dónde está la pena, cuando
se va muriendo la tarde!

Es un suspiro..., es un eco...,
no..., era el río, era el aire...,
el horizonte que sueña...,
la luna de oro que nace...

En el alma cantan todas
las voces sentimentales...,
ya el sol se ha muerto, ya hay miedo
por la sombra de los valles...

Y el cuerpo camina, y va
—¿adónde?, nadie lo sabe—
por esos tristes caminos
polvorientos, a la tarde[35].

## II. EL VALLE

> Mi niño se va a dormir
> en gracia de la Pastora
> y por dormirse mi niño
> se duerme la arrulladora.
>
> *Canción de madre*

### 4

Mediodía; sol y rosas;
todo el pueblo se ha dormido;
rosas, cielo azul... Las madres
están durmiendo a los niños.

---

[35] Éxtasis que centra singularmente el peculiar misticismo juanramoniano: el *alma* se apropia de todas las «voces sentimentales» de la naturaleza. Traducir a palabras las voces de la naturaleza es para Juan Ramón hacer poesía. Y, en tanto el alma canta, el cuerpo —solo— camina hacia la muerte. Véase R. Senabre («JRJ y Antonio Machado», en *Juan Ramón Jiménez en su centenario*, Cáceres, 1981, págs. 216 y ss.), para la relación de este poema con la escritura de Antonio Machado.

De la sombra de las casas
vienen cantares dolidos,
cantares que van llorando
no sé qué viejos idilios...

Las palabras de las madres
tienen fragancias y ritmos
de llanto, que nadie sabe
dónde los han aprendido.

Son tristezas que se abren
en la sombra, por caminos
que van a morir a un cielo
alegre, rosa y dulcísimo;

son pájaros que se posan
en los ojos de los niños,
sonrisas para sus bocas,
mariposas, lumbres, linos,

ascensiones irisadas
que van a la gloria, ríos
celestes, frondas de oro,
caminitos florecidos...,

yo no sé qué ruiseñores,
qué remansos cristalinos,
¡ay!, no sé qué alas blancas
que saben ir a los lirios...

Pueblo blanco; sol y rosas;
hasta el cielo se ha dormido;
rosas, aire azul... Las madres
están durmiendo a los niños...[36],

---

[36] El *campo* ha sustituido, como ambientación del poema, a los *jardines* y *parques* de la poesía anterior. Y en coherencia, lo *popular* (ética y estética) penetra, cada vez más, en el contenido de estos textos. Este poema, concretamente, encierra toda una poética de lo que para Juan Ramón es el *cantar de cuna*.

## 5

Mujer, perfúmame el campo;
da a mi malestar tu aroma,
y que se pongan tus manos
entre el tedio de mis rosas,

¡Olor a carne y romero,
traje blanco y verdes hojas,
ojos negros entre todo
lo que azula y lo que dora!

Y tu risa de amor, y
tus concesiones de novia,
y el bien que siempre me has hecho
con el clavel de tu boca!

¡Ay, corazón, qué mal lates!
¡Oh mujer, cómo me llora
el alma entre tu fragancia,
cazadora blanca y rosa!

¡Pero mátame de carne,
que me asesine tu boca,
dardo que huela a tu sangre,
lengua, espada dulce y roja!

Mujer, perfúmame el campo;
da a mi malestar tu aroma,
y que se pongan tus manos
entre el tedio de mis rosas[37].

---

[37] Véase nota 8. No obstante, sobre lo que allí se dijo, hay que añadir que a Juan Ramón le costó mucho deslindar erotismo y sentimiento de culpa. Si el erotismo señala una salida de la angustia, esa salida lleva también, inevitablemente, a la muerte del *yo idealista*, en opinión de Juan Ramón.

## III. LA ESTRELLA DEL PASTOR

### 6

Cállate, por Dios, que tú
no vas a saber decírmelo;
deja que abran todos mis
sueños y todos mis lirios.

Mi corazón oye bien
la letra de tu cariño...
el agua lo va contando
entre las flores del río;

lo va soñando la niebla,
lo están llorando los pinos,
y la luna rosa y el
corazón de tu molino...

No apagues, por Dios, la luz
que arde dentro de mí mismo...
Cállate, por Dios, que tú
no vas a saber decírmelo...[38].

### 7

Andábamos, monte arriba,
bañados de luna... Tú
me diste —Blanca, ¿te acuerdas?—
un ramo de almoraduj.

---

[38] La apertura de la poesía de Juan Ramón hacia el diálogo con un indefinido —y de múltiples posibilidades de actualización (la poesía, la amada, el alma)—, *tú*, es cada vez más insistente desde este momento. La superioridad del lenguaje de los sentimientos sobre el lenguaje de las palabras centra, en este poema, el postulado básico de la poética juanramoniana actual.

¡Qué pálida era tu mano
mate en la penumbra azul!
¡Cómo miraban tus ojos!
¡Oh! ¡Cómo estabas...!

                        La luz
de la luna iba nevando
por los montes negros sus
tristezas de lirios blancos,
no tan blancos como tú...

¡Blanca, Blanca! Tú me abriste
la flor de tu juventud,
bien sé que por mí tú habrías
clavado a Cristo en la cruz;

bien sé que me dabas todo,
tu vida, tu muerte, tu...
Bien sé que por mí te hubieras
tendido en un ataúd...

...Blanca, quién pudiera darte
todo el corazón en un
rayo de luna, en un ramo
fragante de almoraduj...

# 7

# Las hojas verdes

## 1

### OTRO JARDÍN GALANTE

Las rosas eran de sol
entre las hiedras.
                    Hablaron
de descender al jardín
fragante de aires de mayo;

y, entonces, todas las carnes,
bajo los vestidos claros,
entreabrieron sangres rojas
a flor de nieve y de raso.

Era una música de agua
azul de cielo, era un plácido
tomar el sol de petunios,
de rosas y de geranios;

el volar de mariposas
sobre el verdor soleado,
la armada negligencia
de los pinos...

Ya las manos
erraban por el jardín
blancas, malvas, sobre el mármol
de las tazas de las fuentes,
en el agua alegre, bajo

la seda de alguna rosa
singular, entre el encanto
penetrante de la brisa
musicalina de pájaros...

Eran las nucas de oro,
eran los frutales labios,
eran los ojos con sol,
las carnes blancas de nardo

que las sedas dejan ver
en su fondo; eran los cálidos
sentimientos llenos de hojas
nuevas y de hilos románticos:

eran, en el pasear
por los senderos dorados,
bajo los árboles verdes
llenos de azul y de pájaros.

Enfrente, el cielo con oro,
el esplendor del ocaso
celeste y de sol, el vuelo
de los sueños ignorados:

la isla sin nadie, la tarde
mejor, los dolientes barcos
que van, con la proa al sol,
a países imaginarios...

La carne lo soñó todo,
y si se olvidó algún brazo
de los ojos, vino bien
sobre otro brazo, y si algo

hizo que dos se quedaran
en un silencio apartado,
se abrieron todos los besos
floridos, de labio a labio,

fue la lágrima que dice:
¿dónde? y la que dice: ¡vámonos!,
y la que quiere, ante todo,
abrir el pecho nostálgico...

Si la brisa de la tarde
serenó luego los ánimos,
si el sol se puso, y se fueron
unos y otras...: ¡ay!, si acaso

cobró el dueño de una carne
su placer, y el cielo pálido
dijo que la tarde estaba
terminada; si pasaron

vientos tristes, se perdieron
los suspiros sollozando...,
no quedó nada; las carnes
entreabiertas se cerraron...

No acabó el pecho de rosa
de mostrar su rubí mágico
al señor de barba negra
que quería acariciarlo.

Las que vieron la locura
como una vida, pensáronlo
con frialdad; las que dieron
media carne, se arreglaron

los rizos; nadie le dijo
a nadie que bien..., y acaso
nadie quiso dar un sí
a las dichas que pasaron...

Únicamente, en el verde
crepuscular de algún árbol,
un ruiseñor del jardín
comentó el día, llorando.


2

JARDÍN DE OCTUBRE

Por el jardín anda el otoño. Hay
un crujir de hojas secas y de rasos;
los recuerdos dolientes han venido
a sentarse en la piedra de los bancos...
Hojas secas... Jugando con las hojas,
una triste mujer de gris y blanco.
¿Viudez? ¿O tal vez romanticismo?
¿Neurastenia? ¿Agonía? ¿Desengaño?
Entre las ramas negras, sueña una
lividez amarilla en el ocaso;
la opacidad crepuscular lo borra
todo: sol, ilusiones, rosas, ángelus...
La vida —el árbol, el jardín..., ¡la muerte!—
está de luto bajo el cielo blanco[39].


3

LAMENTO DE PRIMAVERA

Corazón mío,
pálida flor,
jardín sin nadie,
campo sin sol,

---

[39] Vuelta al jardín pero en estampa literaria, a la manera de la plástica prerra-
faelita, con la que Juan Ramón emblematiza —la mujer en el centro del cua-
dro—, el *mal* modernista. Cfr. R. Gullón, «Juan Ramón Jiménez y los prerra-
faelitas», en VV.AA., *Estelas y decadentes*, Madrid, J. Tablate, 1985, págs. 77-80.

¡cuánto has latido
sin ton ni son,
tú que estás hecho
para el amor!

¡Oh, sordo!, ¡oh, ciego!,
¡oh, mudo!, yo
te daba opio,
te daba bro-
muro, té, método,
libro y reloj...,
¡y estabas hecho
para el amor!

La primavera
te engalanó,
oíste la música
del ruiseñor...
Pensaste: el metro,
la inspiración...,
¡y estabas hecho
para el amor!

Bien has cantado,
¡lo sabe Dios!,
agua en el agua,
flor en la flor,
luna en la luna,
son en el son...,
¡y estabas hecho
para el amor!

Y aquellos labios,
aquella voz,
y aquellos ojos...
la rosa, el sol
y aquel encanto
se te murió...,
¡y estabas hecho
para el amor!

Desdeña el opio,
desdeña bro-
muro, té, método,
libro y reloj...,
florece, ríe,
sé de pasión,
¡que tú estás hecho
para el amor![40].

4

OTRA BALADA A LA LUNA

*C'etait, dans la nuit brune,*
*Sur le clocher jauni,*
*La lune,*
*Comme un point sur un i.*

MUSSET

Heine, Laforgue, Verlaine...—
Luna de mi corazón,
niña blanca, si has nacido
en el Japón,

baja a mis labios tu cara
de flor de almendro, pues eso
lo necesito yo para
darte un beso.

¡Háblame tú con tu voz
de musmé fresca y gentil,

---

[40] Síntesis perfecta —y creo que bastante ajustada a la realidad— de la evo-
lución sentimental seguida por la poesía juanramoniana hasta este momento.
Respecto a la lengua de este poema, véase lo que José Olivio Jiménez dice so-
bre la presencia, en el seno mismo del modernismo, de un lenguaje cargado
de ironía y desmitificador de aquella *retórica de la belleza* que es la característi-
ca, no exclusiva, del movimiento. Cfr. *Antología..., op. cit.*, pág. 38.

luna de nardo, de arroz
      y marfil!

¡Y si fueres por tu cuna
noble y pálida princesa,
cásate conmigo, luna
      japonesa!

¿Estás desnuda, o te endiosa
un velo blanco de tul?,
¿y tu carne, luna, es rosa
      o es azul?

¿Eres pagana, o qué eres?,
di, ¿qué has oído, qué has visto?,
¿también turbó tus placeres
      Jesucristo?

¿Va algún alma eterna en ti
a los parques de la cita?,
¿y tu hermana Ofelia?, di,
      Margarita...

¿Te has muerto acaso?, ¿estás yerta?,
¿se enredó un nombre a tu boca?,
di, luna mía, ¿estás muerta,
      o estás loca?

Tú, que entre la noche bruna,
en una torre amari-
lla, eras como un punto, ¡oh, luna!
      sobre una i;

tú, ladrada de los perros,
lámpara azul del amor,
tú, que dorabas los cerros
      al pastor;

tú, Selene; tú, Diana,
urna de melancolía,

169

que te vaciarás mañana
sobre el día;

¡deja en mi frente tu estela,
o, como una mariposa,
desde tu magnolia, vuela
a mi rosa!

¡Luna, desde mi balcón
de florecidos cristales,
te mando este corazón
de rosales!

¡Sé mi novia, soberana
ciega, romántica muda,
tú que eres triste, liviana
y desnuda!

¡Emperatriz de jazmines,
bella sin años contados,
alma sin cuerpo, en jardines
estrellados!

¡Oh, rosa de plata!, ¡oh, luna!,
¡aldea blanca y en calma,
sé el hogar y la fortuna
de mi alma![41]

---

[41] Desde el punto de vista histórico-literario, es este uno de los poemas más densos de toda la primera etapa de Juan Ramón. Para el sincretismo de registros culturales en él congregados, véase S. Yurkievich, *Celebración del modernismo, op. cit.*, págs. 12 y ss.; sobre el valor simbólico de la luna, véase Ch. Baudelaire, «Las bondades de la luna», recogido en VV.AA., *El simbolismo, op. cit.*, págs. 116-117. El poema se convierte aquí en auténtica revisión del código poético.

# 8

# Baladas de primavera

## 1

### BALADA DEL MAR LEJANO

La fuente aleja su sonata,
despiertan todos los caminos...
Mar de la aurora, mar de plata,
¡qué limpio estás entre los pinos!

Viento del Sur, ¿vienes sonoro
de soles? Ciegan los caminos...
Mar de la siesta, mar de oro,
¡qué alegre estás sobre los pinos!

Dice el verdón no sé qué cosa...
mi alma se va por los caminos...
Mar de la tarde, mar de rosa,
¡qué dulce estás entre los pinos![42].

---

[42] Impresionismo potenciado por la estructura misma del poema: tres tiempos diferentes de un mismo cuadro. Sobre la presencia de técnicas impresionistas —originarias de la pintura— en Juan Ramón, véase M. Alvar, «Simbolismo e impresionismo en el primer Juan Ramón», *BRAE,* 61 (1981), págs. 381 y ss.

## BALADA TRISTE DE LOS PESARES

*A ti, mujer, la de la adelfa*
*rosa en el pelo negro.*

Los pesares que tiene tu cuerpo,
carne de mi carne,
se te vuelvan alegrías.

*Tango de los pesares*

Cantora, tú cantabas
la tristeza de todos los días,
el puñal que asesina de olvido
la pasión de las novias sombrías.

Los pesares que tiene tu cuerpo,
carne de mi carne,
se te vuelvan alegrías.

La noche estaba triste,
con tu boca tú la florecías...
La guitarra lloraba en tu pecho
la tristeza de todos los días.

Los pesares que tiene tu cuerpo,
carne de mi carne,
se te vuelvan alegrías.

Mientras tú sollozabas,
resbalaban las lágrimas mías...
Yo encontré aquella noche en la luna
la pasión de las novias sombrías...

Los pesares que tiene tu cuerpo,
carne de mi carne,
se te vuelvan alegrías.

¡Ay!, después de cantarlas,
de tus penas también te reías...
La guitarra lloraba en tu pecho
la tristeza de todos los días...

Los pesares que tiene tu cuerpo,
carne de mi carne, se te vuelvan alegrías[43].


3

BALADA TRISTE DEL PÁJARO DE AGUA

Pájaro de agua,
¿qué cantas, qué cantas?

Desde los rosales
de mi jardín, llama
a esas nubes grises
cargadas de lágrimas...;
quisiera, en las rosas
ver gotas de plata.

¡Pájaro de agua!

A la tarde rosa
das una esperanza
de música gris,
de niebla dorada;
el sol está triste
sobre tu sonata.

¡Pájaro de agua!

---

[43] *Cantar es conjurar la tristeza* (de la carne). Tal presupuesto —subyacente al lirismo de este poema— sintetiza el principio clave de la poética juanramoniana de esta primera etapa, de la misma manera que escribir *poesía es descifrar el mundo cantándolo* sintetiza la estética dominante en la segunda etapa. La distancia de un principio a otro señala el sentido de la evolución de la poesía juanramoniana.

Mi canto, también
es canto de lágrimas...
En mi primavera,
la nube gris baja
hasta los rosales
de mis esperanzas.

¡Pájaro de agua!

Amo el canto errante
y gris, que desgranas
en las hojas verdes,
en la fuente clara...
¡No te vayas nunca,
corazón con alas!

Pájaro de agua,
¿qué cantas, qué cantas?[44].


4

## BALADA DE LA SOLEDAD VERDE
## Y DE ORO

Dorada, en medio de la pradera,
me pareciste la primavera...
¡Oh, qué palacio, sobre el helecho
blando y fragante, tu cuerpo hecho
de sangre y agua, de viento y fronda,
bajo una llama de seda blonda!

La orilla era toda un tesoro
de penetrantes lirios de oro;
divinizaba la soledad...,

---

[44] Como en el texto que sigue, el poema se conviene en un camino de regreso —desde la literatura— a la naturaleza.

174

hería el cielo la majestad
de dos dolientes garzas reales
hacia un ocaso de áureos cristales.

Desnuda, en medio de la pradera,
me pareciste la primavera...
¡oh, qué locura, sobre el helecho
blando y fragante, tu cuerpo hecho
de sangre y agua, de viento y fronda,
bajo una llama de seda blonda!

¡Perlas lloraban los frescos tallos
bajo los cascos de los caballos;
y, en un palacio verde de pinos,
los dos, reales, tristes, divinos,
dejamos, locos, ir en el viento,
toda la lira del sentimiento!

Florida, en medio de la pradera,
me pareciste la primavera...
¡Oh, qué tesoro, sobre el helecho
blando y fragante, tu cuerpo hecho
de sangre y agua, de viento y fronda
bajo una llama de seda blonda!

5

## BALADA DE LA MUJER MORENA
## Y ALEGRE

> Cuando Preciosa el panderete toca,
> y hiere el dulce son los aires vanos,
> perlas son que derrama con las manos
> flores son que despide con la boca.
>
> CERVANTES, *La Gitanilla*

¡Carne de música, rosal de sangre loca,
sol con estrellas, manzana matutina,
pon en mi boca las rosas de tu boca,
tu boca roja de sol y coralina!

¡Ábrete toda como una dulce fruta,
llena de rizos al pino de tu palma,
pon, africana, sobre mi amarga ruta,
la sombra fresca del pozo de tu alma!

Mi hogar espera la luz de tu tesoro,
carne de bronce, de seda y de topacio;
¡dórame todo con tu esplendor de oro,
mujer, abierta lo mismo que un palacio!

Luz, pandereta, cristal en flor, granada,
agua de azul, mariposa florecida,
¡quita con una sonora carcajada
las flores secas del libro de mi vida!

Quédate en mí, soy pobre y soy poeta,
huyó en mi blanco pegaso la fortuna,
y quiero oír tu alegre pandereta
cuando florezca la nieve de la luna...

Agua, amapola, rosal de sangre loca,
vida de música, gitana cristalina,
¡dale a mi boca la fruta de tu boca,
tu boca roja de sol y coralina![45].

---

[45] Véase nota 24.

# 9

# Elegías[46]

## I. ELEGÍAS PURAS

### 1

Oh rosas, que, en la sombra del muro abandonado
volvéis a abrir, llorando, vuestras sangrientas hojas,
volveos a abrir en mi corazón arruinado,
aunque os abráis de llanto, aunque os abráis de rojas!

La fragancia hace dulce la sombra, y yo he perdido
aquella claridad que me embelleció un día...,
una rosa a mi alma es un beso al olvido,
rosas, ¡sed galardón de mi melancolía!

Rosas de sangre, rosas de llanto, pero rosas
que evoquen, corazón, tu doliente realeza...

---

[46] Desde este libro, y hasta los *Sonetos espirituales,* el alejandrino se convier-
te en el metro preferido de Juan Ramón. Esta elección expresiva se ha relacio-
nado, generalmente, con una supuesta vuelta a las fuentes del decadentismo
modernista. Nada más erróneo. Mayor coherencia exhibe Gregorio Salvador,
al ligar el alejandrino juanramoniano de este momento con la vieja tradición
elegiaca castellana de la endecha, cfr. «La poesía social de Juan Ramón Jimé-
nez», en *Juan Ramón Jiménez en su centenario, op. cit.,* págs. 183-184.

¡La ilusión tornará, como las mariposas,
y me perfumaré mi lúgubre belleza!⁴⁷.


2


Hoy ha estado en mi alma la perfumada brisa
de aquesta rosada y dulce primavera;
fue como en un ciprés un pájaro de risa,
como una mariposa en una calavera.

¡Y qué rumor has hecho, brisa, por mis dolores!
Era como un bosque con árboles de espanto,
al frescor de tu paso no se abrían las flores,
el carmín era sangre y el rocío era llanto.


3


*Canta un ruiseñor.*


Ruiseñor de la noche, ¿qué lucero hecho trino,
qué rosa hecha harmonía en tu garganta canta?
Pájaro de la luna, ¿de qué prado divino
es la fuente de oro que surte en tu garganta?

¿Es el raso del cielo lo que envuelve la urna
de tus joyas azules, temblorosas y bellas?
¡Llora en tu pecho un dios, o a qué antigua y nocturna
primavera has robado tus aguas con estrellas?

---

⁴⁷ Hasta ahora hemos tropezado con una múltiple gama de formas al ser-
vicio de la expresión de la «tristeza y melancolía» del poeta. Las *Elegías* inician
un camino diferente: ya no se trata de expresar el sentimiento, sino de refle-
xionar sobre él sometiéndolo a un cuidadoso análisis de causas y efectos. Aná-
lisis que, como ocurre en este poema, se resuelve muchas veces en preciosas
imágenes emblemáticas, *rosas en el muro abandonado, pájaro de risa en un ciprés*,
etc. Una poética emerge de este análisis: fundir belleza a partir de la melanco-
lía. Tal será el lema de este libro.

## II. ELEGÍAS INTERMEDIAS

### 4

La vida ha puesto enfrente de mi desilusión
un carnaval de sangre; en cada encrucijada
un enlutado mudo me parte el corazón
con una espada o con una carcajada.

¡Ay, sangre de mis venas!, ¿en dónde estás, qué tienes
que no te agotas nunca, qué fuentes milagrosas
te dan fragancia y música, sangre, que siempre vienes
a tener vivo y rojo este ramo de rosas?[48].

### 5

He jugado contigo, dolor, y bien merezco
que un corazón vestido de verde me maltrate...
Me adornabas con rosas tristes, y hoy me parezco
a ti, en lo desdeñado, en lo gris y en lo mate.

¡Dolor, estás en mí y estoy en ti, como algo
frío y mustio, como un jardín negro de invierno...;
ni sé ya lo que vales, ni ya sé lo que valgo,
pero sé que serás tenebroso y eterno![49].

---

[48] *El enlutado mudo* de este poema es una figura ya vieja en nuestro poeta
(véase nota 30). Imagen de un *yo* que ha sido mareado con el *fatídico beso negro
del dolor (LPr,* 210), actúa aquí como emblema del choque entre las pulsiones
de *vida* y *muerte* que animan en el poeta.

[49] *La voluptuosidad de la tristeza,* que ya los primeros lectores de Juan Ramón
descubren en su poesía (cfr. R. Gullón, «El primer Juan Ramón Jiménez», *Ac-
tas del Congreso Internacional de Juan Ramón Jiménez, I,* Diputación Provincial de
Huelva, 1983, pág. 40) es sometida en este texto a revisión, y Juan Ramón
rompe con la valoración estética del dolor de libros anteriores. Véase, para la
raíz decadentista del tema del *dolor* en nuestro poeta, el trabajo de M. Gras Ba-
laguer, «Apuntes para una lectura de Juan Ramón», *CHA,* 376-378 (1981),
págs. 572-573. Sobre la raíz metafísica del *dolor* y de la *tristeza* entre los mo-
dernistas, véase S. Yurkievich, *op. cit.,* págs. 41-42.

## 6

Esta desilusión penetrante y amarga,
que empieza con la noche y empieza con el día,
¡este horror de vivir una vida tan larga,
—siendo tan corta— y quieta y dorada y vacía.

¡Sentir el alma llena de flor y de simiente
y ver llegar el hielo negativo y eterno!
...¡Y saber, sin embargo, que era capaz la frente
de deslumbrar la tierra... y el cielo y el infierno[50].

## 7

Sensualidad, veneno azul, cómo embelleces
los sueños con estrellas! ¡Cómo tu torpe mano
nos lleva a los naufragios de lirios! ¡Cuántas veces
surges, como el amor, de un libro, de un piano,

de una rosa!... ¡Maldita tú, florida verdura,
que te pones delante de las cosas eternas;
tú, sirena, que ahogas la lira triste y pura
entre dos brazos blancos o entre dos locas piernas![51].

## 8

¡Qué triste estoy sin mí! Aquel ramo de rosas
que fue mi corazón, ¿por qué se ha deshojado?
¡Poeta melancólico, amigo de las diosas,
una rama de espinas es lo que te ha quedado!

---

[50] El resultado del autoanálisis que es este poema —tristeza: «sentir el alma llena de flor / ver llegar el hielo»— concuerda exactamente con las conclusiones a las que llega R. Argullol al examinar el tema de la *tristeza* en el marco del romanticismo, cfr. *El héroe y el único*, Madrid, Taurus, 1984, pág. 64.
[51] Véase nota 37.

¿Y en este naufragio quieres aguardar días
de oro y de carne rosa? ¿No ves en ti al invierno
helar con la llovizna de sus cenizas frías
aquel jardín florido que vino de lo eterno?

## III. ELEGÍAS LAMENTABLES

### 9

> *Oh! garder à jamais l'heure élue*
> *entre toutes...*
>
> SAMAIN

Traigo en el alma a Schumann, y el oro vespertino
ha encantado, en mi senda, el doliente paisaje...
Dejadme..., yo no quiero agua, ni pan, ni vino,
ni ver a esas mujeres, ni mudarme de traje...

Lo eterno, en mí, está abierto como un tibio tesoro
y, sobre la amargura del miedo cotidiano,
llueve sus claridades de azul, de rosa, de oro,
florece lo extinguido y acerca lo lejano...

La luz inmarcesible que llevo dentro arde
como una primavera de sueños de colores...
¡Ay, prolongar eternamente esta dulce tarde,
o morir ya, entre estas iluminadas flores![52].

---

[52] Para la presencia, y significado, de la música en Juan Ramón, véase
M. Alvar, «Simbolismo e impresionismo...», art. cit., págs. 424-427; también
C. Ruiz Silva, «Dos estudios sobre *La soledad sonora*», *CHA*, 376-378 (1981),
págs. 828 y ss. Este es un poema clave en la historia de la poesía juanramo-
niana por dos notas esenciales y centrales en su evolución: *poesía* como *eterni-
zación* del instante de iluminación y como *conciencia* de la inmanencia de lo
eterno. Cfr. M. Coke-Enguidanos, *Word and Work in the poetry of Juan Ramón
Jiménez*, Londres, Tamesis, 1982, págs. 116 y ss.

> ...como una ciudad de grana
> coronada de cristales...

ZORRILLA

Sobre el silencio y la miseria del hombre,
se levanta el crepúsculo lleno de idealidades...;
lleva florecimientos y nostalgias sin nombre
de todos los países y todas las edades.

Ventanas de cien siglos se abren frente a su ensueño,
antiguas carnes le alzan su extático tesoro,
y rueda, sobre el tedio de la angustia y del sueño,
el enorme rumor de su silencio de oro.

Las ciudades parecen —de púrpura y cristales—
jardines momentáneos, ¡y eternos!, de otros mundos
donde reina la diosa de los ojos fatales
que hace a los hombres, con su olor, meditabundos...[53].

11

Mujer, abismo en flor, maldita seas, rosa
de filo, espada tierna, fontana de letargo,
¿con qué nos muerde, lirio, tu seda?, ¿cómo, diosa,
haces lo negro de oro y haces dulce lo amargo?

---

[53] Para la identificación del ensueño de esta *diosa de los ojos fatales,* remito a las palabras con que Luis A. de Villena explica la insatisfacción modernista: «Laforgue escribió: *Ah! Que la vie est quotidienne.* Y es que el hecho —innegable— de que la vida sea cotidiana es lo que la torna inadecuada, pobre, para la riqueza y el milagro que el idealista (y el vitalista) esperaron de ella. La quisieron diosa y no señorona burguesa, y a cambio tal no se resignan: esto es también —o lo resulta de tal choque— *decadentismo»,* cfr. «Los tronos de la total rebeldía», en VV.AA., *Estetas y decadentes, op. cit.,* pág. 12.

Yo iba cantando, un día, por la pradera de oro,
Dios azulaba el mundo y yo era alegre y fuerte;
tú estabas en la hierba, me abriste tu tesoro,
¡y yo caí en tus rosas y yo caí en la muerte!

¡Ay!, ¿cómo das la sombra entre tus labios rojos,
mujer, mármol de tumba, lodo abierto en abrazos?
¡Tú que pones arriba el cielo de tus ojos,
mientras nos enloquece la tierra de tus brazos!


12


Hombres en flor —corbatas variadas, primores
de domingo—: mi alma ¿qué es ante vuestro traje?
Jueces de paz, peritos agrícolas, doctores:
perdonad a este humilde ruiseñor del paisaje.

Yo no quisiera nunca molestaros, cantando...
Ved: este ramo blanco de rosas del ensueño
puede hacer una música melancólica, cuando
sonreís con los labios; pero yo no os desdeño.

¿Qué es mi voz ante vuestra decorada levita?
¿Vale, acaso, la pena una triste sonata
de achicar las orejas, o una estrella marchita
que volara, qué es para vuestra corbata?

¡Y tú, ruiseñor mío, endulza tu tristeza,
enciérrate en tu selva, florécete y olvida;
sé igual que un muerto, y dile, llorando, a la belleza
que has sido como un huérfano en medio de la vida![54]

---

[54] Para entender lo que de rebeldía (contra la mediocridad burguesa) tiene
el *aristocraticismo* modernista, véase M. Alvar, «Simbolismo e impresionis-
mo...», art. cit., págs. 398-399; también R. Gutiérrez Giradot, *El modernismo,
op. cit.,* págs. 25-47.

# 10
# La soledad sonora

## I. LA SOLEDAD SONORA

### 1

Mi frente tiene luz de luna; por mis manos
hay rosas y jazmines de algún jardín doliente;
mi corazón da música lejana de pianos
y mi llorar es de agua nostálgica de fuente...

Vive una mujer dentro de mi carne de hombre;
siete ríos de plata prestan ritmo a mi lira;
la boca se me inunda de un encanto sin nombre
cuando sonríe a la ilusión, cuando suspira...[55].

---

[55] El autoanálisis, que viene de libros anteriores, encuentra en éste una expresión que se ajusta, a la perfección, a ese *preciosismo interior* que el propio poeta define como «visión acaso exquisita y tal vez difícil de un proceso sicológico (paisaje del corazón) o metafísico (paisaje del cerebro)», cfr. «José Martí», en *Españoles de tres mundos*, Madrid, Aguilar, 1969, pág. 95.

## 2

Tronco abierto y desnudo que ha estado reflejando
su ceniza y su pena en el agua dormida,
mi corazón de invierno ha tenido, llorando,
un agua, una ceniza, una pena, una herida...

Su luto se cortó sobre amarillos muertos
en los ocasos tristes como marchitas rosas,
colgaron los sollozos, como nidos desiertos,
de la maraña de sus ramas espinosas...

Mas ¿qué soplo de gracia pasa sobre este frío?
Está la brisa azul y verde la pradera,
y, a la música clara de los oros del río,
¡mi corazón florece en flor de primavera![56].

## 3

¡Oh jardín amarillo bajo el cielo azul! ¡Siento
que tu hierba mojada me crece entre las penas;
tu color de elegía y de presentimiento
hace rosa y helada la sangre de mis venas!

¡Jardín de oro, jardín espectral y amarillo!
—¡lívida soledad, húmeda y triste calma!—,
...¿qué sol pone en la hierba del jardín este brillo
de muerte, que destiñe mis ojos y mi alma?[57].

---

[56] Véase lo que, sobre este poema, ha escrito Ricardo Senabre, «Juan Ramón Jiménez y Antonio Machado», art. cit., págs. 225-230.

[57] Muy distinto es el *jardín* de este poema del *jardín literario* que los libros de la trilogía madrileña han topificado. Ambos quieren ser el reflejo de un paisaje interior, pero la técnica de elaboración es radicalmente diferente. Allí lo importante era la atmósfera, el clima, el escenario; aquí, por el contrario, lo importante es el poder simbólico —emblemático, en muchos casos— de los componentes.

186

4

¡Hermano de mi alma! ¡Oh, rosal amarillo,
que esta tarde de otoño te inflamas de belleza,
qué enfermo se hace el sol para tu dulce brillo,
rosal del sol, de hueso, de olvido y de tristeza!

¡Corazón, alma en flor, oh rosal ignorado,
de rosas amarillas y perfume doliente!,
¿por qué, en este rincón de jardín olvidado
te mustias, en un sueño de auroras de poniente?

¿Cuál ilusión errante envuelves en fragancia?
¿Quieres un sur de nieve, quieres un norte de oro?
¿A qué exhalas tan triste perfume de distancia
si tienes en ti mismo, ¡oh rosal!, tu tesoro?[58].

5

Luna, fuente de plata en el prado del cielo;
¿tu surtidor florece hasta Dios? ¿Rosas bellas
adornan, azulmente, tu blanco desconsuelo?
¿Te derramas, llorando, en divinas estrellas?

¿O margaritas tiernas esmaltan tus agrestes
laberintos de luces, de esencias, de colores?
¿Eres el sol de las primaveras celestes,
todas llenas de tristes y cristalinas flores?

---

[58] Si en los textos de las *Baladas* observábamos un abandono de la literatu-
ra y una apertura de los sentidos a la naturaleza real, en los poemas de *La so-*
*ledad sonora* se observa cómo se completa el citado proceso desembocado en
una búsqueda intelectual. Sintiéndose hermano y uno con el mundo natural,
interroga a aquellos elementos en que mejor ve reflejada su alma —el rosal, la
luna, el ciprés, el árbol— acerca del sentido de la existencia. Según una con-
vención simbolista —con raíz en Swedenborg—, árboles, ríos, flores, monta-
ñas, valles, son el vocabulario del Libro de la Naturaleza; un vocabulario que
cifra el sentido de la existencia y que sólo el poeta comprende.

¿Tu agua surte de ti? ¿Eres agua? ¿Eres pena?
¿Tienes una mujer en tu linfa doliente?
¿Lloras, y no te oigo, nostálgica azucena,
mujer, sueño de plata, lirio encendido, fuente?[59].

6

Árbol, ante el callado rumor que al viento haces
con tus ramas de pájaros, yo no sé lo que quieres...
si entre las alegrías del invierno renaces
o si entre las tristezas del estío te mueres...

¿Quién rige tu armonía constante? ¿Quién ordena
la permanencia de tu eterna maravilla?
Iguales son, en ti, la alegría y la pena...
dulce es lo que en ti cae, dulce lo que en ti brilla.

¿Con qué sueño hila Dios tu mayor hermosura?
¿Cuál es el ornamento de tus días mejores?
¿Tu gala de hojas secas, tu pompa de verdura,
tu corpiño de nieve, o tu manto de flores?

7

Oh ciprés verdinegro; el rosal te engalana
y la rosa parece la luz de tu tristeza;
en tu dolor, ¡qué suave es la seda temprana,
qué guirnalda de vida en qué augusta nobleza!

En medio del jardín desolado y agreste
que pone al valle yermo su oasis de poesía,
eres como mi amor, sobre campo celeste;
la rosa es su belleza, tú mi melancolía.

---

[59] El destino del hombre y el de la naturaleza es uno y el mismo, así como su
esencia. De donde la sucesión de interrogaciones en que se resuelve este poema
—tan próximas a las de Unamuno de «Aldebarán»— ha de leerse como proyec-
ción objetivadora de las preguntas que el propio poeta se hace a sí mismo.

188

¡Ella te da su gracia, tú le prestas su anhelo;
tú de ella te embalsamas, de ti ella se hace negra...,
con qué pasión mezcláis consuelo y desconsuelo!,
tú haces triste la rosa y la rosa te alegra[60].


## II.  LA FLAUTA Y EL ARROYO

### 8

¿Por qué murmuras, arroyo?
¿y tú, flauta, por qué cantas?
¿Qué bocas duermen en la
sombra del aire y del agua?

¿Aprendes, flauta, del pájaro?
¿O es el viento entre las cañas?
¿Qué idilio pasó una tarde
por la vega verde y plácida?

Y tú, arroyo, ¿le has robado
al sol su armonía áurea,
o te dieron las estrellas
su música desgranada?

¿Os oyen todos? ¿Acaso
sólo os escucha mi alma?
¿Sois silencio hecho de voces,
o sois voces apagadas?

¡Arroyo, flauta, debajo
de las frondas, cuando el aura

---

[60] *Rosa* y *ciprés* sintetizan, de forma emblemática, la tensión entre lo sensual
y lo místico, en que se debate el poeta. Tensión de raigambre romántica sobre
la que Hegel levanta la definición del poeta como «ser anfibio»: por un lado
atado a la sensualidad y al goce de la materia, a la temporalidad y a la realidad;
por otro, ansiando elevarse en un mundo de pureza y de ideales. O, si se quie-
re, por un lado el melancólico y meditabundo; por otro, el vitalista.

abre claros horizontes
entre el verdor de las ramas![61].

9

Le ha puesto una rosa triste
a la flauta melancólica;
cuando cante, cantará
con música y con aroma.

Tendrá una voz de mujer
vacilante, arrulladora,
plata con llanto y sonrisa,
miel de mirada y de boca.

Y será cual si unos dedos
finos jugasen con sombra
por los leves agujeros
de la caña melodiosa...

¡Tonada que nunca llega,
oída una tarde en la fronda,
tonada que iba a cogerse
y que huía entre las hojas!

Para ver si no se iba,
la engañé con una rosa:
cuando llore, llorará
con música y con aroma.

10

De cada agujero sale
una estrella... Terminada
la canción, está la noche
toda estrellada de plata...

---

[61] Véase nota 58.

Extasiado, blandamente,
el arroyo me acompaña,
y es de oír mi flauta triste
acompañada del agua.

Los pájaros se despiertan;
la brisa, leda, se para;
los chopos hacen de seda
su verde charla metálica;

y el grillo parte su copla,
y, en la soledad, mi flauta
llena todo el campo azul
de una música de lágrimas...

Al alba, las flores tienen
perlas en sus hojas; blancas
están las hierbas de llanto;
la luna se pone pálida...[62].


11

Quería decir un nombre
la música de mi flauta...
No pudo.
                    La tarde iba
rosando las verdes ramas...

Un nombre de un cuerpo blanco,
coronado de esperanzas,
que holló las orillas verdes
unas tardes ya lejanas;

nombre suave, que era nombre
sosegado de mi alma,

[62] Sobre la concepción órfica de la poesía en Juan Ramón, véase Jean Louis Schonberg, *Juan Ramón Jiménez ou le chant d'Orphée,* Neuchâtel, 1961.

que en una palabra unía
todas las gratas palabras...

Hablaba el dulce verdón
no sé qué... Por la cañada
se iba riendo el arroyo
a la sombra de las zarzas;

un olor a rosa humilde
ungía la tarde clara;
me dolía el corazón
como si me lo rasgaran.

La mariposa era un nombre,
un nombre llevaba el agua,
flotaba un nombre en el sol,
un nombre el verdón cantaba...

Quería decir un nombre
la música de mi flauta...
No pudo.
        La tarde iba
sangrando las verdes ramas...[63].

## III. ROSAS DE CADA DÍA

### 12

Nacía, gris, la luna, y Beethoven lloraba,
bajo la mano blanca, en el piano de ella...
En la estancia sin luz, ella, mientras tocaba,
morena de la luna, parecía más bella.

---

[63] A la hora de elaborar —sugestivo y, a la vez, comprometido trabajo—
una colección de aquellos poemas juanramonianos que tienen como tema la
poesía, no deberá faltar este texto: el poeta traduce en nombres el idioma
—música y silencio— con que la naturaleza expresa su secreto; la poesía
como síntesis, en un nombre, del universo, etc. Recuérdese que el tono exal-
tado de *Animal de Fondo* se explica por sentir el poeta que, finalmente, ha en-
contrado «el nombre conseguido de los nombres».

Teníamos los dos desangradas las flores
del corazón, y acaso llorábamos sin vernos...
Cada nota encendía una herida de amores...
—...el dulce piano intentaba comprendernos—.

Por el balcón abierto a brumas estrelladas
venía un viento triste de mundos invisibles...
Ella me preguntaba de cosas ignoradas
y yo le respondía de cosas imposibles...[64].

13

¡He abierto mi balcón y me he encontrado azul
la tarde y el jardín!... ¿Qué azul, Dios mío, es este?
Parece una penumbra velada por un tul
que todo lo hace sueño con su vagar celeste.

La estrella está en la torre; y tú, alma mía, ahora
irás —¿por qué camino?— buscándote un consuelo...,
¡oh tibia, oh melancólica, florida y dulce hora
en que el dolor enclava los ojos en el cielo!

Jardín, tú estás celeste, celeste tú, balcón,
celeste el agua, el árbol, el corazón celeste;
está todo celeste: la pena, la ilusión...
¿Qué azul, Dios mío, es este? ¡Qué azul, Dios mío, es este![65].

---

[64] Véase, para este poema, el comentario de Carlos Ruiz Silva, «Dos estu-
dios sobre *La soledad sonora*», art. cit., págs. 834 y ss.

[65] El gusto por la creación de estampas monocromas —con una fuerte car-
ga simbólica proyectada sobre el color— es muy del gusto del Juan Ramón de
este momento. Véase, a este respecto, la interpretación que del fenómeno
hace Ángel Crespo, quien vincula este tipo de poemas al monocromatismo
«propio de los subestilos del *art nouveau*». Cfr. *Juan Ramón Jiménez y la pintura,
op. cit.,* pág. 177.

## 14

La orilla era de flores lucientes cual bengalas,
y la luna temblaba en el agua despierta...;
erraba un viento triste, que traía en sus alas
yo no sé qué nostalgias de adolescencia muerta...

El moiré de una sombra de tristes tornasoles
me besaba los labios, los ojos y las manos...;
del poniente venían ilusiones de soles,
de ciudades nocturnas y de mares lejanos...

Todo tenía lágrimas... Y a través de mi llanto
los jardines se hacían alma y cuerpo de ella;
iba muerta en el agua, sonreía el encanto
de la fuente, era rosa, me miraba en la estrella...

## 15

Ríos de luna verde parecen los senderos,
y en su corriente vaga de pensamiento y pena,
me voy a un horizonte cuajado de luceros
en una barca de blancura de azucena...

Las orillas me envuelven en celestes olores,
hay visiones, sin nadie, de una eterna olvidanza,
entre la melodía del viento por las flores
me miran las estrellas, cargadas de esperanza...

Noche de lejanía... Y en las aguas perezco,
sobre carnes de una alma vanamente florida...
...Cuando tornan las rosas sobre el mar, amanezco,
como un náufrago triste, arrojado a la vida...[66].

---

[66] Luna, frente a Sol; visión idealista, frente a la vida cotidiana; ensueño, frente a razón, etc.; tales son algunos de los ejes sobre los que se alza la escritura de este poema. Hay, sin embargo, otro elemento —idéntico en este texto

## 16

Canta otro ruiseñor.

¿Qué tienes, ruiseñor, dentro de la garganta,
que haces rosas de plata de tu melancolía?
Pareces una errante guirnalda azul, que canta
todo lo que en la sombra es ensueño y poesía...

Cuando entre la nostalgia de la noche de junio
lloras entre los árboles constelados de flores,
y viertes en la blanca quietud del plenilunio
tu corazón henchido de líricos dolores:

el otro ruiseñor que en mi palacio anida
abre sus ojos negros y te mira soñando...;
una ventana se abre, y en la hora dormida
surge otra voz doliente que solloza cantando...

Y no se sabe, en medio de la calma de plata,
si tú respondes a él, o si él te responde...,
si sois dos notas dulces de la misma sonata...,
si vuestro canto viene de la muerte... o de dónde...[67].

---

y en el anterior—, que creo que debe reseñarse: la interpretación de la natura-
leza como *nuevo molde material* de las almas tras la muerte; como «carne de un
alma», con la que el poeta se une cuando consigue escapar del «naufragio de
la vida». Tal idea será clave en toda la poesía de la tercera etapa juanramo-
niana.

[67] La sintonía del mundo de fuera con el de dentro es común denomina-
dor de todos los poemas del libro. Sobre la poesía como conversión del dolor
en rosas de belleza, véase nota 47.

# 11
# Poemas mágicos y dolientes

## I. POEMAS MÁGICOS Y DOLIENTES

### 1

### PRIMAVERA AMARILLA

¡Abril galán venía, todo
lleno de flores amarillas...
amarillo el arroyo,
amarilla la senda, la colina,
el cementerio de los niños,
el huerto aquel donde el amor vivía!

El sol ungía el mundo de amarillo
con sus luces caídas;
¡oh por los lirios áureos,
el agua clara, tibia!,
¡las amarillas mariposas
sobre las rosas amarillas!

Guirnaldas amarillas escalaban
los árboles: el día
era una gracia perfumada de oro
en un dorado despertar de vida...

Entre los huesos de los muertos,
abría Dios sus manos amarillas[68].


2

## LAS HOJAS SECAS

Verdeluz el agua donde sueñan,
tristes de sol, las hojas amarillas;
áureo es el aire azul en que se caen,
gualdos son los senderos que tapizan.

Todo es en ellas de oro: la nostalgia
fúnebre de los soles de otros días,
cuando nacieron verdes, y los pájaros
en su cuna, cantando, se mecían;

el retorno de aquellas vagas tardes
inextinguibles del estío, líricas,
fragantes, lujuriosas, con las sales
del mar caliente en las doradas brisas...

Divinas hojas secas, ¿de dónde es
el oro que las almas idealiza,
ese dolor de luz que enciende la hora
mágica de las largas agonías?

¿Por qué se inflama en oro la tristeza
cuando, frente a las tardes infinitas,
el alma sueña sobre las terrazas
con días falsos de imposibles vidas?

[68] Véase nota 65.

...El ocaso es de oro, de oro el fondo
del corazón, de oro la fantasía,
verdeoro es el agua donde sueñan
las hojas secas, negras y amarillas...[69].

## II. RUINAS

### 3

Se sueña bien... La paz, en un hogar tranquilo
que dé sobre un jardín..., el otoño..., el poniente...,
el fluir de los versos constantes, en un hilo
puro, claro, irisado, como un hilo de fuente...

Nadie... ni voz, ni voto... La soledad sonora,
plena de ritmos de oro y de muda elocuencia;
escuchar lo ignorado, lo nuevo, hora tras hora,
en una dulce y perfumada negligencia...

Pero caerá la noche vaga y entristecida,
llena de rostros con miradas de amargura...
Entonces, soledad, ¿qué me dará la vida
hueca con el hastío de la literatura?[70].

---

[69] Poema que —sobre todo, repárese en la segunda estrofa— explica el sim-
bolismo del color amarillo, el color más persistente y reiterado por la paleta
del moguereño en los libros de este momento. Sobre la simbología de los co-
lores, véase nota 23.
[70] Vuelta a la naturaleza, revisión del vago misticismo de libros anteriores,
rechazo de la espiritualidad decadentista (dolor, sensualismo, etc.) y —como
ocurre en este poema— replanteamiento de la relación entre vida y literatura,
son algunos de los síntomas del cambio —a la vez ético y estético (el krausis-
mo detrás de todo ello)— en que se halla embarcada la poesía juanramoniana
de este momento.

## 4

> ...el plectro amado
> y del vuelo las alas he quebrado

FRAY LUIS DE LEÓN

Yo solo soy culpable de todo este fracaso;
atavié de luto mi ramo de colores,
¡y vi, al fin, ruinoso, con espinas, un caso
como este, radiante de ilusión y de flores!

Creí que la fragancia, el matiz, la armonía,
en su virtud tuvieron defensa para todo...;
no, la ilusión fue vana; la misma poesía
se envilece, si el plectro toca rosas de lodo.

El fénix vino a tierra, tinta el ala de plata
en su sangre, alimento del dolor y del vicio...
¡cómo su hijo divino, tras el velo escarlata,
te mira, cielo azul, desde su precipicio![71]

## 5

¡Impenetrable es tu frente, cual un muro!
Tan cerca de los ojos, ¿cómo retiene preso
tu pensamiento?, ¿cómo su recinto es oscuro
bajo el cabello de oro, sobre el radiante beso?

---

[71] En la línea del anterior, este poema somete a revisión el mundo espiritual decadentista (fragancia, matiz, rosas de lodo = flores del mal) del que emergieron sus primeros libros. Poema de autorreflexión estética tanto como ética, que revela el momento de revisión y de crisis en que se halla Juan Ramón. La capacidad del modernismo para generar un discurso crítico de sus propios tópicos lingüísticos y mentales ha sido puesta de relieve por José Olivio Jiménez. Véase nota 40.

Con la movilidad mágica de tus ojos,
la fijeza de dardo de los míos esquivas;
a veces, brillan dentro como ponientes rojos,
a veces, como rápidas estrellas pensativas...

¡Mujer, que yo lo vea! Libra de sus penosas
dudas a esta constante nostalgia de mis penas,
¡quiero saber si tu alma es un jardín de rosas
o un pozo verde, con serpientes y cadenas![72]

6

Las fuentes del jardín han dicho: ¡primavera!,
y tú, alma mía, bajas melancólica y pálida...
¡Oh, rosas de salud!; ¡oh, alegrías!...; ¡oh, quimera!;
¡mañana azul de oro, embelesada y cálida!

En el pino, en el alma, se reiría un bando,
chillón y fresco, de pájaros matinales...;
la pompa de mi anhelo bajaría, soñando,
por las escalinatas cubiertas de rosales...

¡Sangre roja! ¡Dios mío, quién pudiera ser fuerte!
¡Pobre alma, si tú estuvieras florida...,
si la alborada fuese la llave de la muerte,
y la alondra me hablara del amor, de la vida![73]

---

[72] Dentro de la revisión ético-estética a que me refiero en la nota anterior,
la mujer, identificada con el mal en libros anteriores, se convierte en un sím-
bolo ambiguo, abierto ahora a rica polivalencia semántica.

[73] Para valorar la evolución juanramoniana, léase el actual «¡Dios mío,
quién pudiera ser fuerte!» con la «fragilidad» expuesta como ideal ético-estéti-
co en el poema de *Jardines lejanos*, recogido en las páginas 149-151 de esta an-
tología.

### 7

Sólo resta la muerte. ¡Y el recuerdo no es nada!
—Primavera, ¿qué cantas a la hoja caída?—.
Ved todo mi tesoro: una tumba cerrada...;
lo demás —ilusión y color— ¡es la vida!

Tornará cada abril a enjoyar los jardines,
el agua azul reirá a las quemadas rosas,
una opulencia cálida de sensuales festines
colmará las ventanas de estampas voluptuosas.

Y en el ambiente claro flotará lo marchito,
entre un desdén de bocas palpitantes de amores
de los que no encontraron el amor infinito
antes de ser un pasto de gusanos y flores...

### 8

¡Qué caro me has costado, placer! ¡Ah, quién pudiera
no comprarte! ¿Por qué te vistes de oro, cieno?
¡Tú, que un instante esparces olor de primavera
y después, para siempre, tristeza de veneno!

¡Gran señor debes ser, sin duda, ya que tanto
puedes sobre las almas que mueren por servirte;
príncipe que mantienes, entre mares de espanto,
verde y en flor de sol, la traidora sirte!

¡Me engañas, y te creo; me hieres, y te adoro!
Y cuando se marchitan los agrios oropeles,
mientras, como un jacinto de seda rota, lloro,
te vas, entre una burla de alegres cascabeles![74].

---

[74] El *placer*, apurado hasta las heces en un gesto de autodestrucción decadentista, es, desde una ética-estética muy diferente, el componente sometido a revisión en este texto.

## III. FRANCINA EN EL JARDÍN

### 9

Hoz de oro, la luna hirió el cielo violeta...

Una brisa nocturna erraba, viva y fresca;
Francina iba desnuda, delicada, opulenta;
su cuerpo blanqueaba con esplendor de estrella;
y, en su nitidez mate —nardo, jazmín, camelia—,
se apretaba, soñando, contra las cosas bellas,
como si, en sus presagios estivales, quisiera
poner en su alma vaga el alma eterna de ellas...

Hoz de oro, la luna hirió el cielo violeta...

De luna era la fuente, de cielo y de tristeza;
huía la avenida al reino de la niebla;
Francina iba desnuda; los lirios, las violetas
nevaban más, con su morada soñolencia,
la molicie sensual de su frescura egregia;
y miraba, perdidamente, a las estrellas,
y comparaba sus blancuras con la de ella...

Hoz de oro, la luna hirió el cielo violeta...

¡Oh, en el hondo crepúsculo, Francina y las estrellas!
¡Desnudez de cristal y desnudez de tierra!
Venus caída al mundo, Francina que se queda
prendida, en un anhelo, en el cielo violeta!

...Y un olor esparcido y errante, que recuerda,
el olor indecible de un agua que se fuera,
entre rosas sonámbulas, por prados de leyenda...

Hoz de oro, la luna hirió el cielo violeta...[75].

---

[75] Poema del ciclo de Francina, para cuya lectura remito a I. Prat. Véase nota 28.

Bajo las rosas, el libro
abría una triste página:
el cielo estaba celeste,
la página estaba blanca.

Tu voz distante reía,
como si fuera de plata;
voz de la brisa, del cielo,
de los rosales, del agua.

Y una música de ensueño
tenía presa a mi alma
en su red carnal y aérea
de versos y de nostalgias.

¡Igual que un jardín de rosas
abiertas, perfumeabas;
rosas abiertas traídas,
eran rosas, rosas blancas!

¡Oh, qué olor a rosas! ¡E-
ras tú; desnuda, tú estabas
ante mí, como la luna
del día!

Dulces palabras
que van de una carne en flor
a una carne acariciada...;
rota la música, sólo
latía la carne cálida.

Bajo la rosas, el libro
abría su triste página;

el cielo estaba violeta,
la página estaba malva...[76].


## IV. MARINA DE ENSUEÑO

### 11

### ESTAMPA DE INVIERNO

Nieve.

¿Dónde se han escondido los colores
en este día blanco?
La fronda, negra; el agua gris; el cielo
y la tierra, de un blanco y negro pálido;
y la ciudad doliente
una vieja aguafuerte de romántico.

El que camina, negro;
negro el medroso pájaro
que atraviesa el jardín como una flecha...
Hasta el silencio es duro y despintado.

La tarde cae. El cielo
no tiene ni un dulzor. En el ocaso,
un vago resplandor amarillento
que casi no lo es. Lejos, el campo
de cobre seco.

---

[76] La transición del celeste al violeta, del blanco al malva —además de res-
ponder a una técnica impresionista, que ha sido bien enfocada por Ángel
Crespo (*Juan Ramón Jiménez y la pintura*, op. cit., págs. 173-174), funciona de for-
ma simbólica al servicio de una oposición *ideal* (música)/*sensual* (carne), que se
resuelve favorablemente para el primer término. Sobre el tratamiento del tema
erótico en este momento, véase J. A. Fortes, «De cómo Juan Ramón dice dis-
tanciarse del modernismo», en VV.AA., *Criatura afortunada*, Universidad de
Granada, 1981, págs. 55 y ss.

Y entra la noche, como
un entierro; enlutado
y triste todo, sin estrella, blanca
y negra, como el día negro y blanco...


## V.  PERFUME Y NOSTALGIA

### 12

Saldremos al jardín bajo la lluvia —¡antojos!—,
habrá una gracia nueva por los frescos senderos,
y tú alzarás la frente y cerrarás los ojos
para que el agua mansa te llene de luceros.

El cariño será feliz entre las flores
mojadas, y, en un banco perdido en una senda,
yo te diré al oído madrigales de amores
y tú te dejarás poner la dulce venda...

La lluvia vendrá bien a tu mejilla ardiente,
y cuando todo caiga —nuestro placer y el día—,
tus ojos insondables hundirán en poniente
el encanto sin nombre de su negra poesía.

# 12

# Melancolía

## 1

## A LA MELANCOLÍA

> *...Au coucher du soleil, si ton âme attendrie*
> *tombe en une muette et molle rêverie...*
>
> ANDRÉ CHÉNIER

Tú que en el parque mustio, frente a los soles rojos
que empurpuran de luz tu altivo desconsuelo,
hastiada y delirante, pierdes tus grandes ojos
tras las bandadas que se alejan por el cielo...

O que, pálida y dulce, con un libro en la mano,
caminas lentamente por la seca avenida,
y buscas en la rosa postrera del verano
el sentido profundo y eterno de la vida...

¡Divina mujer triste! ¡Al lado de la fuente
soñando con tus brazos, mi corazón te espera...;

no seas la ilusión que vuela de la frente,
sino la realidad constante y verdadera![77].

## I. EN TREN

### 2

Brumoso, en elegante languidez, se copiaba
el cielo violeta en la roja caoba;
dentro, lo gris tenía carne y seda encendidas;
en la tarde venían fragancias de mimosas...

Un afán imposible de lujos sensuales
llevaba, entre visiones, al alma melancólica,
afán de llegar pronto... o de no llegar nunca...
a no sé dónde... ¡para qué!..., a no sé qué hora...

La felicidad iba —mas sin decirme nada—
al lado mío... Era de no sé quién... La sombra
del crepúsculo suave le florecía el sueño,
y me miraba, largamente, entre sus rosas...[78].

---

[77] Retrato de mujer, producto de un ejercicio de *ekphrasis,* llevado a cabo
sobre una de tantas estampas femeninas producidas por la plástica prerrafaeli-
ta. Pero Juan Ramón, en este poema, acompaña el retrato con su interpreta-
ción, convirtiendo a la mujer en emblema de la *melancolía.* Una melancolía
que se relaciona explícitamente con la búsqueda del «sentido profundo y eter-
no de la vida». La afirmación, por otra parte, de la *realización de la realidad* fren-
te al *ensueño* habla bien a las claras del nuevo rumbo de su poesía.

[78] Con *Melancolía* se inicia, por parte de Juan Ramón, una sistemática per-
secución de «la realidad constante y verdadera». Persecución que orientará
toda la escritura de la segunda etapa juanramoniana, desde la convicción de
que, tras la realidad pasajera y aparencial, existe una realidad ideal que es algo
más que la «mera ilusión que vuela de la frente». Técnica reiterada en todo el
libro será la de arrancar el poema del mundo caprichoso que se forma en el re-
flejo de la realidad sobre una superficie que, al copiarla, la transforma. Gran
número de poemas de este libro son caprichosas y preciosistas descripciones
de realidad reflejada. Al fondo, la idea de que la realidad reflejada (literaturizada)
deja al desnudo el fondo eterno de las cosas pasajeras.

Vista de la finca «Nazareth» pintada por Juan Ramón Jiménez (1906-1912).

Mientras ella, divina de rubor, entre el leve
espumear fragante de sus batistas blancas,
me dejaba morderle los labios y los pechos,
el colorismo de oro de los pueblos pasaba...

Torres con azulejos sobre cielos de esmalte,
riachuelos tranquilos con orillas de llamas,
y calles que se abrían hacia el tren, desde donde
mujeres, con un cántaro, riendo, saludaban...

Venían a nosotros los sones melancólicos
de las vísperas dulces de no sé qué campanas...,
anhelos pasajeros de pasiones ignotas
se quedaban atrás, en villas momentáneas...

Luego, la suave brisa de la tarde de agosto
refrescó alegremente sus mejillas besadas,
y, mientras me miraba, cogiéndose el cabello,
en sus ojos floridos las praderas pasaban...

## II. EL ALMA ENCENDIDA

La viudita, la viudita,
la viudita se quiere casar...

*Canción de niños*

4

Por la tarde, mi triste fantasía, doblada
sobre el cristal, escucha los cantos de los niños,
los cantos de los niños, que nunca dicen nada,
que son rondas de flores, música de cariños...

Música de cariños que llora con mi alma;
que destila en mi vida como cándidas mieles,
hasta que la adormece en una suave calma,
abierta, igual que el alba, a no sé qué verjeles...

A no sé qué verjeles... Y hay ojos que miran,
y brazos que me mecen con un ritmo insondable...;
las estrellas me hablan, los lirios me suspiran...,
una luz infinita inflama lo inefable...

5

La tarde melancólica de estío va cayendo...
Toda la casa huele, mustiamente, a mimosas...;
en las penumbras suaves se van desvaneciendo
secretos de inefables memorias melodiosas...

Por las paredes hay rosales desvaídos
frente a la claridad altiva del poniente...;
estallan no sé qué sollozos contenidos...
amores olvidados retornan de repente...

Una nostalgia cálida de lo que vive lejos
destila en la frescura lágrimas de terneza,
y, al mirarnos los ojos en los vagos espejos,
otros ojos inmensos nos miran con tristeza...[79]

---

[79] Léase el poema a la luz de lo dicho en la nota anterior —y, consecuen-
temente, en clave literaria: el *yo temporal* a la búsqueda en el espejo del arte del
*yo eterno*.

Un no rompido sueño...

FRAY LUIS DE LEÓN

¡Oh, que torna el encanto fugitivo del sueño,
cual la resurrección de una luz apagada...,
brilla..., ríe..., va a ser verdad..., mas, vano empeño
de la ilusión que anhela seguir siempre dorada!

Los sueños que se fueron no vuelven... ¿Quién convoca
esos jardines idos, de rosas y laureles,
que dejan hueca el alma, y en la marchita boca
un amargor profuso de inacabables hieles?

¡Amanecer maldito, que me arrancas la estrella
de la mano! ¡Ah! ¡Un sueño jamás interrumpido,
que engañe al corazón, ya que la verdad bella
nunca lo ha de envolver con su manto encendido![80].


III. LA VOZ VELADA

7

Mi vida es cual un roce de sedas que cantaran
como pájaros tristes de pálidos colores...;
cuando sale la luna, los pájaros se duermen
y sólo queda la memoria de las voces.

---

[80] No se engaña, sin embargo, Juan Ramón a sí mismo. Este poema
constata la distancia que media entre la imagen que el arte levanta sobre la
realidad temporal y la verdad. Es este poema, en realidad, la constatación de
un fracaso en la búsqueda que se anunciaba en el primer poema del libro.

Una memoria desteñida y deshojada
lo mismo que una de esas estampas interiores,
que tienen frondas malvas en sonrosados cielos
y ríos amarillos y nubes tornasoles...

Mi vida canta igual que un parque que ha callado,
sin pájaros, entre el encanto de la noche...
¿Los cantos se callaron? —¡Los cantos no se callan!
Se van..., y vuelven, con cadencias de ilusiones.

Y hay ojos que los siguen, como si fueran pájaros
de música, de bruma de música, de flores
de música, que suben al cielo, que retornan,
que llegan a las manos, pero que no se cogen...

...Cuando sale la luna, los pájaros se duermen
y sólo queda la memoria de las voces...,
una memoria desteñida y deshojada
lo mismo que una de esas estampas interiores...

8

En un nido de sol rosa y oro los pájaros,
a la tarde, ya fría, de otoño, están gorjeando...;
cada vez el sol es más brumoso y más pálido...,
cada vez van cantando los pájaros más bajo...

¡Qué frío el de la muerte presentida! ¡Qué amargo
frío, contra el que es inútil todo el llanto!
...El corazón se encoge, como un niño, temblando...;
las hojas secas caen..., todo está solitario...

¡Ah los pétalos oro y rosa, que el sol mágico
por los tejados con verdín va deshojando!
Los pájaros palpitan... Mi corazón, un pájaro
que presiente la muerte, los mira triste...

                                        Cuando
se apaga el sol, ¿en dónde se esconden? ...Aún el árbol
tiene uno... ¿Y el sol?... De pronto, ya no hay pájaros...
¿Dónde mueren? ¿Es que hacen un nido en el ocaso?
¿Es que pueden huir de la muerte, cantando?[81].

                        9

Más lejos que la gloria, que la fe, que el amor,
que la belleza, siempre otra cosa más lejos...;
guirnalda que abre todas sus flores hacia allá,
volviendo su áureo cáliz al pecho del deseo...

Algo que siempre empieza en donde fina todo,
que, sin saberse cómo, es para nuestro sueño
cual un sueño sin forma..., y con todas las formas...,
rojo si todo es blanco, débil si es todo férreo...

¡Música que no acaba jamás de tener sones,
boca que no ha de hablar, ojos claros y ciegos,
corazón que es lo mismo que un abril que no viene,
que, entre rosas en germen, tiene esbozos de besos!

Y las manos no llegan..., y las frentes no ven,
abiertas a la luz viva de estos incendios...
y la voz es lo mismo, para el desvío oscuro,
que la voz de un mendigo ahíto..., ¡ay!, hambriento...[82].

---

[81] «Huir de la muerte, cantando» cifra, en fórmula espléndida, la clave última de toda la escritura juanramuniana: creación de *otro* mundo sobre el de la temporalidad y victoria sobre la angustia metafísica del *existir para la muerte*.

[82] La imagen del *mendigo* —tan querida del primer Juan Ramón— reaparece en este texto con idéntico sentido al de su primera escritura. El poeta es un dios obligado a vivir como un *mendigo* del infinito. Cfr. R. Gutiérrez Girardot, *El modernismo, op. cit.*, págs. 58 y ss.

214

## IV. TERCETOS MELANCÓLICOS

### 10

Patética.

Moría la sonata y las rosas olían...
La tarde era de lluvia... La primavera se iba
desnuda, con la carne violeta estremecida...

Declinaba la hora; moría la sonata,
y las rosas olían, empapadas de agua...;
por la ventana abierta, mojado, el aire entraba...

Yo fui palideciendo con las últimas notas...
Un deseo inefable de perderme en las rosas,
de morir, embriagaba mi alma melancólica...

¡Y cuando se extinguieron los llantos del piano,
caí, como una hoja marchita; entre sus brazos,
casi sin vida, herido, de niebla, sollozando!

—...¿Qué tienes? —su voz bella, apagada, me dijo.
—...Tengo..., ¡qué se yo!..., nada... ¡El corazón partido...,
y he visto lo infinito..., y he visto lo infinito!

### V. HOY

### 11

Todo lo que parece sin fin, duda y termina...;
el anhelo quisiera prolongar lo finito,
y se excede a sí propio, y sobre lo que fina
alza la cumbre de oro de otro falso infinito...

¡No! La ilusión acaba... Sólo las envolturas
hacen soñar en formas hondas y prodigiosas...;
se desnuda la idea: las magias más oscuras
surgen en una estéril convexidad de rosas...

Y pretende el cansancio renovarse a sí mismo,
mas cae, ¡el triste!, hastiado, desordenado, inerte...;
al alejarse, torna a tentarle el abismo...
...A un lado, se sonríe —¡también hueca!— la muerte.

## VI. TENEBRAE

### 12

*...Et des femmes en deuil passent à l'horizon.*

A. SAMAIN

Mujeres negras que se recortan torvamente
sobre el poniente grana, como apagados leños...;
en la memoria hay un sueño de blancuras
con sol de antiguos días celestes y serenos...

El corazón no tiene una sola celinda
de aquellas aromadas y frescas de otros tiempos;
de cada espina pende una gota de sangre,
las lágrimas usurpan el nido de los besos...

Esta fue la pasión... El ocaso se hunde
en una noche lóbrega, sin luna y sin luceros,
y, allá, sobre la vida cárdena ya y sin llamas,
queda una larga sangre llena de brazos negros...[83].

---

[83] Si las primeras secciones de este libro dan cuenta de la persecución de una
realidad ideal por parte del poeta, las últimas —y este poema es un buen ejem-
plo— dejan constancia de la inconsistencia —la *oquedad* es el rasgo más re-
petido— del mundo que la ilusión ha ido construyendo sobre el de la realidad
cotidiana. El poeta queda, de nuevo, al borde del abismo decadentista (véase el
poema anterior) del que pretendía escapar en su poesía de los años de Moguer.

# 13
## Laberinto

### I. VOZ DE SEDA

#### 1

¡Este beso! Una cosa tan fragante, tan leve,
de seda, de frescura, mariposa de un labio,
una flor que no es flor, que va, bajo los ojos
negros, cual un lucero de carne y luz, volando...

Algo que huele a sol, a dientes, a puñales,
a estrellas, a rocío, a sangre, a luna..., algo
que es como un agua cálida que se retira, como
el aire de un incendio, errabundo y balsámico...

¿Es el alma que quiere entregarse? ¿Un rubí
del corazón, que abre su sagrario de raso?
¡Un beso! Y las mejillas se tocan y se rozan...
y son nieves que arden..., y se encuentran las manos[84].

---

[84] Superación del sentimiento de culpa que, en la obra de Juan Ramón, iba siempre ligado al tratamiento de lo erótico. Pero superación mediante un proceso de sublimación idealizadora, al servicio del cual se despliega toda la riqueza metafórica que este poema ejemplifica tan bien. Cfr. J. A. Fortes, «De cómo Juan Ramón dice...», art. cit. En función de tal idealización, los poemas que siguen desarrollarán abundantes motivos y tópicos ideológicos de raíz neoplatónica.

## 2

La languidez de amor hace hablar un lenguaje
que sube hasta los labios yo no sé de qué fondo;
son cómplices el agua, la primavera, el pájaro,
la luna, el largo adiós del ocaso de oro...

No lo hemos aprendido, ni lo han aprendido
las mujeres que van del brazo de nosotros...:
es cual la misma voz en diferentes bocas...,
igual que esos perfumes que retornan de pronto...

Pasa el instante, y las palabras se ocultan
como en bolsas de niebla de secretos tesoros;
y si las recordamos a las que las dijeron,
nos miran, extrañadas, con los ojos atónitos...[85].

## 3

¡Estas cosas que huelen a mujer! Abanicos
que se dan una noche de abandono, pañuelos,
sortijas que han tenido nardos entre su oro,
rosas descoloridas, arrancadas de un pecho...

¡Y qué más! ¡La mirada que abrió la maravilla
de todo lo de afuera y todo lo de adentro,
ronda que durará para siempre en el mundo
cual una flor de luto, de pasión y de anhelo!

—...¡El bigote fragante de la boca de ascua,
el hombro perfumado de los suaves cabellos,
el alma triste que ha encerrado el alma de ella,
desteñida de amor, con aromas de incendio!—

---

[85] Carácter irracionalista del lenguaje amoroso.

¡Dicha que es en la vida miserable y difícil
como un oasis en un seco desierto,
ráfaga de la gloria que pasa por la carne
como algo inenarrable, encantado y eterno!

## II. TESORO

### 4

## CARTA
## A GEORGINA HÜBNER

### En el cielo de Lima[86]

> ...Pero ¿a qué le hablo a usted de mis
> pobres cosas melancólicas; a usted, a quien
> todo sonríe?
> ...con un libro en la mano, ¡cuánto he
> pensado en usted, amigo mío!
> ...Su carta me dio pena y alegría; ¿por
> qué tan pequeñita y tan ceremoniosa?

> *(Cartas de Georgina al poeta,*
> verano de 1904)

El cónsul del Perú me lo dice: «Georgina
Hübner ha muerto...»
                    ¡Has muerto! ¿Por qué?, ¿cómo?, ¿qué
                                                    [día?
¿Cuál oro, al despedirse de mi vida, un ocaso,
iba a rosar la maravilla de tus manos
cruzadas dulcemente, sobre el parado pecho,
como dos lirios malvas de amor y sentimiento?

---

[86] Aportaciones para la aclaración del episodio biográfico que da lugar al
poema se encuentran en el trabajo de G. Palau de Nemes, *Vida y obra de Juan
Ramón Jiménez*, Madrid, Gredos, 1974.

...Ya tu espalda ha sentido el ataúd blanco,
tus muslos están ya para siempre cerrados,
en el tierno verdor de tu reciente fosa
el sol poniente inflamará los chuparrosas...
Ya está más fría y más solitaria La Punta
que cuando tú la viste, huyendo de la tumba,
aquellas tardes en que tu ilusión me dijo:
«¡Cuánto he pensado en usted, amigo mío!...»

¿Y yo, Georgina, en ti? Yo no sé cómo eras,
¿morena?, ¿casta?, ¿triste? ¡Sólo sé que mi pena
parece una mujer, cual tú, que está sentada,
llorando, sollozando, al lado de mi alma!
¡Sé que mi pena tiene aquella letra suave
que venía, en un vuelo, a través de los mares,
para llamarme «amigo»..., o algo más..., no sé..., algo
que sentía tu corazón de veinte años!

—Me escribiste: «Mi primo me trajo ayer su libro...»
—Te acuerdas? —Y yo, pálido: «Pero... ¿usted tiene un
[primo?»

Quise entrar en tu vida y ofrecerte mi mano
noble cual una llama. Georgina... En cuantos barcos
salían, fue mi loco corazón en tu busca...;
yo creía encontrarte, pensativa, en La Punta,
con un libro en la mano, como tú me decías,
soñando, entre las flores, encantarme la vida!...

Ahora, el barco en que iré, una tarde, a buscarte,
no saldrá de este puerto, ni surcará los mares;
irá por lo infinito, con la proa hacia arriba,
buscando, como un ángel, una celeste isla...
¡Oh Georgina, Georgina!, ¡qué cosas!..., mis libros
los tendrás en el cielo, y ya le habrás leído
a Dios algunos versos...; tú hollarás el poniente
en que mis pensamientos dramáticos se mueren...:
desde ahí, tú sabrás que esto no vale nada,
que, salvando el amor, lo demás son palabras...

¡El amor!, ¡el amor! ¿Tú sentiste en tus noches
el encanto lejano de mis ardientes voces,
cuando yo, en las estrellas, en la sombra, en la brisa,
sollozando hacia el Sur, te llamaba: Georgina?
¿Una onda, quizás, del aire que llevaba
el perfume inefable de mis vagas nostalgias,
pasó junto a tu oído? ¿Tú supiste de mí
los sueños de la estancia, los besos del jardín?

¡Cómo se rompe lo mejor de nuestra vida!
Vivimos..., ¿para qué? ¡Para mirar los días
de fúnebre color, sin cielo en los remansos...,
para tener la frente caída entre las manos!,
para llorar, para anhelar lo que esté lejos,
¡para no pasar nunca el umbral del ensueño,
ah Georgina, Georgina!, ¡para que tú te mueras
una tarde, una noche..., y sin que yo lo sepa!

El cónsul del Perú me lo dice: «Georgina
Hübner ha muerto...»

               Has muerto. Estás, sin alma, en Lima,
abriendo rosas blancas debajo de la tierra...

Y si en ninguna parte nuestros brazos se encuentran,
¿qué niño idiota, hijo del odio y del dolor,
hizo el mundo, jugando con pompas de jabón?[87]

---

[87] Se hace preciso llamar la atención sobre la modernidad del discurso de
este poema, un discurso integrador, que suma voz propia y ajena, recuerdo y
meditación, pasado y presente, etc.; un discurso que anticipa técnicas claves
en la redacción de *Espacio*. En lo que al contenido se refiere, el final del poe-
ma da acogida a uno de los pasajes juanramonianos en que la expresión de ese
absurdo (radical y absoluto) que es la vida se hace explícito de manera más di-
recta y con las tintas más negras. Sobre la posible fuente inglesa de este final,
véase Howard T. Young, «Introducción» a *Laberinto*, Madrid, Taurus, 1982,
pág. 30.

221

## III. VARIACIONES INEFABLES

### 5

Se nubla: ¿Es que la luna se deshace en neblina?
¡Oh, qué tristeza! Todo se queda sin sentido...
¡Qué pequeño es el bosque! ¿Y las sombras? ¿Y aquel
sin fin de sueños de cristal de lo infinito?

Entre las dos orillas de arena sin verdores,
¡cuán pobremente se ilumina de oro el río!
Es un oro que surte de un borde gris de nube,
que casi no es luciente, ni dulce, ni amarillo...

¿Ha habido un cielo con estrellas, una tarde
morada y verde de comienzos de estío?
¿Subió una luna alegre, desnuda y encendida,
por una transparente atmósfera de lirios?

...La voz que surge da, sin eco, sobre el cielo,
y cae, ruiseñor muerto; ¡pobre suspiro!,
te creíste mariposa de ilusión y de oro
y eras tierra, eras plomo, eras... nada...

                                    ¡Qué frío!...
Se ve dónde se esconden los pájaros... ¿Secretos?
Ya no hay secretos, ¡ha concluido lo divino!
Estamos aquí todos, entre cuatro paredes,
¡sin saber qué hacer, ni para qué hemos venido!

¡Cruda es la vida y seca!... ¡Invierno sin salida,
viejo, ciego y cobarde!
                          ...¡Qué pequeño es el río!
¡El río aquel de las tardes de primavera,
suntuosamente plateado y amarillo![88]

---

[88] Ejemplo espléndido para observar cómo ha evolucionado y variado el tratamiento del paisaje en Juan Ramón. La atmósfera neblinosa es en este poe-

## 6

Entre nubes dramáticas, la luna de noviembre
camina, en una lucha de luces y de sombras;
una policromía vaga, velada y dulce,
se irisa, al paso errante de su carne radiosa...

Rasos azules, terciopelos malvas, sedas
de oro, gasas verdes, amarillentas blondas,
hacen en torno de ella paisajes ideales,
vanas tapicerías, tronos de reina loca...

Toda desnuda, surge, bañándose en un lago;
como una monja eterna, se oculta entre sus tocas;
es una rosa blanca en el fondo de un pozo,
un diamante en el borde de una nube alegórica...

Mano cándida y triste, pende de las barandas
celestes, sobre augustos damascos de la gloria;
...o es un muslo de diosa en un lecho revuelto,
o un pecho altivo de opulencia campeadora...

## 7

¡Vagos paisajes de la tarde, sobre el pueblo!
¡Campos verdes, con nubes amarillas y rojas,
caminos que se ven desde los miradores,
limpidez de las brisas entre las casas sórdidas!

---

ma idéntica a la de tantos otros escritos entre 1902 y 1904, pero su valor sim-
bólico ha variado, pues el paisaje ya no es la descripción objetivadora del alma
del poeta, sino una entidad con valor propio de la que arranca la *alegórica me-*
*ditación* que es el poema: sin los sueños, sin el presentimiento de una realidad
invisible tras la visible, el mundo se achica hasta el tamaño de una cárcel «en-
tre dos orillas».

Los ojos se extravían —negros, grandes, azules—
más allá de la carne, por cima de las cosas,
y se cargan de ansias y de llantos sin nombre,
con la nostalgia incomprensible de la hora...

¡Brumoso y malva, el mar piensa tras los pinares,
un humo sucio queda sobre las quietas frondas,
es un secreto eterno que vibra en nuestra alma,
que quisiera estallar como una inmensa rosa!


8

El pinar se diría el sexo de la noche;
unos labios sensuales en la brisa suspiran;
la luna es como un hombro de mármol; las estrellas,
ojos azules, líricos de ilusión y sonrisas...

Todo está abierto. Nada falta. Un esplendor
de gloria transparente, tibia y dulce, ilumina
las espaldas de piedra, los brazos inmortales,
los muslos opulentos, la testa de ceniza...

Cada secreto tiene su sorpresa y su encanto,
cual en la carne de una mujer desconocida,
y los besos se prenden en las flores de sombra,
innumerables como el placer que las codicia...[89].

---

[89] La personificación del paisaje en forma de mujer se apoya en la concep-
ción animista de la naturaleza: formas materiales tras las que se esconde un
alma secreta. Véase J. Wilcox, «Juan Ramón Jiménez: transformación y evolu-
ción poética en cuatro temas fundamentales en su obra», *CHA,* 376-378
(1981), pág. 187.

## IV. SENTIMIENTOS MUSICALES

### 9

Como en un río quieto, en el papel, la frente
     refleja, triste, las palabras,
que vibran en sus cielos, cual las notas de oro
     de un laberinto de campanas...

Notas que van formando, luz a luz, son a son,
     rosa a rosa, lágrima a lágrima,
no sé qué arquitectura encendida y cantante,
     ablandada de luna de alma...

Fin sin fin de una rota armonía sin nombre,
     jamás, en la idea, apagada...;
hojas secas, cristales de color, rosas únicas,
     que, entre la sombra, se entrelazan...

Algo del más allá, que llega hasta la vida
     por una senda de nostalgia,
cual una estrella errante, que en los cielos del sueño
     derramase un polen de plata...[90].

## V. NEVERMORE

### 10

Exaltación.

La misma luz que un día nos uniera,
cual en un ramo alegre y encendido,
nos separa esta loca primavera
de llanto, de cenizas y de olvido.

---

[90] De nuevo un texto que, desde la reflexión sobre la escritura, da profundidad al discurso lírico en que se inserta. En este caso concreto, el texto alumbra la concepción de la poesía como camino para hacer llegar a la vida *algo del más allá*.

Y en este cielo azul en que eran de oro
puro las mariposas luctuosas,
a través de las lágrimas que lloro,
son negras, hoy, las áureas mariposas...

¡Ay blancura de almendro, cuál te entierras
en lodazales agrios! ¡Ay mirada
transparente y celeste, que te cierras,
rencorosa y glacial como una espada!

...¿De dónde viene el viento que deshoja
las rosas del amor? ¿Qué mano umbría
hace mala la sangre dulce y roja
del corazón en paz de la alegría?

¿Cómo el abrazo cálido y entero
es el alba de absurdos desencantos?
¿Lo bueno, lo leal, lo verdadero,
por qué encierra ya en sí lutos y espantos?

¿Vive en un mismo ser, en igual hora
lo noble y lo ruin? ¿Los besos esos
por los que, a veces, sin razón se llora,
tienen ya en sí las espinas de los besos?

¡Muerte que eres la esencia de lo vivo,
perseguidora de ingastable fierra,
que en el mismo cenit del sol altivo
acechas, en tu nido de la tierra!

¿En dónde está la lanza que te abra
tu corazón de sombra, que partiera
en tu nada sin sangre, tu macabra
seguridad de reina venidera?

...¡Oh gracia rota! ¡Oh sueño azul deshecho
ante la misma lira estremecida
que lo hiciera nacer del claro pecho
en la aurora radiante de la vida!

## VI. OLOR DE JAZMÍN

### 11

En camisa pareces un jazmín... Por tu carne
morena hay olor de jardín soleado...
Son como dos serpientes que salen, entre rosas,
los chorros apretados y tibios de tus brazos.

Tu pasión enervante, doliente y prolongada,
evoca las livianas lujurias del verano;
en tus ojos profundos hay regueros de estrellas,
hay rumores de aljibe bajo tus pechos pálidos...

Igual que un oleaje crepuscular y ardiente,
tu carne de mimosa se levanta, arrullando,
y eres fugitiva cual un agua entre hierba
bajo el anhelo loco de las calientes manos...[91].

---

[91] En una visión de la mujer como naturaleza, Juan Ramón da acogida a
una aceptación —por fin nada problematizada— de lo femenino. Desde este
momento, la mujer —superado el sentimiento de pecado que Juan Ramón li-
gaba a su desnudez— funciona en la obra del moguereño como un símbolo
de gran operatividad. Véase, al respecto, A. Vilanova, «El ideal de la poesía en
J. R. J.», en VV.AA., *Juan Ramón Jiménez en su centenario, op. cit.,* págs. 293-296.

# 14
# Sonetos espirituales[92]

## I. AMOR

### 1

## MURO CON ROSA

Sin ti, ¿qué seré yo? Tapia sin rosa,
¿qué es a la primavera? ¡Ardiente, duro
amor; arraiga, firme, en este muro
de mi carne comida y ruinosa!

Nutriré tu fragancia misteriosa
con el raudal de mi recuerdo oscuro,
y mi última sangre será el puro
primer color de tu ascensión gloriosa.

¡Sí, ven a mí, agarra y desordena
la profesión injenua de tus ramas
por la negra oquedad de mis dolores!

---

[92] El estudio más completo y acertado de este libro es el de G. Torres Ne-
brera, «Para una lectura de los *Sonetos espirituales*», en *Juan Ramón Jiménez en su
centenario, op. cit.*, págs. 231 y ss. A él remito para el examen de la estructu-
ra del libro como cancionero amoroso, así como para la estructura caracterís-
tica del soneto juanramoniano.

Y que al citarme abril, en la cadena
me encuentre preso de sus verdes llamas,
todo cubierto de tus frescas flores![93].

2

NADA

A tu abandono opongo la elevada
torre de mi divino pensamiento;
subido a ella, el corazón sangriento
verá la mar, por él empurpurada.

Fabricaré en mi sombra la alborada,
mi lira guardaré del vano viento,
buscaré en mis entrañas mi sustento...
Mas ¡ay!, ¿y si esta paz no fuera nada?

¡Nada, sí, nada, nada! —O que cayera
mi corazón al agua, y de este modo
fuese el mundo un castillo hueco y frío...—

Que tú eres tú, la humana primavera,
la tierra, el aire, el agua, el fuego, ¡todo!,
...¡y soy yo sólo el pensamiento mío![94].

---

[93] Véase el comentario que de este poema hace Gregorio Torres Nebrera, art. cit., págs. 246-249. Especialmente pág. 247, n. 26.

[94] Frente a la *nada*, que Juan Ramón siente con aguda conciencia en todas las cosas —tierra, aire, agua, fuego—, se exhala el poder del pensamiento para erigir un espacio autónomo, libre, donde la *nada* carezca de todo poder. Este espacio es el de la propia conciencia, para expresar la cual nace el arte. Y, como R. Cardwell apunta, «el arte se convirtió en el único baluarte frente a la duda y los enigmas insolubles», cfr. «Los *borradores silvestres*...», art. cit., pág. 5. Sobre el tema del valor superior del mundo de dentro, frente al de fuera, véase el influjo del Kempis, señalado por G. Azam, *La obra de Juan Ramón Jiménez, op. cit.*

3

## RAMA DE ORO

Doliente rama de hojas otoñales
que el sol divino enjoya y transparenta,
cuando hurta el sol la nube, polvorienta
rama es, de miserias materiales.

Todas las maravillas inmortales
que la hoja de oro exalta y representa,
se las lleva la hora turbulenta
al centro de los senos celestiales.

Corazón: seco, vano y pobre nido,
en que los sempiternos resplandores
hallan, un punto, refuljente calma;

cuando el amor te deja en el olvido,
se truecan en cenizas tus fulgores
y es vil escoria lo que creíste alma[95].


4

## OCTUBRE

Estaba echado yo en la tierra, enfrente
del infinito campo de Castilla,
que el otoño envolvía en la amarilla
dulzura de su claro sol poniente.

---

[95] Desde la «Carta a Georgina Hübner», Juan Ramón mantiene que «salvando el amor lo demás son palabras». En este poema emerge la misma idea expresada a través de una estructura alegórica cuyo funcionamiento en Juan Ramón ha esbozado I. Paraíso, «Las alegorías de Juan Ramón», *A la luz* (1980-1981), págs. 25 y ss. Poema en la misma línea de «Muro con rosa».

Lento, el arado, paralelamente
abría el haza oscura, y la sencilla
mano abierta dejaba la semilla
en su entraña partida honradamente.

Pensé arrancarme el corazón, y echarlo,
pleno de su sentir alto y profundo,
al ancho surco del terruño tierno,

a ver si con partirlo y con sembrarlo,
la primavera le mostraba al mundo
el árbol puro del amor eterno[96].

## II. AMISTAD

### 5

### TRASTORNO

Nunca creí que el albo lirio fuera
efémero también. Yo no sabía
que el odio alimentara la alegría.
¡Invierno, te llamaron primavera!

¿Por qué la estrella altiva y pura era
el seco nido de la noche umbría?
¿La paloma inmortal cómo encendía
corvo pico de ave carnicera?

Pues aquel manantial, con su negrura
enlutecía el mar de la mañana.
El ruiseñor pudo asustar al hombre.

---

[96] Como recuerda el propio Juan Ramón (cfr. «Recuerdo a José Ortega y Gasset», *AO*, págs. 112-125), este soneto impresionó a los hombres de la Institución y desde luego no pasó desapercibido para el propio Ortega. Sus dos tercetos sintetizan a la perfección el meollo de la filosofía que preside el proyecto pedagógico de la Generación del 14.

I

Hablaba el niño con palabra impura,
el corazón era una gruta insana,
y la traición tenía un claro nombre.


## III. RECOGIMIENTO

### 6

### A MI ALMA

Siempre tienes la rama preparada
para la rosa justa; andas alerta
siempre, el oído cálido en la puerta
de tu cuerpo, a la flecha inesperada.

Una onda no pasa de la nada,
que no se lleve de tu sombra abierta
la luz mejor. De noche, estás despierta
en tu estrella, a la vida desvelada.

Signo indeleble pones en las cosas.
Luego, tornada gloria de las cumbres,
revivirás en todo lo que sellas.

Tu rosa será norma de las rosas,
tu oír de la armonía, de las lumbres
tu pensar, tu velar de las estrellas[97].

---

[97] Espléndido ejemplo de la *labor espiritualizadora del universo* a la que el Juan Ramón de la segunda etapa se siente destinado. Aunque con vacilaciones, cada vez se manifestará con menos fuerza el impulso a encerrarse en el castillo interior, y cada vez será mayor la conciencia de su responsabilidad hacia el mundo de fuera. Labor del hombre será —en opinión del poeta— captar todos los mensajes del misterio —«flechas inesperadas»— y enriquecer con ellos el significado de las cosas. Y el *arte* será su instrumento.

## 7

Se entró mi corazón en esta nada,
como aquel pajarillo, que volando
de los niños, se entró, ciego y temblando,
en la sombría sala abandonada.

De cuando en cuando, intenta una escapada
a lo infinito, que lo está engañando
por su ilusión; duda, y se va, piando,
del vidrio a la mentira iluminada.

Pero tropieza contra el bajo cielo
una vez y otra vez, y por la sala
deja, pegada y rota, la cabeza...

En un rincón se cae, al fin, sin vuelo,
ahogándose de sangre, fría el ala,
palpitando de anhelo y de torpeza[98].

## 8

### OTOÑO

Esparce octubre, al blando movimiento
del sur, las hojas áureas y las rojas,
y en la caída clara de sus hojas
se lleva al infinito el pensamiento.

¡Qué amena paz en este alejamiento
de todo, oh prado bello, que deshojas

---

[98] Véase este soneto a la luz de lo que Gustavo Correa llama «imágenes del vuelo ascensional de la conciencia», que comienzan a proliferar en la obra del moguereño desde este momento, cfr. «El mar y la poesía de conciencia en Juan Ramón», *CHA*, 376-378 (1981), págs. 246 y ss.

tus flores, oh agua, fría ya, que mojas
con tu cristal estremecido el viento!

¡Encantamiento de oro! ¡Cárcel pura,
en que el cuerpo, hecho alma, se enternece,
echado en el verdor de una colina!

En una decadencia de hermosura,
la vida se desnuda, y resplandece
la escelsitud de su verdad divina[99].

---

[99] Poema clave en la elaboración de la idea de *desnudez* —surgimiento de la esencia al caer el vestido de la materia—, que tendrá tanto relieve en la obra posterior del moguereño. Para la gestación de este concepto, véase A. Vilanova, «El ideal de la poesía desnuda en Juan Ramón Jiménez», art. cit.

# 15
## Estío[100]

### I. VERDOR
### 1

Subes de ti misma.
como un surtidor
de una fuente.

            No
se sabe hasta dónde
llegará su amor,
porque no se sabe
dónde está el venero
de tu corazón.

---

[100] Los *Sonetos espirituales* revelan ya una poética diferente a la de libros anteriores, pero sólo en *Estío* esta poética halla una expresión y una escritura adecuadas, cuyos rasgos esenciales ha sintetizado César Nicolás, en «Algunas claves de la obra poética de Juan Ramón Jiménez», en *Juan Ramón Jiménez en su centenario, op. cit.*, págs. 76 y ss. Las notas que siguen intentarán dar cuenta de algunos de los rasgos de esta nueva escritura.

—Eres ignorada.
eres infinita,
como el mundo y yo[101]—.


2

CANCIÓN DE DESPACHO

¡Qué buen hijo me dio a luz
aquella sombra! Lo que era
luna en mutilada cruz,
es sol en rosa primera.

Allí queda, en un montón
teatral, el romanticismo;
fuerte, ahora, el corazón
está mejor y es el mismo.

¿Recordar? ¿Soñar? ¡Querer!
¡Bien por la alondra de oriente!
¡No hay más que mirar y ver
la verdad resplandeciente![102].

---

[101] Ese *tú*, hacia el que se abren —en apelación, exclamación o interroga-
ción— casi todos los poemas del libro, ha sido por lo general mal interpretado.
I. Paraíso de Leal lo identificará con la mujer amada y, en consecuencia, po-
tencia la lectura de *Estío* como otro *diario de amor*. Cfr. *Juan Ramón Jiménez. Vi-
vencia y palabra*, Madrid, Alhambra, 1976, págs. 59-60. Y en la misma línea,
J. Wilcox, art. cit., pág. 187. Tal lectura es, a mi juicio, absolutamente errónea.
Ese *tú* es siempre el resultado de un desdoblamiento del *yo* en dos entidades
dialogantes: el cuerpo y el alma; o el yo temporal y el yo eterno; el yo presente
y el yo pasado... Leído así, *Estío* es algo más que escritura diarística.
[102] «*Mirar* y *ver* frente a *recordar* y *soñar*»: Toda una poética. Raro será, a par-
tir de ahora, el libro de poesía juanramoniano que no incluya varios poemas
de autocrítica o de reflexión literaria. Cfr. César Nicolás, «Algunas claves...»,
art. cit., págs. 79-80. En concreto, este texto nos remite a la conciencia por parte
de Juan Ramón de haber superado el *pathos* y la *tópica* románticos, y —junto
a ello— la reivindicación de la realidad como ámbito de esa «verdad» que an-
tes se buscaba en mundos aparte.

### 3

No os quitéis la pasión
del momento. Que el grito
de la sangre en los ojos
os rehaga el sentido
tierra, un punto, de fuego
sólo, sobre el sol ígneo.

¡No! Ciegos, como el mundo
en que miráis... lo visto,
cuando veis lo que veis;
tal vez con el instinto
uno y fuerte, un momento
vayáis hasta el destino.

Tiempo tendréis después
de alargar los caminos
vistiendo, hora tras hora,
el desnudo bien visto.

¡Con qué segura frente
se piensa lo sentido![103].

### 4

¿El cuerpo tiene más hambre,
o el alma?... ¿Y de qué? Si hago
el gusto del cuerpo, el alma
es la que ansía... ¿qué? Si, harto,

---

[103] De nuevo nos hallamos ante un poema que toma como objeto el motivo de la poesía y de la escritura poética. En este caso para reivindicar el papel del *instinto* y de la *pasión* en la génesis poética. Pero hay algo más: el valor de los elementos citados reside en su poder para *iluminar* zonas de la realidad a las que a la «frente» le está negado el acceso.

hago lo que el alma quiere,
anhela el cuerpo... ¿qué? Hastiado
el cuerpo, el alma es de oro:
el alma, el cuerpo es el áureo.

¡Amor del alma y del cuerpo!
¡Cuándo ¡ay! llegará, cuándo,
la luna de miel eterna
de los dos enamorados![104].

5

## ¡SÍ!

Mediodía solitario.

Dejé el sí que lo enterraran
desnudo, porque estuviese
siempre, siempre agujereando
¡hacia arriba! de la tierra de la muerte.

¡Sí! ¡Siempre sí! ¡Siempre alerta!
Tallo agudo que remueve
todas las piedras y abre
su áurea lengua permanente
en las hogueras
perenes
del pasado,
del presente,
del porvenir...
¡Siempre![105].

---

[104] Aspiración a resolver la vieja —en el poeta— dicotomía entre lo sensual y lo espiritual. Pero ahora nos hallamos ya muy lejos de la antigua problemática. Ahora la dicotomía no se plantea en términos morales, sino en términos metafísicos. Es una conciliación ontológica, y no ética, la que se persigue.

[105] La actitud positiva ante la vida que revela este poema rompe con el autocomplacido recrearse en la tristeza y en el nihilismo de libros anteriores. Y revela cómo, junto a la nueva estética que ya he apuntado, una nueva ética sostiene la diferente escritura de este libro.

## AMANECER DE AGOSTO

¡Soles de auroras nuevas contra los viejos muros
de ciudades que aún son y que ya no veremos!

¡Enfermedad que sale, después de cobrar fuerzas,
otra vez al camino, para no ir a su término!

¡Mañana de tormenta, con un vasto arco iris
sobre el despierto fin del silencioso pueblo!

—*Se sabe que los vivos amados que están lejos,*
*están lejos; que están muertos los que están muertos;*—

¡Trenes que pasan por el sol rojoladrillo,
deslumbrados de sangre los tedios polvorientos!

—*que ya está para siempre, para siempre hecho aquello,*
*que no hay más que llorar, que ya no tiene arreglo;*—

¡Marismas que reflejan hasta un fin imposible
el carmín del naciente, en cauces medios secos!

¡Estancias que una víspera dejó abiertas, ahogadas
de rosas, ardientemente, por el oro primero!

—*la pureza despierta en bajo desarreglo,*
*con mal sabor la boca que ayer besaba al céfiro...*—

¡Amores que ya son y que el alba estravía!
¡Besos apasionados que al alba no son besos!

¡Campos en que una, antes, amó a otro; pinos tristes,
tristes veredas, llanos tristes, tristes cabezos!

...¡Eterno amanecer de frío y de disgusto,
fastidiosa salida de la cueva del sueño![106].

## III. ORO

### 7

¡Sufrimiento! ¡Solo así!
¿Para qué añadirte nada?
—Quien inventó el adjetivo
no era digno de su alma.—

¡Así solo! ¡Sufrimiento!
¡Destrozadas, mis entrañas,
como tierra de dolor,
te brotan, hoy la palabra!

### 8

Cielo rosa —al salir
a mí de mí, caído y alto—,
bajo el azul divino,
sobre el verdor mojado!

...¿Qué importan, cielo puro, las tristezas
de todo el día, los trabajos ácidos?
Con sólo alzar los ojos,
el corazón se encuentra en su palacio;

---

[106] Poema que cifra en un discurso integrador de descripción y meditación
el carácter inaugural de este poemario. La parte *descriptiva* recoge —como en
un mal sueño— toda una serie de motivos de la vieja poesía juanramoniana;
la parte *meditativa* abre la puerta al despertar, a la conciencia de haber salido y
cerrado el mundo poético anterior.

con sólo alzar los ojos
—¡tan fácil, sólo alzarlos,
y me quejé!—, con sólo alzar los ojos,
cuanto el hombre desea, y tiene Dios,
está en mi mano[107].


9

¿...?

Del cielo baja al corazón,
como un pájaro, el vuelo.
La divina emoción
lo hace volver —¡oh inspiración!—
como un pájaro, al cielo.


10

¡Lumbrarada de oro
que deshaces mi vista
un instante, y al punto
te disipas...!

¡Fragancia indefinible
que, pasando, acaricias
mi sentido, y te sumes
en la brisa...!

---

[107] Infinito, eternidad —«Cuanto el hombre desea, y tiene Dios»— están al alcance de la mano. El ansia de eternidad e infinito son, también, viejos en la poesía de Juan Ramón. Su inaccesibilidad —ya lo conocemos— es la causa de tanta «lágrima» en la obra de nuestro poeta: «las lágrimas —había escrito Baudelaire— son la señal de una naturaleza desterrada a la imperfección y que quisiera apoderarse inmediatamente, en este mundo, de un paraíso revelado», cfr. «Consideraciones sobre la raza de los poetas», en VV.AA., *El simbolismo*, Madrid, J. Tablate, 1984, pág. 29. Pero aquí todo ha variado: el *paraíso* se ve como posible aquí y ahora, con lo que la *tristeza* queda superada.

243

¡Maravillosa música
que en mi más hondo vibras,
y sin dejar recuerdo
       te marchitas...!

—*El alma no se mueve,*
*cosas indefinidas*
*la coronan en rondas*
       *de delicias;*

*como en sueños de niños,*
*hay ascensiones líricas,*
*con la luz, con la esencia y*
       *la armonía...;*

*va el afán esaltándose;*
*la carne está perdida;*
*la sombra —duele todo—*
       *loca, grita: —*

¡Luz, sé sol; sé, olor, rosa;
melodía, sé lira;
lira, rosa, sol, cumbre
       de mi vida![108]


11

Yo no sé cómo saltar
desde la orilla de hoy
a la orilla de mañana.

El río se lleva, mientras,
la realidad de esta tarde
a mares sin esperanza.

---

[108] Establecida la comunicación —como canta el poema anterior— entre el *cielo* (realidad invisible) y el *corazón*, se explican esos *instantes* de iluminación especial en que las cosas pierden su valor como cosas, para revelársele al poeta como esencias. Sobre la *poética del instante,* véase César Nicolás, «Algunas claves...», art. cit., págs. 98-99.

Miro al oriente, al poniente,
miro al sur y miro al norte...
Toda la verdad dorada
que cercaba al alma mía,
cual con un cielo completo,
se cae, partida y falsa.

...Y no sé cómo saltar
desde la orilla de hoy
a la orilla de mañana.

## 12

### CREPÚSCULO

¡Qué ardor en el rostro, qué hondo
resplandor —¿de dónde?— vivo!
Mi mejilla toda es fuego
de no sé qué astro encendido.

Se agranda el rojo hasta hacerme
igual que un enorme istinto,
o se queda del tamaño
de un corazón desvaído.

¡Siempre la desnudez única,
en costante dinamismo,
mandando imájenes plenas
hacia lo desconocido!

## 13

### OTOÑO

Quememos las hojas secas
y solamente dejemos
el diamante puro, para
incorporarlo al recuerdo,

al sol de hoy, al tesoro
de los mirtos venideros...

¡Solo a la guirnalda sola
de nuestro infinito ensueño,
lo ardiente, lo claro, lo áureo,
lo definido, lo neto![109].

## 14

### CONVALECENCIA

Solo tú me acompañas, sol amigo.
Como un perro de luz, lames mi lecho blanco;
y yo pierdo mi mano por tu pelo de oro,
caída de cansancio.

¡Qué de cosas que fueron
se van... más lejos todavía!
                              Callo
y sonrío, igual que un niño,
dejándome lamer de ti, sol manso.

...De pronto, sol, te yergues,
fiel guardián de mi fracaso,
y, en una algarabía ardiente y loca,
ladras a los fantasmas vanos
que, mudas sombras, me amenazan
desde el desierto del ocaso[110].

---

[109] Los materiales de la memoria, tan relevantes en la anterior poesía juan-ramoniana, pierden vigencia ahora, y en su nueva poética sólo tienen valor en tanto en cuanto materiales enriquecedores del presente; en tanto en cuanto esencias constitutivas del *yo presente*.

[110] Incluso el astro bajo el cual se alumbra esta poesía cambia de nombre: el *sol* pasa ahora a ocupar el lugar que antes tenía la *luna*, dando lugar con ello al desarrollo de una simbología de signo radicalmente diferente.

## 15

Cavaré desde la aurora.
Cuando en ocaso esté el sol,
la frente al ocaso, aurora
me será su esaltación.

Cavaré la roca dura
hasta que la sola flor
que saca del barro el cielo
me toque en el corazón.

## 16

### ¡SILENCIO!

No, no digáis lo que no he dicho.
Tu luna llena me lo tape, cielo inmenso,
en la noche solemne;
tú, río que lo sabes, sigue hablando
como quien no lo sabe, paralelo
en tu huir infinito
a mi secreto pensamiento yerto;
aunque lo cantes, pájaro,
yo solo sepa desde dentro
que lo cantas cual yo en abril te lo cantaba;
tú, rosa última, guárdalo en tus pétalos
como en mi corazón; llévalo tú
y déjatelo, viento...

¡No, no, no lo digáis!
Siga todo secreto
eternamente, mientras gira el mundo
soñando, nunca dicho ya por nadie,
con mi silencio eterno[111].

---

[111] Para un planteamiento general de la *poética del silencio* en Juan Ramón, remito a César Nicolás, art. cit., págs. 97-98.

# 16
## Diario de un poeta recién casado[112]

### I. EL AMOR EN EL MAR

#### 1

1 de febrero.

### SOLEDAD

En ti estás todo, mar, y sin embargo,
¡qué sin ti estás, qué solo,
qué lejos, siempre, de ti mismo!

---

[112] Dos espléndidos artículos sobre este libro me liberan del trabajo de hacer una reseña crítica del mismo. Me refiero a los trabajos de M. Ángel Pérez Priego, «El género literario de *Diario de un poeta recién casado*», y de J. Manuel Rozas, «Juan Ramón Jiménez y el 27: hodiernismo e irracionalismo en la parte central del *Diario*». Ambos aparecieron en el volumen colectivo *Juan Ramón Jiménez en su centenario, op. cit.*, págs. 101-120 y 149-169. El primero se ocupa de la estructura y el estilo del libro, examinado a la luz del género literario al que el poemario de Juan Ramón se adscribe. El segundo pasará revista a las aportaciones de la escritura juanramoniana a la historia de la poesía del siglo xx. No quiero cerrar esta nota sin recordar también el espléndido «Prólogo» de R. Gullón a su edición del *Diario* (Madrid, Taurus, 1982), donde encontramos un acertado planteamiento de la cuestión de la mezcla de verso y prosa que el libro de Juan Ramón lleva a cabo. En estos trabajos, el lector encontrará la bibliografía fundamental existente sobre el *Diario*.

Abierto en mil heridas, cada instante,
cual mi frente,
tus olas van, como mis pensamientos,
y vienen, van y vienen,
besándose, apartándose,
con un eterno conocerse,
mar, y desconocerse.

Eres tú, y no lo sabes,
tu corazón te late y no lo sientes...
¡Qué plenitud de soledad, mar solo![113]

2

4 de febrero.

Los nubarrones tristes
le dan sombras al mar.
                    El agua, férrea,
parece un duro campo llano,
de minas agotadas,
en un arruinamiento
de ruinas.

¡Nada! La palabra, aquí, encuentra
hoy, para mí, su sitio,

---

[113] *El mar,* con su eterno dinamismo, funciona en todo el libro como símbolo polivalente. Aquí lo es de la conciencia del poeta. Exactamente, en el permanente flujo y reflujo del mar ve objetivado Juan Ramón el permanente fluir, en su conciencia, de pensamientos que pugnan por lograr un imposible autoconocimiento. Vivir es una inacabable pugna por convertir la existencia en conciencia; por dar a *luz* al *yo esencial,* a partir del *yo existencial.* Nos remite esta concepción de la vida a la filosofía idealista, pero conviene advertir que ahora se trata de un idealismo no trascendentalista. Cfr. Josefa Guerrero Hortigón, «El mito de Narciso en Juan Ramón», *CHA,* 376-378 (1981), pág. 427; también, de Gustavo Correa, «El mar y la poesía de conciencia en Juan Ramón», *CHA,* 376-378 (1981), págs. 241-258.

Zenobia en el corral de la hoy Casa Museo Zenobia y Juan Ramón, en Moguer.

como un cadáver de palabra
que se tendiera en su sepulcro
natural.

¡Nada![114].

3

5 de febrero.

## MAR

Parece, mar, que luchas
—¡oh desorden sin fin, hierro incesante!—
por encontrarte o porque yo te encuentre.
¡Qué inmenso demostrarte,
en tu desnudez sola
—sin compañera... o sin compañero
según te diga el mar o la mar—, creando
el espectáculo completo
de nuestro mundo de hoy!
Estás, como en un parto,
dándote a luz —¡con qué fatiga!—
a ti mismo, ¡mar único!,
a ti mismo, a ti sólo y en tu misma
y sola plenitud de plenitudes,
...¡por encontrarte o porque yo te encuentre![115].

---

[114] El *Diario* es, ante todo, un libro de descubrimiento interior y de apropiación intelectual del universo. Doble conquista que se realiza, sobre todo, en la palabra. Aquí, la opaca y metálica consistencia del paisaje marino le revela al poeta el verdadero significado de la palabra *nada*. Si los nombres son una forma de revelación del ser, la palabra *nada* nos conduce sólo al hueco del ser.

[115] Insiste en este poema en la misma idea del poema «Soledad» (pág. 249). Pero, ahora, se matiza un aspecto que en el texto anterior sólo aparecía de forma implícita: la incesante lucha de todas las cosas —simbolizadas en el mar— por encontrar y conquistar su plenitud como esencias; así como, por ofrecerse en espectáculo a la contemplación de una *conciencia* que dé vida a tal plenitud con la palabra.

252

## 4

7 de febrero.

### CIELO

Te tenía olvidado,
cielo, y no eras
más que un vago existir de luz,
visto —sin nombre—
por mis cansados ojos indolentes.
Y aparecías, entre las palabras
perezosas y desesperanzadas del viajero,
como en breves lagunas repetidas
de un paisaje de agua visto en sueños...

Hoy te he mirado lentamente,
y te has ido elevando hasta tu nombre[116].

## 5

7 de febrero.

### ¡NO!

El mar dice un momento
que sí, pasando yo.

---

[116] Es la conciencia del poeta —el verbo *mirar* adquiere, en esta parte del *Diario,* un relieve extraordinario— la que, proyectada sobre las cosas, convierte las existencias en esencias. De acuerdo con la teoría platónica, poner nombre a las cosas existentes es un ejercicio de apropiación y de descubrimiento del universo como esencia. El nombre remite a la esencia, y no a la existencia de las cosas. Y sólo cuando el poeta las mira «lentamente», éstas se le revelan como esencia y se hacen merecedoras de su nombre. Cfr. G. Azam, *La obra de Juan Ramón Jiménez, op. cit.,* pág. 306. Sobre la dimensión «política» de esta filosofía, véase G. Azam, «Concepto y praxis en la política de JRJ», *CHA,* 376-378 (1981), págs. 363-364.

                        Y al punto,
que no, cien veces, mil
veces, hasta el más lúgubre infinito.

        No, ¡no!, ¡¡no!!, ¡¡¡no!!!, cada vez más
fuerte, con la noche...

                            Se van uniendo
las negaciones suyas, como olas,
—¡no, no, no, no, no, no, no, no, no, no!—
y, pasado, todo él, allá hacia el este,
es un inmenso, negro, duro y frío
¡no![117].


                        6

11 de febrero.

                    ¡SÍ!

        Delante, en el ocaso, el sí infinito,
al que nunca se llega.
                    —¡Sííííí!—
                            Y la luz
incolora,
se agudiza, llamándome...

        No era del mar... Llegados
a las bocas de luz que lo decían
con largor infinito,
vibra, otra vez, inmensamente débil
—¡sííííí!—,
en un lejos que el alma sabe alto
y quiere creer lejos, sólo lejos...

---

[117] Con el *Diario* Juan Ramón persigue —«la que viaja, siempre que viajo,
es mi alma, entre almas»— una visión, en profundidad metafísica, de su yo y
de la realidad. Pero esa «realidad invisible» tras la que camina el poemario de
Juan Ramón es una realidad esquiva, como revela este texto y como ha estu-
diado A. Sánchez Romeralo en el «Prólogo» a *La realidad invisible*, Londres, Ta-
mesis, 1983, págs. XXI-XXIV.


254

## II. AMÉRICA DEL ESTE

### 7

### SKY

Como tu nombre es otro,
cielo, y su sentimiento
no es mío aún, aún no eres cielo.

Sin cielo, ¡oh cielo!, estoy,
pues estoy aprendiendo
tu nombre, todavía...

¡Sin cielo, amor!
— ¿Sin cielo?[118].

### 8

Boston, Hotel Somerset,
14 de marzo, tarde, después de un día cansado.

### TÚNEL CIUDADANO

Blanco y negro, pero sin contraste. Blanco sucio y negro
sucio, con la hermandad de lo astroso. Arriba, el abundante,
el interminable intestino retorcido del humo de los trenes sin
tregua, que, a cada momento, todo lo quita y lo pone, en su
rodeo que hace caer mil veces la tarde, con su barroquismo
semiceleste, asesino que mata la luz cada vez que pasa un
tren. Abajo, la nieve en todo, dejando fuera piedras y casas
negras. Negros los árboles secos; negro el retrato de los cielos

---

[118] Léase a la luz de la nota 116. Para la filosofía del lenguaje que subyace a
este poema, véase M. Alvar, «Simbolismo e impresionismo en el primer Juan
Ramón», art, cit., págs. 396-398. Un buen comentario sobre este texto es el de
M. Coke-Enguidanos, *Word and Work..., op. cit.*, págs. 6-7 y ss.

en los redondeles líquidos que va teniendo la riachuela al deshelarse; negros los puentes, la boca del túnel, los ríjidos trenes que, antes de entrar en él, ya están dentro, como si alguno los borrase después de haberlos pintado al carbón. El humo y la nieve lo ennegrecen todo por igual, uno a fuerza de luto, otro a fuerza de nitidez. Nada da la sensación de que en parte alguna —dentro, encima, al borde— haya vida con pensamientos y sentimientos de colores, con sentidos corporales. ¿Quién ha visto aquí? ¿Quién ha oído? ¿Quién ha olido, gustado ni tocado? Todo es confuso, difuso, monótono, seco, frío y sucio a un tiempo, negro y blanco, es decir, negro, sin hora ni contajio. Algo que está, pero que no se tiene ni se desea, que se sabe que no se ha anhelado nunca y que nunca se recordará sino en el indiferente e involuntario descuido del sueño difícil[119].

9

New York,
17 de marzo.

SUEÑO EN EL TREN

...NO EN EL LECHO

La noche era un largo y firme muelle negro. El mar era el sueño y llevaba a la vida eterna.

Desde las costas que dejábamos —inmensas y onduladas praderas con luna—, la jente toda del mundo, vestida de

---

[119] Tanto este texto, como los que inmediatamente le siguen, remiten a esa escritura próxima al reportaje, que Saúl Yurkievich estudia como característica de un aspecto del modernismo por lo general olvidado. Cfr. *Celebración del modernismo, op. cit.,* pág. 15. En los textos a los que ahora me refiero, Juan Ramón esboza —con técnica expresionista en muchos casos— la *mitología* de la moderna *civitas hominum:* el Hades, el viaje en la barca de Caronte, las sugestiones de las Circes, la resurrección de la primavera, pautan la escritura de los citados textos. Varios temas, que J. M. Rozas ha situado en el contexto justo, se entrelazan en el discurso puesto en pie por estas prosas: desmitificación del maquinismo, la dialéctica entre campo y ciudad, la problemática social del negro, la nota típica y costumbrista de la ciudad del futuro. Cfr. «Juan Ramón Jiménez y el 27», art. cit., págs. 152-157.

blanco y soñolienta, nos despedía con un rumor inmenso y entrecortado. Sí, sí, ¡Hurrah al caballo vencedor! Y se agitaban —New London— los pañuelos blancos, los sombreros de paja, las sombrillas verdes, moradas, canelas...

Yo iba de pie en la proa —¡desde esta tribuna se ve divinamente!—, que ascendía, aguda, hasta las estrellas y bajaba, honda, hasta el fondo de la sombra —¡buen caballo negro!—, abrazado estrechamente a... ¿a quién? No... A nadie... Pero... era alguien que me esperaba en la estación y me abrazaba riendo, riendo, riendo, mujer primavera...

10

New York,
28 de marzo.

## IGLESIAS

En la baraúnda de las calles enormes, las iglesias, teatrales, livianas, acechan echadas —la puerta abierta de par en par y encendidos los ojos—, como pequeños y mansos monstruos medievales caricaturizados mal por un arquitecto catalanista. El raudo mirar sorprende, desde el tumulto, vagos colores de entrañas tristes. *«Hablamos de Cristo crucificado.»* *«Entra a descansar un punto, olvidado del bullicio mundanal!»* —como dicen los Jesuitas *«te abro esta puerta para que entres en la paz...»* Así rezan, con cristales de colores encendidos de noche, cual los demás anuncios, largos letreros en las frentes de sus complicadas arquitecturas, de colores, sectas y pretensiones diferentes. Pero no es posible entrar. ¿Cómo, siendo mayores que un juguete, entrar en él? Y son juguetes, las iglesias, de un gran escaparate.

New York,
4 de abril.

## PESADILLA DE OLORES

¡No! ¡No era el mar!... Pero ¡qué angustia! ¡Agua, flores, flores, aire —¿de dónde?—, Colonia! ¡Qué sueño envenenado y difícil! ¡Qué ahogo imposible y sin fin!

...Unas veces es olor a gallinero —¡oh angustiosa comida de nido del Barrio chino!—; otras, a literatura judía —¡oh actriz suicida!—; otras, a grasa de todas las latitudes... Es como si en un trust de malos olores, todos estos pobres que aquí viven —chinos, irlandeses, judíos, negros—, juntasen en su sueño miserable sus pesadillas de hambre, harapo y desprecio, y ese sueño tomara vida y fuera verdugo de esta ciudad mejor. Sí, es seguro que, en la noche de New York, un gran envenenador —el sueño extraviado de los miserables: ¡aquella cola del pan, en la lluvia de la una de la noche! —tiene comprado el sueño ¿buscador? de la policía. ¡Y ya pueden sonar, ligeros de ropa, los timbres de alarma de la desvelada primavera!

New York,
4 de abril.

## LA NEGRA Y LA ROSA

*(A Pedro Henríquez Ureña)*

La negra va dormida, con una rosa blanca en la mano —*La rosa y el sueño apartan, una superposición májica, todo el triste atavío de la muchacha: las medias rosas caladas, la blusa verde y trasparente, el sombrero de paja de oro con amapolas moradas.* —Indefensa con el sueño, se sonríe, la rosa blanca en la mano negra.

¡Cómo la lleva! Parece que va soñando con llevarla bien. Inconciente, la cuida —con la seguridad de una sonámbula— y es su delicadeza como si esta mañana la hubiera dado ella a luz, como si ella se sintiera, en sueños, madre del alma de una rosa blanca. —*A veces, se le rinde sobre el pecho, o sobre un hombro, la pobre cabeza de humo rizado, que irisa el sol cual si fuese de oro, pero la mano en que tiene la rosa mantiene su honor, abanderada de la primavera*—.

Una realidad invisible anda por todo el subterráneo, cuyo estrepitoso negror rechinante, sucio y cálido, apenas se siente. Todos han dejado sus periódicos, sus gomas y sus gritos; están absortos, como en una pesadilla de cansancio y de tristeza, en esta rosa blanca que la negra esalta y que es como la concienca del subterráneo. Y la rosa emana, en el silencio atento, una delicada esencia y eleva como una bella presencia inmaterial que se va adueñando de todo, hasta que el hierro, el carbón, los periódicos, todo, huele un punto a rosa blanca, a primavera mejor, a eternidad...[120].

13

New York,
9 de abril.

## ¡FUEGO!

*(A Mr. J. G. Underhill)*

Pero ¿es, mi querido amigo, que han hecho ustedes New York, espresamente para salvarla del fuego?

...Está enjaulada la ciudad en las escaleras de incendio, como un mueble viajero que fuese facturado en gran velocidad de aquí al antro plutónico. A los tres días, la obsesión es un incendio total de la imaginación del que renaciera

---

[120] Para la simbología de la *rosa*, véase César Nicolás, «Algunas claves en la obra poética de Juan Ramón Jiménez», art. cit., págs. 87-93.

nuestra idea a cada paso, igual que el Ave Fénix de la copla andaluza. El fuego es lo único que hace, por la ley, parar estas calles que andan. Su campaneo costante ahoga, ahoga, ahoga el cantar —esquilas y músicas— de la vida y de la muerte, como en un tercer estado que fuese el único y el decisivo. ¡Fuego!

La primavera asalta las escaleras de hierro, sin pensar que la pisarán todos los días huyendo en cueros, y que los cristales rotos a hachazos herirán, cada noche, su carne tierna. ¡Que me quiten de mi balcón la escalera mohosa y de mi pasillo la lanza roja, el hacha plateada y la cuerda! ¡Y que apaguen la sorda luz grana con su *Fire Escape!* Yo quiero tener en mi casa la primavera, sin posibilidad de salida. ¡Prefiero quemarme vivo, os lo aseguro![121]

### 14

Cuando, dormida tú, me echo en tu alma,
y escucho, con mi oído
en tu pecho desnudo,
tu corazón tranquilo, me parece
que, en su latir hondo, sorprendo
el secreto del centro
del mundo.

Me parece
que lejiones de ánjeles,
en caballos celestes
—como cuando, en la alta

---

[121] Al fondo, una visión muy modernista de Nueva York en la que se conjugan cierto grado de seducción por la vida urbana y un rechazo total del progreso entendido como puro maquinismo e industrialización supresores de lo natural. Darío fue uno de los primeros en poner de moda en literatura el tema de la ciudad de Nueva York como metáfora de esa doble y paradójica valoración de la vida a que me refiero. Cfr. S. Yurkievich, *op. cit.,* págs. 29-30. Para un estudio de la presencia de Nueva York en la literatura española de la época, véase el índice de J. M. Rozas, «Juan Ramón Jiménez y el 27», art. cit., págs. 152 y ss.

noche escuchamos, sin aliento
y el oído en la tierra,
trotes distantes que no llegan nunca—,
que lejiones de ánjeles
vienen por ti, de lejos
—como los Reyes Magos
al nacimiento eterno
de nuestro amor—,
vienen por ti, de lejos,
a traerme, en tu ensueño,
el secreto del centro
del cielo[122].

15

¿Sencillo?
                    Las palabras
verdaderas;
lo justo para que ella, sonriendo
entre sus rosas puras de hoy,
lo comprenda.

Con un azul, un blanco, un verde
—justos—,
se hace —¿no ves?— la primavera[123].

---

[122] Véase el agudo comentario que de este texto hace G. Torres Nebrera, «Presencia de Juan Ramón en la poesía de Pedro Salinas», en *Actas del congreso sobre Juan Ramón Jiménez, op. cit.,* págs. 571 y ss.

[123] La sencillez como norma ético-estética presidirá toda la poesía de esta segunda etapa. Véase de Juan Ramón Jiménez «Prólogo» a la *Segunda antología poética.* Pero *sencillez* que afecta tanto a la *expresión* como a la *mirada.*

New York,
21 de abril.

## EL ÁRBOL TRANQUILO

*(A Mr. Plimpton)*

Desde que está aquí la primavera, todas las noches venimos a ver este árbol viejo, bello y solitario. Vive en la primera casa de la Quinta Avenida, muy cerca de la que fue de Mark Twain, en este sitio grato en que la iluminación disminuye y el jentío, y se sale, como a un remanso, a la noche azul y fresca de Washington Square, en la que, como en su fuente, se bañan, puras las estrellas, apenas perturbadas por algún que otro anuncio triste y lejano —GERMANIAN— que no deslumbra la noche, barco remoto en la noche del mar.

Abril ha besado al árbol en cada una de sus ramas y el beso se ha encendido en cada punta como un erecto brote dulce de oro. Parece el árbol así brotado un candelabro de tranquilas luces de aceite, como las que alumbran las recónditas capillas de las catedrales, que velaran la belleza de este regazo de la ciudad, sencillo y noble como una madre.

Pasan junto a él y junto a mí, que estoy apoyado en su tronco, los ómnibus, lleno el techo de amantes que van, de Washington Square a Riverside Drive, a darse besos junto al río, un poco cerca de sus carnes. El árbol no se entera, y entre él —yo— y este sucederse de agrios colores, olores y rumores, se agranda la distancia como si fuera sólo todos sus inviernos de cerrado sueño, indiferente al voluble amor y sólo atento a lo que no se cambia. Y mis ojos, enredándose por sus ramas, son flor suya, y con él ven la noche alta, solo yo como él, que ha encendido, igual que mi corazón su sangre, su aceite puro, a la eterna realidad invisible de la única y más alta —y siempre esistente— primavera[124].

## 17

New York,
23 de abril.

## LA LUNA

*(A Alfonso Reyes)*

Broadway. La tarde. Anuncios mareantes de colorines sobre el cielo. Costelaciones nuevas: El Cerdo, que baila, verde todo, saludando con su sombrerito de paja, a derecha e izquierda. La Botella, que despide, en muda detonación, su corcho colorado, contra un sol con boca y ojos. La Pantorrilla eléctrica, que baila sola y loca, como el rabo separado de una salamanquesa. El Escocés, que enseña y esconde su whisky con reflejos blancos. La Fuente, de aguas malvas y naranjas, por cuyo chorro pasan, como en una culebra, prominencias y valles ondulantes de sol y luto, eslabones de oro y hierro (que trenza un chorro de luz y otro de sombra...). El Libro, que ilumina y apaga las imbecilidades sucesivas de su dueño. El Navío, que, a cada istante, al encenderse, parte cabeceando, hacia su misma cárcel, para encallar al istante en la sombra... Y...

—¡La luna! —¿A ver?— Ahí, mírala, entre esas dos casas altas, sobre el río, sobre la Octava, baja, roja, ¿no la ves...?

---

[124] Sobre la oposición naturaleza/ciudad maquinista, Juan Ramón levanta otra oposición, lo eterno/lo histórico. Si la primera oposición nos da la clave de selección de los motivos en torno a los que se desarrolla la escritura del *Diario*, la segunda remite a la raíz metafísica de la que emerge toda la poesía juanramoniana de este momento.

—Deja, ¿a ver? No... ¿Es la luna, o es un anuncio de la luna?[125].

## 18

### ¡VIVA LA PRIMAVERA!

New York, el marimacho de las uñas sucias, despierta. Cual de la luz las estrellas lúcidas, en el anochecer del cielo, van surjiendo, uno a uno, de la sombra, negros, los buques que la guardan, en cerco férreo, anclados en el Hudson turbio. El día va poniéndose en su sitio y recobra su teléfono en su oficina de Broadway.

En un anhelo, doblado por la aurora, de ser pura, viene la primavera, nadando por el cielo y por el agua, a la ciudad. Toda la noche ha estado, desvelada, embelleciéndose, bañándose en la luna llena. Un punto, sus rosas, aún tibias sólo, doblan la hermosura de la aurora, en lucha con el trust «Humo, sombra, barro, and C.º», que la recibe con su práctico. Pero ¡ay! se cae al agua, casi vencida. Ejércitos de oro vienen en el sol en su ayuda. La sacan desnuda y chorreante, y le hacen la respiración artificial en la estatua de la Libertad. ¡La pobre! ¡Qué encanto el suyo, tímida aún y ya vencedora!

El oro leve de las nueve le basta ya para ser reina. Sí. Los brotes sucios de los árboles de los muelles se sonríen, con una gracia rubia; cantan cosas de oro los gorriones, negros aún del recuerdo de la nieve, en las escaleras de incendio; los cementerios de las orillas estallan con leves ascuas el hollín, una banda rosa de oriente encanta los anuncios de las torres; repican,

---

[125] Espléndido ejemplo de la variedad de registros que convoca el discurso del *Diario:* desde el lirismo depurado de la canción hasta la escritura irracionalista próxima al surrealismo lorquiano, pasando por el barroquismo, expresionismo caricaturizador, etc. Sobre esa mezcla de registros ha escrito R. Gullón, «Prólogo», Juan Ramón Jiménez, *Diario de un poeta recién casado,* Madrid, Taurus, 1982, págs. 23 y ss. Para la presencia de elementos irracionalistas en la escritura del *Diario,* véase J. M. Rozas, «Juan Ramón Jiménez y el 27», art. cit., págs. 164 y ss.

confundidas, las campanas de fuego, las campanas de todas las iglesias...

¡Vedla! Ya está aquí, desnuda y fuerte, en Washington Square, bajo el arco, dispuesta a desfilar, por la Quinta, hasta el parque. Sus piernas desnudas inician, sin marchar todavía, el paso marcial. Inclina la cabeza. ¡Ya!

—¡Viva la Primavera! ¡Viva la Primaveraaa! ¡Viva la Primaveraaaaa![126].

## III. MAR DE RETORNO

### 19

10 de junio.

### EL MAR

Le soy desconocido.
Pasa como un idiota,
ante mí; cual un loco, que llegase
al cielo con la frente
y al que llegara el agua a la rodilla,
la mano inmensa chorreando
sobre la borda.
         Si le toco un dedo,
alza la mano, ola violenta,
y con informe grito mareante,
que nos abisma,
dice cosas borrachas, y se ríe,
y llora, y se va...

---

[126] *«El Diario de un poeta recién casado* es un viaje —escribe Rozas— que... culmina en la doble primavera, símbolo principal del libro (la estación y el amor), y en la ciudad del presente» (art. cit., pág. 158). Y, en efecto, así es. Pero habría que añadir que la primavera no es doble, sino multiple. La vivencia por parte del poeta del nacimiento de la primavera en esa ciudad mito que es Nueva York se cifra en una escritura abierta hacia las más variadas posibilidades de lectura: es la victoria de la belleza frente al maquinismo industrial, de la eternidad frente a la historia, de la realidad invisible frente a la visible, etc.

> A veces, las dos manos
en la borda, hunde el barco
hasta su vientre enorme
y avanza su cabeza, susto frío,
hasta nuestro minúsculo descuido.
>                               Y se encoje
de hombros y sepulta
su risotada roja en las espumas
verdes y blancas...
>                     Por doquiera
asoma y nos espanta; a cada instante
se hace el mar casi humano para odiarme.

Le soy desconocido.

20

13 de junio.

## ¡EL MAR ACIERTA!

No sé si es más o menos. Pero sé que el mar, hoy, es el mar. Como un orador sin paz, que un día llega a su plena esaltación, y es él ya para siempre, porque la ola de su fervor rompió su vaso, así hoy, el mar; como un pintor que acertase a dar en una sola pincelada la luz del color de la aurora primera; como un poeta que se hace en su alma una estrofa mayor que el mundo, así, hoy, el mar: como una primavera que abre su flor mayúscula...

Hoy el mar ha acertado, y nos ofrece una visión, mayor de él que la que teníamos de antemano, mayor que él hasta hoy. Hoy le conozco y le sobreconozco. En un momento voy desde él a todo él, a siempre y en todas partes él.

Mar, hoy te llamas mar por vez primera. Te has inventado tú mismo y te has ganado tú solo tu nombre, mar[127].

---

[127] Si el poema anterior nos hablaba de la incomunicación entre el poeta y el mar (del discurso irracional e ininteligible de este último), el presente texto

266

14 de junio.

## CONVEXIDADES

Vuelve el cielo su espalda,
vuelve su espalda el mar, y entre ambas desnudeces,
resbala el día por mi espalda.

Lo que en el día queda,
es lo que dicen todos todo.
Nuestros tres pechos ¡Dios! están abiertos
contra el todo de todos,
a lo que ignoran todos,
¡hacia todo!

22

15 de junio.

## MAR DESPIERTO

¡Oh, cuán despierto tú, mar rico,
siempre que yo, voluble y trasnochado,
salgo a mirarte; siempre
que yo, los ojos ojerosos,
salgo, a mirarte, cada aurora!

---

canta la total entrega del secreto del mar (del mar como esencia) al intelecto
del poeta. De la escritura de un poema a la de otro median tan sólo tres días,
de acuerdo con las fechas que los poemas llevan al frente. Y son estas transi-
ciones las que nos permiten leer el *Diario* en clave sicologicista. Pero, no obs-
tante, hay que apuntar que no es ésta la clave más acertada para leer el libro.

Tu corazón sin cárcel,
de todo tu tamaño,
no ha menester reposo;
ni porque desordenes
tu hondo y alto latir sin cuento,
te amedrenta la muerte
por ningún horizonte.

¡Cuál juegas con tu fuerza,
de todos los colores
de las horas!, ¡qué alegre y loco,
levantas y recoges, hecho belleza innúmera,
tu ardiente y frío dinamismo,
tu hierro hecho movimiento,
de pie siempre en ti mismo, árbol de olas,
y sosteniendo en tu agua todo el cielo!

¡Mar fuerte, oh mar sin sueño,
contemplador eterno, y sin cansancio
y sin fin, del espectáculo alto y solo
del sol y las estrellas, mar eterno!


23

15 de junio.

La luna blanca quita al mar
el mar, y le da el mar. Con su belleza,
en un tranquilo y puro vencimiento,
hace que la verdad ya no lo sea,
y que sea verdad eterna y sola
lo que no lo era.
                    Sí.
                        ¡Sencillez divina
que derrotas lo cierto y pones alma
nueva a lo verdadero!
¡Rosa no presentida, que quitara
a la rosa la rosa, que le diera
a la rosa la rosa!

16 de junio.

## LOS TRES

El gallardete, blanco,
se pierde en las estrellas mismas siempre.
Sólo estamos despiertos
el cielo, el mar y yo —cada uno inmenso
como los otros dos.
                    Hablamos, lentos,
de otras cosas, serena y largamente,
toda la madrugada...

El gallardete, blanco,
sigue, agudo en el viento, en las estrellas mismas,
en las estrellas de antes, que ya faltan
algunas...

            Canta el gallo
en la proa, y despiertan todos...
Sus últimas estrellas
recoje el cielo, sus tesoros
el mar, yo mi infinito,
y nos vamos del día luminoso
y venimos al día de la vida,
cerrados y dormidos.

17 de junio.

## ORO MÍO

*(A Manuel Machado)*

Vamos entrando en oro. Un oro puro
nos pasa, nos inunda, nos enciende,
nos eterniza.

¡Qué contenta va el alma
porque torna a quemarse,
a hacerse esencia única,
a trasmutarse en cielo alto!

...Sobre el mar, más azul, el sol, más de oro,
nos libra el alma, nos dilata
el corazón tranquilo
hasta la plenitud de lo increado.

¡Oro, oro, oro, oro, oro,
sólo oro y todo oro, no más que oro
de música, de luz y de alegría!

¡Ay, que torno a la llama,
que soy otra vez ya la lengua viva!

18 de junio.

## VIDA

Tu nombre hoy, mar, es vida.
Jamás palpitó nada así, con la riqueza sin orillas
de tu movible y lúcido brocado verdeplata,
blanca entraña y azul de la belleza eterna;
criadero sin fin de corazones
de los colores todos
y de todas las luces;
¡mar vivo, vivo, vivo, todo vivo y vivo sólo,
tan sólo y para siempre vivo, mar!

19 de junio.

## CIEGO

De pronto, esta conciencia triste
de que el mar no nos ve; de que no era
esta correspondencia mantenida
días y noches por mi alma
y la que yo le daba al mar sin alma,
sino en un amor platónico.
                              ¡Sí, inmensamente
ciego!

        Aunque
esta luna llena y blanca
nos alumbre, partimos las espaldas
del agua en una plenitud de oscuridades.
Y no vistos del mar,

no existimos por este mar abierto
que cerca nuestra nada de horizontes
verdes, resplandecientes e ideales.

Este miedo, de pronto...

## 28

19 de junio.

No sé si el mar es, hoy
—adornado su azul de innumerables
espumas—,
mi corazón; si mi corazón, hoy
—adornada su grana de incontables
espumas—,
es el mar.
Entran, salen
uno de otro, plenos e infinitos,
como dos todos únicos.
A veces, me ahoga el mar el corazón,
hasta los cielos mismos.
Mi corazón ahoga el mar, a veces,
hasta los mismos cielos[128].

---

[128] Los nueve últimos poemas constituyen un ciclo, cuya unidad de senti-
do queda reforzada por las fechas de escritura de los poemas. Un mismo estado
de conciencia (del 13 de junio al 19 del mismo mes), una misma vivencia ins-
piradora —auténtico centro de gravedad de todo el *Diario*— recorre estos
poemas: si en «¡El mar acierta!», asistimos a la aprehensión intelectual del mar,
en el texto que comienza «No sé si el mar...» el proceso se cierra —vencidos
los momentos de miedo y de duda a que remite «Ciego»— con la total iden-
tificación del poeta y mar como conciencia única. Se trata de un proceso in-
telectual, en el que el poeta —en diálogo con el mar y con el cielo («Los tres»)
e insatisfecho de esa realidad limitada a la que todos llaman todo («Convexi-
dades»)— busca a las cosas detrás o más allá de su realidad visible («La luna
blanca»). Y esta búsqueda intelectual rinde sus frutos en una vivencia de ple-
nitud («Vida»), que en el poema «Oro mío» se define en términos de «dilata-
ción» del corazón hasta abarcar la plenitud del mundo y la «fusión» con la
*esencia* del universo.

29

Sevilla,
23 de junio.

## CLAVELES

*(A José María Izquierdo)*

Este clavel, esta fuente grana de esencia, colma de su viva frescura sensual todo el color azul y oro de la tarde que, siendo azul y oro, es roja por dentro, como si tuviera alma de sangre y la trasparentara el sol poniente.

Es cual si yo tuviera en mi mano, dentro del cuerpo de Sevilla, cojido su corazón. Es como si todos los corazones de sus mujeres se hubieran hecho un solo clavel, este clavel que yo tengo en mi mano, del puesto verde de la calle de las Sierpes.

Este clavel es el mundo, que se ha hecho del tamaño de un clavel, digo, de Sevilla, que está prendida, clavel único, madre de claveles, sobre el pecho izquierdo de la naturaleza.

...La tarde va cayendo, y como una mantilla negra, el anochecer viene sobre Sevilla; y la luna, roja igual que un clavel, asoma entre su nuca, fresca con el río, y el cielo hondo de su pelo.

Sevilla,
23 de junio.

## ORILLAS NOCTURNAS

Un campo muy bajo, casi sin campo, terroso, gris, seco. Un cielo muy alto, cielo sólo, blanco. Un gran olor a heno, áspero abajo, purísimo arriba. ¿Se van a separar la tierra y el cielo?... Grillos y estrellas, enredados, atan el paisaje[129].

31

Moguer,
24 de junio.

## MADRE

Te digo al llegar, madre,
que tú eres como el mar; que aunque las olas
de tus años se cambien y te muden,
siempre es igual tu sitio
al paso de mi alma.

No es preciso medida
ni cálculo para el conocimiento
de ese cielo de tu alma;

---

[129] Este texto y el anterior aparecen, a primera vista, como literaturizaciones de un cuadro, de una escena. La realidad transformada en literatura, la realidad leída como un bellísimo capricho. Pero hay algo más, y estampa y cuadro funcionan como alegorías de sendas vivencias de orden metafísico: de un lado, la fusión de lo alto y lo bajo, lo material y lo espiritual; de otro, la presencia de la totalidad en cada una de las cosas, «la igualdad eterna que ata por dentro lo diverso de un racimo de armonía sin fin y de reiteración permanente», de la que habla Juan Ramón en el prólogo del *Diario (LP,* 203).

el color, hora eterna,
la luz de tu poniente,
te señalan ¡oh madre! entre las olas,
conocida y eterna en su mudanza.


32


Madrid,
3 de octubre.


## ELEJÍA

Ahora parecerás ¡oh mar lejano!
a los que por ti vayan,
viendo tus encendidas hojas secas,
al norte, al sur, al este o al oeste;
ahora parecerás ¡oh mar distante!
mar; ahora que yo te estoy creando
con mi recuerdo vasto y vehemente.


## V. RECUERDOS DE AMÉRICA DEL ESTE

33

## ¿EL CIELO?

New York.


Para ser de imitación, no está mal. Un poco yerto, desvaído y duro. —Estos pintores de anuncios son bastante buenos ¡caramba! ¡Más arriba! ¡Más arriba! ¡No se caen ustedes, hombres! ¡Más arriba, que todavía se huele la pintura y no se huelen todavía las primeras rosas eternas!


275

# TRANVÍA

New York.

Gafas. Pantorrillas de fieltro alto, arrugado y fangoso. (Van al baile y son ellas solas la pareja.) Gafas. Ningún ojo claro. Mandíbulas incansables —¡qué cansancio!— que mascan goma, sin fin. Gafas. Borrachos sin gracia, que hacen reír risas de mueca a todo un mundo de dientes de oro, plata y platino. Gafas. Amarillos, cobrizos y negros con saqué blanco, es decir, negro, es decir, pardo, y sombrero de copa de ocho... sombras. Gafas. ¡Cuidado! ¡Que me pisa usted los ojos! Mirada, digo, gafada sin vida. Gafas, gafas, gafas.

# LAS VIEJAS COQUETAS

New York.

Eva, Semíramis, Safo, Cleopatra, Agripina, Lucrecia Borgia, María Estuardo, Ninon de Lenclos... todas las viejas con historia de la llamada Historia, viven aquí, en la Sesta Avenida, su vida apartada, o en Grammercy Park, o en Brooklyn, discretamente, en pisos suaves a la moda del momento, que les arregla Miss Elsie de Wolfe o Miss Swift, de gracia, un poco recargados por ellas con ciertos recuerdos de época, salvados de saqueos, de naufragios, de quemas, de abandonos. En cualquier reunión de los últimos martes de la «Poetry Society» —«National Arts Club»— o en el «Cosmopolitan», o en el «Actors», están todas, con dientes de oro, afeitadas, arrugadas, pecosas, pañosas, cegatas, depilado el vello perdurable que, como es sabido, les crece, con las uñas, a los muertos; descotadas hasta la última costilla o la más prístina grasa, llenos hombros y espaldas milenarios de islas rojas y blancas, como un mapa de los polos.

Visten su ancianidad de náyade, con yerbas verdes en la calva, de Ofelia coronada, de Cleopatra, con la nariz de Pascal, de lo que sea preciso o impreciso, con todas las cosas posibles e imposibles —casullas españolas, dalmáticas indias, rusas, carnes paradisíacas— y se prenden en cualquier sitio flores de calabaza, malaquitas de a kilo, plumas de avestruz, de águila, de cuervo o de pavo real...

Desveladas siempre del sepulcro, y sin miedo de llegar tarde, o con lluvia o nieve, al piso 12 de sus cementerios, son las últimas que se retiran, pues conservadas en champagnes infinitos sus arrugadas arrugas empolvadas, son las preferidas de las sillas de desvelo. No se acuerdan, a tales horas, del Paraíso, ni de Babilonia, ni de Lesbos, ni de Alejandría, ni de Roma, ni de Italia, ni de Escocia, ni de París, que, por otra parte, ¡están tan lejos para volver de madrugada!; y se quedan con cualquier poeta cubista, robinsoniano o bíblico, quien les diga en mal verso libérrimo o en peor verso redondo inglés —endecasílabo de Pope— un epitafio galante, que les hace olvidar sus idiomas patrios, ya en ruinas entre los restos de sus dientes.

¡Qué terciopelos con espinas y qué cenizas con sedas! Pero sonríen a todos, como claves sin teclas, y coquetean con el chauffeur, con el portero o con el negro del ascensor y se alejan mirando. ¡Pero cualquiera va, a través de los siglos, con esta nieve, a sus sepulcros!

36

## DESHORA

New York.

«Abingdon Sq.» Dos de la madrugada. Una farola de cristal negro con letras encendidas en blanco:

INASMUCH
MISSION

(Misión con motivo de...)

SERVICES AT 8 P. M.

Entre dos escaparates de pobres y aislados *grapefruits* y to-
mates, cuyos amarillos y carmines duermen un poco, tristes,
hasta mañana, una escalerilla sucia baja a una puerta humilde.
Todo en dos metros de espacio y encuadrado, como esquelas
de defunción, en madera de luto con polvo. Y en un cristal
de la puerta, con luz:

WHAT MUST I DO TO BE SAVED?
COME AND HEAR
REV. L. R. CARTER

(¿Qué he de hacer para salvarme? Ven a oír al Rev. L. R. C.)[130]

---

[130] Los últimos poemas, pertenecientes a la sección que cierra el *Diario* (es
crita ya en España), levantan, sobre el recuerdo de lo visto y vivido durante la
estancia en tierras americanas, una expresiva caricatura literaria; caricatura que
funde la crítica ética con la estética, y que tiene que ver con la idea de progre
so material que Nueva York representa y a la que Juan Ramón se opone. So
bre el tema, véase Lily Litvak, *Transformación industrial y literatura en España
(1895-1905),* Madrid, 1981. A la crítica, por lo general, le ha costado trabajo
integrar esa última sección (escrita en un tiempo diferente y desde unas coor
denadas también diferentes) en una lectura coherente del *Diario.*

# 17

# Eternidades[131]

## 1

Intelijencia, dame
el nombre esacto de las cosas!
    Que mi palabra sea
la cosa misma,
creada por mi alma nuevamente.
Que por mí vayan todos
los que no las conocen, a las cosas;
que por mí vayan todos
los que ya las olvidan, a las cosas;
que por mí vayan todos

---

[131] También este libro ha conocido, en los últimos tiempos, un extraordinario aprecio crítico, lo que se ha traducido en trabajos que ofrecen ya una sólida base para su lectura. Especial relieve hay que otorgar al «Prólogo» de Víctor García de la Concha a la edición de *Eternidades* (Madrid, Taurus, 1981), así como al estudio de Miguel d'Ors, «Tiempo, muerte, salvación y poesía en *Eternidades*», en VV.AA., *Criatura afortunada*, Universidad de Granada, 1981, págs. 140 y ss. Si la idea de «salvarse de la muerte en la escritura» —como propone D'Ors— está en la génesis de la escritura juanramoniana de este momento, la edificación de un *yo último* y el enriquecimiento de la realidad con nuevas parcelas conquistadas a lo desconocido —como propone García de la Concha— son los dos sectores que pautan el discurso de este poemario. Sobre la brevedad y peculiaridad del discurso poemático de estos textos ha escrito A. García Velasco, «Título-poema como conjunto...», *CHA*, 376-378 (1981), págs. 457 y ss.

los mismos que las aman, a las cosas...
¡Intelijencia, dame
el nombre esacto, y tuyo,
y suyo, y mío, de las cosas![132].


2


EDGAR A. POE

Cuando te enciendes, faro de mi alma,
torre de ensueño,
y prendes en tu luz toda la vida
—*este doble silencio, mar y playa*—,
¡qué hermoso eres!

Luego, ¡qué triste
cuando estás apagado,
faro en el día, torre de ladrillo![133].

---

[132] Extraordinario y complejo —que no hermético— poema, que —junto a toda una serie de textos colocados al principio del libro— precisa la poética desde la que está escrito *Eternidades*. Para la lectura global del mismo, véase Víctor García de la Concha, «La forja poética de Juan Ramón Jiménez», *PSA,* CCLXII (1978), págs. 5-35, donde se ofrecen varias versiones del poema; también, A. Domínguez Rey, «Hacia una poética juanramoniana», *CHA,* 376-378 (1981), págs. 547-556. Para el valor que ha de dársele a la apelación a la *intelijencia*, véase A. Sánchez Romeralo, «Introducción» a Juan Ramón Jiménez, *La realidad invisible, op. cit.,* págs. XXVII-XXIX; para la identidad del *nombre exacto* con la *cosa misma*, remito al espléndido trabajo de M. Coke-Enguidanos, *Word and Work in the poetry of Juan Ramón Jiménez, op. cit.,* págs. 26-54; también M. Alvar, «Simbolismo e impresionismo...», art. cit., pág. 400. Para el estudio de la línea poética en la que se inscribe este poema, remito a Rogelio Reyes Cano, «*La callada palabra* de Juan Ramón Jiménez», *Actas del congreso de Juan Ramón Jiménez, op. cit.,* págs. 469 y ss. Véase también mi lectura del poema, en *Poética de Juan Ramón, op. cit.,* págs. 154-155.

[133] Poema que exalta la *plenitud del yo* como conciencia iluminadora —faro de mi alma— del universo. Juan Ramón define la poesía como «un venir a ser yo cada día en una nueva visión y una nueva expresión de *mí mismo* y *del mundo que yo veo»* (*TG,* 126). Y este texto define —como bien ha visto García de la Concha (prólogo cit.)— la doble dirección conceptual de *Eternidades:* el hacerse de un yo al volcarse hacia fuera en un proceso de apropiación del universo, un *yo superior* al *yo vulgar y cotidiano*, un *yo* entitativamente enriquecido por el *secreto del universo*.

### 3

¡No corras, ve despacio,
que adonde tienes que ir es a ti solo!

¡Ve despacio, no corras,
que el niño de tu yo, reciennacido
eterno,
no te puede seguir!

### 4

¡Olvidos de estos yos
que, un punto, creí eternos!

¡Qué tesoro infinito de yos vivos![134].

### 5

¡Mis pies! ¡qué hondos en la tierra!
Mis alas ¡qué altas en el cielo!
—¡Y qué dolor
de corazón distendido![135]—.

---

[134] En la dialéctica yo/mundo exterior, que este libro pone en pie, se halla implícita la idea —de origen krausista— de que el hombre es siempre un *hombre en sucesión* hacia una *perfección* que atribuimos a Dios, pero que no es otra cosa que el destino último de la humanidad. Vivir es permanente olvido del *yo alcanzado* ayer y permanente búsqueda de un *yo superior* para mañana. Conviene advertir, sin embargo, que este *devenir* en modo alguno puede ser calibrado en términos morales. Se trata de ser *más yo* (una entidad ontológicamente más rica), no de ser *mejor yo*. Y el camino para este enriquecimiento entitativo pasa por ampliación de la conciencia con la «eternidad» arrancada a lo inmediato y cotidiano.

[135] *Tierra* y *cielo* figuran aquí como símbolos de los polos de tensión que pautan el discurrir de la vida. Lo material y lo espiritual, lo temporal y lo eterno, las dos orillas (de que habla un poema de *Estío*) en que se ve obligado a vivir el poeta, un dios —ya lo he dicho en otro lugar— condenado a vivir como un mendigo.

## 6

¡Alegría del sueño,
a la que nunca dicha alguna cierta
ha llegado!

—¡Y qué triste alegría
diaria, esta
con que nos conformamos, olvidando
la otra, la otra, la otra;
que sabe, cada día, que no es más que
semilla vana de la flor del sueño!—

## 7

Todos los días, el cielo
vive en mis ojos, mas casi
nunca es Dios.

Todos los días, yo soy
yo, pero ¡qué pocos días
yo soy yo!

Todos los días me hablas,
mas ¡qué pocas veces te oigo
tu voz![136].

---

[136] Al igual que el anterior, da cuenta este poema de la existencia, más allá de lo cotidiano, de otra realidad; una realidad que solicita y reclama los ojos y los oídos, pero que —salvo en sueños— es rara vez visitada por el poeta, atado como está a una realidad temporal e histórica en la que *existe* y de la que le cuesta desasirse para *ser*.

8

¡Que se me cae el cielo!
¿Nadie? ¡Nadie!
                    —...¡Con qué trabajo trájico
pude medio ponerlo —techo triste— con su aurora
de grana y viento y oro,
medio clavado en las columnas huecas!

¡Ay, el cielo se cae,
hombre de mí![137]—.

9

¡Qué odio al mí de ayer!
¡Qué tedio del mañana
en que he de odiarme en hoy!

¡Oh qué montón de flores mustias
toda esta vida![138].

10

¡Tan bien como se encuentra
mi alma en mi cuerpo
—como una idea única
en su verso perfecto—,

---

[137] De acuerdo con el poema 171, el *cielo* funciona en este libro como símbolo de esa otra realidad suprasensible a la que aspira el poeta. Y el texto que ahora comento precisa que tal realidad se trata de una realidad creada, cuyo «arquitecto» es el poeta. La palabra no es, tan sólo, un medio de acceder a lo absoluto, a esa realidad invisible (A. Sánchez Romeralo, «En torno a la obra última de JRJ», *Actas del congreso de Juan Ramón, op. cit.*, págs. 77-78), sino también un instrumento para su realización.

[138] Sobre este odio al «mí de ayer» levanta Juan Ramón toda una poética del olvido que ha sido justamente analizada por M. Coke-Enguidanos, *Word and Work..., op. cit.*, págs. 71 y ss.

y que tenga que irse y que dejar
el cuerpo —como el verso de un retórico—
vano y yerto![139].


## 11

### UNIVERSO

Tu cuerpo: celos del cielo.
Mi alma: celos del mar.
—Piensa mi alma otro cielo.
Tu cuerpo sueña otro mar—.


## 12

### ETERNO

Vivo, libre,
en el centro
de mí mismo.
Me rodea un momento
infinito, con todo —sin los nombres
aún o ya—.
                    ¡Eterno!


## 13

Yo solo Dios y padre y madre míos,
me estoy haciendo, día y noche, nuevo
y a mi gusto.

---

[139] La reflexión metafísica de que dan cuenta los textos anteriores se existencializa en este poema, abriendo en *Eternidades* un frente distinto que, con minucia e inteligencia, ha analizado Miguel d'Ors, «Tiempo, muerte, salvación y poesía...», art. cit., págs. 150 y ss.

Seré más yo, porque me hago
conmigo mismo,
conmigo solo,
hijo también y hermano, a un tiempo
que madre y padre y Dios.

                      Lo seré todo,
pues que mi alma es infinita;
y nunca moriré, pues que soy todo.

¡Qué gloria, qué deleite, qué alegría,
qué olvido de las cosas,
en esta nueva voluntad,
en este hacerme yo a mí mismo eterno![140].


14

No dejes ir un día,
sin cojerle un secreto, grande o breve.
Sea tu vida alerta
descubrimiento cotidiano.

Por cada miga de pan duro
que te dé Dios, tú dale
el diamante más fresco de tu alma.


15

Ven. Dame tu presencia,
que te mueres si mueres
en mí... ¡y te olvido!

---

[140] Para este construir sobre el *yo histórico* un *yo eterno*, que merece el nombre de Dios, véase nota 134. El *yo último* construido día a día puede identificarse con Dios (es el *Dios Omega* del *Ideal de humanidad para la vida*, frente al *Dios Alfa* de las religiones judeo-cristianas), y, en consecuencia, el poeta que es su creador puede llamarse padre y madre de dios, de ese *yo último*, que a la vez es hermano e hijo del *yo temporal*.

¡Ven, ven a mí, que quiero darte vida
con mi memoria, mientras muero![141].


16

SUEÑO

La luna, que nacía, grande y oro,
nos durmió plenamente
en el paisaje de la primavera.

—El mundo era aquel sueño.
Estaba todo lo demás
abierto y vano—.
                        ¡Qué respetuosos
miraban los despiertos que pasaban!
Se quedaban estáticos
—sin poder irse hacia lo suyo—
en nuestro dormir hondo, que la luna
bordeó de oro y perla.

Mirándonos dormidos,
veían en las cosas
lo que nunca antes vieron.
Se les tornaban dulces
los labios, y se hacían
sus ojos infinitos.

—Las estrellas cojidas por nosotros,
en cuyo seno claro

---

[141] Espléndido poema, clave de toda la poética juanramoniana de este mo-
mento. Misión del poeta —escribe Juan Ramón— es «descifrar el mundo,
cantándolo» *(EEE,* 319). A la pugna de lo *desconocido* por revelarse, ha de res-
ponder el poeta convirtiendo tales chispazos de revelación en conciencia, en
obra escrita contra el olvido. Para el tema de la concepción de la poesía como
salvación contra la temporalidad, véase M. Coke-Enguidanos, *Word and
Work..., op. cit.,* págs. 16 y ss.; también, M. d'Ors, art. cit., págs. 151 y 156 y ss.

286

dormíamos,
temblaban en sus almas deslumbradas
por la luna—.

Soñábamos, soñábamos
para que ellos vieran[142].

### 17

Yo no soy yo.

Soy este
que va a mi lado sin yo verlo:
que, a veces, voy a ver,
y que, a veces, olvido.
El que calla, sereno, cuando hablo,
el que perdona, dulce, cuando odio,
el que pasea por donde no estoy,
el que quedará en pie cuando yo muera.

### 18

¡Oh, sí; romper la copa
de la naturaleza con mi frente;
ganar más luz al pensamiento;
definirlo en los límites
de lo que sacia!...
Y que me sea
el infinito que se quede fuera, como
esta calle, que el domingo
deja sola, callada y aburrida,

---

[142] A la reflexión sobre el qué es la poesía, que recorre todo el libro, se suma este texto que habla del para qué de la escritura poética. Un brevísimo aforismo del *Diario* puede considerarse el antecedente inmediato de este poema: «Sí. Aprenden de nuestro sueño a ver la vida. Basta» *(LP,* 368).

delante de mis ojos llameantes
a mi alma[143].


### 19

Está tan puro ya mi corazón,
que lo mismo es que muera
o que cante.

Puede llenar el libro de la vida,
o el libro de la muerte,
los dos en blanco para él,
que piensa y sueña.

Igual eternidad hallará en ambos.

Corazón, da lo mismo: muere o canta.


### 20

¡Palabra mía eterna!
¡Oh, qué vivir supremo
—ya en la nada la lengua de mi boca—,
oh, qué vivir divino
de flor sin tallo y sin raíz,
nutrida, por la luz, con mi memoria,
sola y fresca en el aire de la vida![144].

---

[143] Junto a la creación de un *yo último,* ampliación de los límites de la reali-
dad hasta alcanzar una realidad diferente y satisfactoria. La frente del poeta
contra toda visión limitada y limitadora del universo.

[144] Para el tema de la poesía, como escudo contra la muerte mediante la
eternización de la conciencia en la palabra, véase Miguel d'Ors, «Tiempo,
muerte, salvación y poesía en *Eternidades»,* art. cit., págs. 150-170.

# 18
# Piedra y cielo

## I. PIEDRA Y CIELO: 1

### 1

¡Qué inmensa desgarradura
la de mi vida en el todo,
para estar, con todo yo,
en cada cosa;
para no dejar de estar,
con todo yo, en cada cosa![145]

---

[145] Como muy bien ha visto Miguel d'Ors para *Eternidades,* uno de los ca-
minos de superación de la angustia ante la muerte pasa por la transformación
y asimilación del *yo* con la naturaleza; otro camino pasa por la apropiación in-
telectual del universo en la conciencia del poeta. Idéntica ansia de totalidad
guía ambas trayectorias, pero en este momento —las cosas cambian en *La es-
tación total*— la segunda vía será la preferida de Juan Ramón: el salvarse de la
muerte apropiándose la eternidad del universo va unido al realizarse el yo
como conciencia sin límites, cfr. «Tiempo, muerte, salvación y poesía en *Eter-
nidades*», art. cit.

289

## 2

## EL RECUERDO

### I

#### 1

Este istante
que ya va a ser recuerdo, ¿qué es?
Música loca,
que trae estos colores que no fueron
—pues que fueron
de aquella tarde de oro, amor y gloria;
esta música que va a no ser, ¿qué es?

#### 2

¡Istante, sigue, sé recuerdo
—recuerdo, tú eres más, porque tú pasas
sin fin, la muerte con tu flecha—,
sé recuerdo, conmigo ya lejano!
...¡Oh, sí, pasar, pasar, no ser istante,
sino perenidad en el recuerdo!

#### y 3

¡Memoria inmensa mía,
de istantes que pasaron hace siglos;
eternidad del alma de la muerte!
...¡Istante, pasa, pasa tú que eres —¡ay!—
yo!

Este istante, este tú,
que va ya a ser muriendo, ¿qué es?[146].


3

EL RECUERDO

II

1

¡No te vayas, recuerdo, no te vayas!
¡Rostro, no te deshagas, así,
como la muerte!
¡Seguid mirándome, ojos grandes, fijos,
como un momento me mirasteis!
¡Labios, sonreídme,
como me sonreísteis un momento!


2

¡Ay, frente mía, apriétate;
no dejes que se esparza
su forma fuera de su continente!
¡Oprime su sonrisa y su mirar,
hasta dejarlas hechas vida mía interna!

---

[146] En la poética de Juan Ramón —definida en *Piedra y cielo* en toda una serie de poemas que llevan como título «El recuerdo»— el *instante* poético es ese momento de iluminación en que la *eternidad* se revela dentro de la temporalidad. Detener estos momentos, fijarlos en el recuerdo por medio de la palabra, es construir sobre la vida la suma eternidad conseguida en instantes sucesivos.

### 3

¡Aunque me olvide de mí mismo;
aunque tome mi rostro, de sentirlo tanto,
la forma de su rostro:
aunque yo sea ella,
aunque se pierda en ella mi estructura!—

### y 4

¡Oh recuerdo, sé yo!
¡Tú —ella— sé recuerdo todo y solo, para siempre;
recuerdo que me mire y me sonría
en la nada:
recuerdo, vida con mi vida,
hecho eterno borrándome, borrándome![147].

### 4

¡Cómo no somos únicos!
¡Cómo nos engañamos, uno en otro, siempre,
con la sangre, mezclada,
del sentimiento! ¡Cómo ríe uno, cómo llora
con los otros!

¡Hilos sutiles
que quedáis, para atarnos unos a otros,
tras nuestro desatarnos;

---

[147] Complementando la idea del texto anterior, el recuerdo, rescatando momentos de la historia para la eternidad, amplía los límites y enriquece los contenidos de la conciencia, edificando sobre el *yo histórico* un yo resistente a la temporalidad.

para que no seamos nunca solos;
sonrisas, besos, lágrimas![148].

5

Riqueza de la noche,
¡cuántos secretos arrancados
de ti, cuántos por arrancarte;
—ninguno el tuyo, el nuestro, noche!—

¡Oh, goce inenarrable,
hundir la mano en tus entrañas,
remover tus estrellas!

Y... iluminosos roces
de otras manos que buscan sus tesoros![149].

6

¡Quién, quién, naturaleza,
levantando tu gran cuerpo desnudo,
como las piedras, cuando niños,
se encontrara debajo
tu secreto pequeño e infinito!

---

[148] Los que han querido leer la apelación del poeta a la «Inteligencia», en *Eternidades,* como el signo de la toma de postura por parte de Juan Ramón en favor de un *hermetismo intelectual* (cfr. M. Predmore, *La poesía hermética de Juan Ramón Jiménez,* Madrid, Gredos, 1973), olvidan poemas como éste, en los que el ansia de totalidad presente en toda la poesía de este momento se concreta en términos sentimentales. Es el sentimiento la fuerza que impulsa a ser —más allá de la individualización histórica de los entes— uno con todo lo otro, con todos los demás. Difícilmente esta poética, tan humana, admitiría una posibilidad de rehumanización.

[149] Explícitamente, este poema pone en pie la idea —de honda raíz romántica— de la poesía como medio de conocimiento metafísico, abierto a regiones de misterio a las que no es posible acceder a partir de la razón. Esta valoración de la poesía —implícita en toda la obra del poeta— tendrá especial fuerza en la etapa que ahora comentamos.

Todo el día
tengo mi corazón dado a lo otro:
de madre en rosa,
de mar en amor,
de gloria en pena...

Anocheciendo
*¡Habrá que ir ya por ese niño!—,*
aún él no se ha venido, ¡malo!,
del todo a mí *—¡Duérmete ya, hijo mío!—*
Y me duermo esperándolo sonriente,
casi sin él.

Por la mañana.
*¡No te levantes, hijo, todavía!—,*
¡qué grito de alegría, corazón
mío, un momento, antes de irte, en mí![150]

---

[150] La experiencia intelectual de la que hablan los textos anteriores, aparece
cantada aquí —tras la imagen del «niño distraído» —en términos de aliena-
ción del yo; alienación que emparentará esta experiencia con la de los místi-
cos y que explicará el porqué de la progresiva desviación del lenguaje juanra-
moniano hacia el territorio de lo que César Nicolás llama «sistemas semióti-
cos —la mística, la alquimia, el ocultismo...—, que aparecen como intertextos
inmediatos al sistema autónomo de signos verbales que constituye la obra
poética de Juan Ramón», cfr. «Algunas claves en la obra poética de Juan Ra-
món Jiménez», art. cit., pág. 94.

# 8

## ROSAS

### 1

Me andas por dentro,
mujer desnuda,
como mi alma.

Y es mi cuerpo, contigo,
como una larga galería májica,
que sale a un soleado mar sin nadie[151].

# 9

## CRISTALES

### 1

¡Afán triste de niño, aquel
afán de poseerlo
todo, de recrearme en todo, inmensamente,
gozando, en falso, mundos que creía de otros!
—...¡Y qué desidia mía,
sin el mundo de otros!—

### 2

Poco a poco, mi vida
fue adueñándose
del mundo que creía de los otros.

---

[151] Sobre la visión figurativa del alma como *mujer desnuda*, véase C. Nicolás,
«Algunas claves...», art. cit., págs. 82 y ss.

Las estampas aquellas de los libros,
fueron mar, tierra, cielo,
navegando, pisada, penetrado
por mí. El domingo lento —¡calle sola!—
del nostáljico pueblo, fue domingo
universal y alegre.

y 3

Hoy, alma, ¿qué no es mío?, ¿qué no es tuyo?
¿Qué verjas no se abren, qué muros no se rinden,
qué bocas no se llenan de palabras
para ti?
          ¿Y estás triste,
y necesitas persuadirte de este
dominio tuyo, retornando
a aquellos días, ¡ay!,
en que sólo tenías
la ventana, el afán loco y el libro?

10

¡Hermosura del alma
redonda y fuerte como un muslo,
como un pecho o un hombro:
con goce en su belleza
y confianza en su vida,
para saber que acaba en sí, que tiene
su fin en sí!
              ¡Ningún atajo
a nada! ¡Nada entre ella
y la vida! ¡Con vida suya, y centro en ella;
dispuesta, para cuando fuere,
a salir por los ámbitos sin nombre,
jirando, sola, como un astro![152].

---

[152] Véase nota 145.

## 11

### PERRO DIVINO

¡Aquí está! ¡Venid todos!
¡Cavad, cavad!

¡Mis manos echan sangre,
y ya no pueden más!

¡Aquí está!

¡Entre la tierra húmeda,
qué olor a eternidad!

¡Aquí está!

¡Oíd mi aullido largo
contra el sol inmortal!

¡Aquí está! ¡Venid todos!
¡Cavad, cavad, cavad![153].

---

[153] En la imagen del *perro aullando a la luna* plasmó el primer Juan Ramón, en varios poemas, la visión de sí mismo como poeta de la melancolía y de la queja metafísica. Sobre esta misma imagen —modificando sus elementos— construye ahora una nueva visión de sí mismo, como buscador del infinito y de la eternidad. Con su «Adentro», Unamuno había señalado el sentido en que debía orientarse la citada persecución de lo eterno, y en correspondencia a tal sentido se explica el verbo —*cavad*— aquí empleado por el poeta.

12

¡Tesoros del azul,
que un día y otro, en vuelo repetido,
traigo a mi tierra! ¡Polvo de la tierra,
que, un día y otro, llevo al cielo!

¡Oh, qué ricas las manos de la vida,
todas llenas de flores de lo alto!
¡Qué pura, cada estrella,
de quemar penas de la vida!
—¡Oh, yo, qué rico, regalando a todos
todo lo que recojo y cambio con mis sueños!—

¡Qué alegría este vuelo cotidiano,
este servicio libre,
de la tierra a los cielos,
de los cielos, ¡oh pájaro!, a la tierra![154].

13

Sí —dice el día—. No
—dice la noche—.

¿Quién deshoja esta inmensa margarita,
de oro, blanca y negra?

---

[154] A pesar de lo expuesto en la nota anterior, el camino seguido por Juan
Ramón nunca es unidireccional, sino que supone siempre un enriquecedor in-
tercambio entre lo «de dentro» y lo «de fuera». Como matiza el poema 201,
perteneciente a este mismo libro, el trabajo en el mundo interior enriquece la
visión del mundo exterior y le da profundidad a la mirada del poeta. «Con-
centrarse» es —como dirá el poema 208— el primer paso para sumirse en el
todo.

¿Y cuándo, di, Señor de lo increado,
creerás que te queremos?

14

## OCIO LLENO

DANTE

¡Qué descanso
tan lleno de trabajo dulce! ¡Qué horizonte
elástico, hasta el fin de lo infinito,
el de mi echado corazón sereno!

—Late, late profundo.
Cada latido suyo cava
una mina divina de tesoros
en mi alma.

¡Qué mirar, qué ver este
tan pleno, desde todo, contra todo,
descansando!

15

De pronto, me dilata
mi idea,
y me hace mayor que el universo.

Entonces, todo
se me queda dentro. Estrellas
duras, hondos mares,
ideas de otros, tierras
vírjenes, son mi alma.

Y en todo mando yo,
mientras sin comprenderme,
todo en mí piensa[155].


16

NOSTALJIA

¡Hojita verde con sol,
tú sintetizas mi afán:
afán de gozarlo todo,
de hacerme en todo inmortal!


17

¡No estás en ti, belleza innúmera,
que con tu fin me tientas, infinita,
a un sinfín de deleites!

¡Estás en mí, que te penetro
hasta el fondo, anhelando, cada istante,
traspasar los nadires más ocultos!

¡Estás en mí, que tengo
en mi pecho la aurora
y en mi espalda el poniente
—quemándome, trasparentándome
en una sola llama—; estás en mí, que te entro
en tu cuerpo mi alma
insaciable y eterna!

---

[155] El poeta va construyendo su *yo*, haciéndolo cada vez más dilatado a par-
tir de las imágenes ideales de un mundo subjetivizado. Y, en reciprocidad a lo
que recibe, él presta su conciencia al universo: él es la conciencia del univer-
so. La deuda, en este punto, con Unamuno ha sido puesta de relieve por
M. Coke-Enguidanos, *Word and Work.., op. cit.*, págs. 92-93.

# 19
## Poesía

### I

#### 1

#### DESVELO

Se va la noche, negro toro
—plena carne de luto, de espanto y de misterio—,
que ha bramado terrible, inmensamente,
al temor sudoroso de todos los caídos;
y el día viene, niño fresco,
pidiendo confianza, amor y risa
—niño que, allá muy lejos,
en los arcanos donde
se encuentran los comienzos con los fines,
ha jugado un momento,
por no sé qué pradera
de luz y sombra,
con el toro que huía—.

#### 2

Hablaba de otro modo que nosotros todos,
de otras cosas de aquí, mas nunca dichas
antes que las dijera. Lo era todo:
naturaleza, amor y libros.

Como la aurora, siempre,
comenzaba de un modo no previsto,
¡tan distante de todo lo soñado!
Siempre, como las doce,
llegaba a su cenit, de una manera
no sospechada,
¡tan distante de todo lo contado!
Como el ocaso, siempre,
se callaba de un modo inesperable,
¡tan distante de todo lo pensado!

¡Qué lejos y qué cerca
de mí su cuerpo! Su alma,
¡qué lejos y qué cerca
de mí!

...Naturaleza, amor y libro[156].

3

A veces, siento
como la rosa
que seré un día, como el ala
que seré un día;
y un perfume me envuelve, ajeno y mío,
mío y de rosa;
y una errancia me coje, ajena y mía,
mía y de pájaro.

---

[156] La peculiar codificación del discurso, en poemas como el presente, es la que ha permitido la atribución de la etiqueta de *hermetismo* para la poesía de Juan Ramón. Me parece claro, sin embargo, que en ningún caso el poeta trata de velar u ocultar su mensaje. A. Sánchez Romeralo, «Introducción» a *La realidad invisible, op. cit.*, págs. XXIX y XXX. La dificultad que poemas como este pueden ofrecer viene dada, exclusivamente, por la multiplicidad de niveles —«naturaleza, amor, libro»— hacia los que el poema apunta y en los que puede ser descodificado.

## 4

¡Concentrarme, concentrarme,
hasta oírme el centro último,
el centro que va a mi yo
más lejano,
el que me sume en el todo![157].

## 5

## INMORTALIDAD

Tú, palabra de mi boca, animada
de este sentido que te doy,
te haces mi cuerpo con mi alma[158].

## 6

¿Nada todo? Pues ¿y este gusto entero
de entrar bajo la tierra, terminado
igual que un libro bello?
¿Y esta delicia plena
de haberse desprendido de la vida,
como un fruto perfecto de su rama?
¿Y esta alegría sola
de haber dejado en lo invisible
la realidad completa del anhelo,
como un río que pasa hacia la mar,
su perene escultura?[159].

---

[157] Véase nota 154.

[158] Para la lectura y contextualización de este poema, remito a lo que ya dejé escrito en mi *Poética de Juan Ramón, op. cit.*, págs. 221-225.

[159] En este poema, Juan Ramón interpreta todo su trabajo en la consecución de la plenitud del *yo* como un triunfo sobre la muerte. Vivir es poner en

7

## FIESTA

Las cosas están echadas;
mas, de pronto, se levantan,
y, en procesión alumbrada,
se entran, cantando, en mi alma.

8

¿Cómo, muerte, tenerte
miedo? ¿No estás aquí conmigo, trabajando?
¿No te toco en mis ojos; no me dices
que no sabes de nada, que eres hueca,
inconciente y pacífica? ¿No gozas,
conmigo, todo: gloria, soledad,
amor, hasta tus tuétanos?
¿No me estás aguantando,
muerte, de pie, la vida?
¿No te traigo y te llevo, ciega,
como tu lazarillo? ¿No repites
con tu boca pasiva
lo que quiero que digas? ¿No soportas,
esclava, la bondad con que te obligo?
¿Qué verás, que dirás, adónde irás

---

pie, sobre la imitación de lo corporal, un *yo eterno* —«mariposa única de luz
sólo»— contra el que la muerte nada puede; morir es sólo abandonar los lí-
mites para formar parte del infinito. Textos como los aquí comentados anticipan
—incluso en la expresión— gran parte de la problemática de libros como *Es-
pacio* y *Animal de fondo*. Para el símbolo de la mariposa, véase con precaución,
I. Uzquiza, «Lectura y análisis de un poema de JRJ», en VV.AA., *Juan Ramón
Jiménez en su centenario, op. cit.*, págs. 259 y ss.

sin mí? ¿No seré yo,
muerte, tu muerte, a quien tú, muerte,
debes temer, mimar, amar?


9


¡Ese día, ese día
en que yo mire el mar —los dos tranquilos,
confiado a él; toda mi alma
—vaciada ya por mí en la Obra plena—
segura para siempre, como un árbol grande,
en la costa del mundo;
con la seguridad de copa y de raíz
del gran trabajo hecho!

—¡Ese día, en que sea
navegar descansar, porque haya yo
trabajado en mí tanto, tanto tanto!

¡Ese día, ese día
en que la muerte —¡negras olas!— ya no me corteje
—y yo sonría ya, sin fin, a todo—,
porque sea tan poco, huesos míos,
lo que le haya dejado yo de mí![160].


10


Canción, tú eres vida mía,
y vivirás, vivirás;
y las bocas que te canten
cantarán eternidad.

---

[160] Frente a la indefinición de otros poemas, en este texto Juan Ramón concreta como un «existir en la obra» la forma de eternidad propia de ese *yo* construido en la vida y salvado de la muerte. Miguel d'Ors, no obstante, ha puesto de relieve la precariedad con la que, en este momento, la idea de la eternización en la palabra funciona en la obra de nuestro autor, cfr. «Tiempo, muerte, salvación y poesía...», art. cit., pág. 164.

## 11

## LA MANO

### CONTRA LA LUZ

No somos más que un débil saco
de sangre y huesos,
y un alfiler, verdad, puede matarnos;
pero corre en nosotros la semilla
que puede dejar fuera de nosotros
la mariposa única,
de luz sólo y de sombra sólo y sólo nuestras,
sin piel, red ni armadura,
ni posibilidad de ser cazada
por nada humano ni divino;
el ser invulnerable,
inmaterial, tan largo como el mundo,
que colma, libre, lo infinito
y se sale de él a lo imposible.

## 12

Poder que me utilizas,
como médium sonámbulo,
para tus misteriosas comunicaciones;
¡he de vencerte, sí,
he de saber qué dices,
qué me haces decir, cuando me cojes;
he de saber qué digo, un día![161].

---

[161] La idea del poeta como voz instrumentada por un poder superior es de origen bíblico, adquiriendo especial relieve en el contexto romántico. Juan Ramón la formula de muy diversas maneras a lo largo de su obra: en unos casos, ese poder del que habla el poema se identifica con el yo obscuro del subconsciente (1.ª etapa); en otros —y en esa dirección apunta el presente texto— se identifica con el alma del universo, con la eternidad, que busca manifestarse a través de la palabra del poeta *(La estación total* y *Espacio)*.

## III

### 13

    ¡Corazón, imán ardiente
de entretiempo!
               —¡Dinamismo
elejíaco, que me pega,
en ardiente torbellino,
al costillar
amarillo
(hojas, carnes, luces, almas)
todo lo desconocido!—


## IV

### 14

    No se ve el agua.
—Pero en su presencia oscura
se baña
la desnudez eterna,
para la que el hombre es ciego.—

    Y este no verla que yo siento, fijo
en la noche que ya va verdeando
—¿noche interior, noche del mundo?—
es más que verla, es no saber
si se baña en el mundo o en mi alma
la desnudez eterna —la mujer
sola—,
para la que el hombre es ciego[162].

---

162 Véase la nota 149.

Cada hora mía me parece
el agujero que una estrella
atraída a mi nada, con mi afán,
quema en mi alma.


Y ¡ay, cendal de mi vida,
agujereado como un paño pobre,
con una estrella viva viéndose
por cada májico agujero oscuro!

Al lado de mi cuerpo muerto,
mi obra viva.
                    ¡El día
de mi vida completa
en la nada y el todo
—la flor cerrada con la abierta flor—;
el día del contento de alejarse,
por el contento de quedarse
—de quedarse por alejarse—, el día
de dormirse gustoso, sabiéndolo, por siempre,
inefable dormirse maternal
de la cáscara vana y del capullo seco,
al lado del eterno fruto
y la infinita mariposa!

## 17

### EPITAFIO IDEAL

¡Libro acabado,
caída carne mía,
labrador subterráneo de mi vida![163].

---

[163] Remito, para estos dos últimos textos, a lo que ha quedado escrito en las notas 158 y 160.

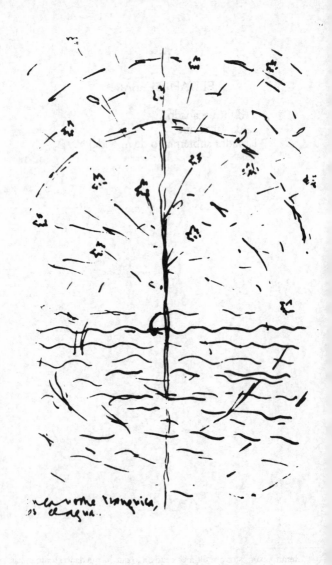

# 20
# Belleza

I

1

## LA TORRE ABIERTA

¡Qué goce, frente mía,
de las luces que has de encender,
como estrellas el cielo;
qué goce de las flores que has de abrir,
como edades la tierra, corazón!

Pensamientos, ¡oh vida!, sentimientos
que ya son míos aun sin ser
—¡qué goce ser el dueño de una cosa que no esiste—,
desconocidos aún y conocidos ya;
¡qué goce conocer, amar, sufrir,
cosas desconocidas todavía!

¡Qué júbilo, alba dulce,
que has de azular mil veces
las alas nuevas de mis ojos pensativos;

que has de alegrar mil veces al latir
nuevo de mi encerrado corazón![164].

2

¡Esta vida, que amo
más que mi vida —movimiento,
dentro de mí, de un yo inmortal, más yo
que yo—; que me hace
sombra y olvido, que me hace
afán y luz![165].

3

CEÑO

El istante, preñado
de mudos truenos imposibles,
se ha roto al fin, y...

¡Vedlo, vedlo; venid a verlo todos;
aquí, mirad aquí en la yerba fresca:
eran risillas —agua y sol— de niño![166].

[164] En otro lugar he hablado ya de la concepción juanramoniana del arte
como instrumento capaz de actuar enriquecedoramente sobre la realidad en
una doble dirección: construyendo sobre la realidad objetual una realidad de
orden superior, la realidad de los valores y de los significados; y, ampliando
los límites de lo conocido con los materiales conquistados por el poeta a lo
desconocido. A esta luz debe leerse «La torre abierta». Cfr. mi *Poética de Juan
Ramón, op. cit.*, págs. 144-145 y 226-238.
[165] Espléndido ejemplo de la idea juanramoniana en torno de esa dualidad
de *yos* que constituyen la vida del hombre: un *yo* dado (el yo mortal), sobre el
que hay que levantar un *yo* último en que, según la doctrina krausista, ha de
devenir el «hombre en sucesión». Véase nota 134.
[166] Véase nota 108.

4

¡Crearme, recrearme, vaciarme, hasta
que el que se vaya muerto, de mí, un día,
a la tierra, no sea yo; burlar honradamente,
plenamente, con voluntad abierta,
el crimen, y dejarle este pelele negro
de mi cuerpo, por mí!
                              ¡Y yo, esconderme
sonriendo, inmortal, en las orillas puras
del río eterno, árbol
—en un poniente inmarcesible—
de la divina y májica imajinación!

5

Me desperté debajo
del cielo, pobre techo
caído, negro y rojo de la noche y de la aurora,
con telarañas, tizos y animales.

Lo arreglé como pude, levantándome,
y, bajo su tenducho, aún un poco azul,
me fui a lo mío, lentamente.

Y a aquel arreglo le llamé mi día[167].

---

[167] Con la idea de un *yo último y eterno* que hay que construir sobre el *yo temporal,* se corresponde la idea de un mundo imperfecto e inconcluso, que el hombre ha de llevar a su cumplimiento (véase nota 165). La deuda con el krausismo es, también en este punto, importante.

6

Hay un yo que está durmiendo
—¡moscón fijo de la idea!—;
y hay un yo que está velando
para que yo no me duerma.


7

## LA MÚSICA

De pronto, surtidor
de un pecho que se parte,
el chorro apasionado rompe
la sombra —como una mujer
que abriera los balcones sollozando,
desnuda, a las estrellas, con afán
de un morirse sin causa,
que fuera loca vida inmensa.—

Y ya no vuelve nunca más
—mujer o agua—,
aunque queda en nosotros, estallando
real e inesistente,
sin poderse parar.

# 8

## CANCIÓN

Arriba canta el pájaro,
y abajo canta el agua.
—Arriba y abajo,
se me abre el alma—.

Mece a la estrella el pájaro,
a la flor mece el agua.
—Arriba y abajo,
me tiembla el alma—.

# 9

## ELASTICISMOS

¡Quise estirar tanto la hora,
en su delgada goma celestial,
que la hora se rompió; y por su agujero
—yo estaba ya si caigo,
si no caigo, en el borde adelgazado—,
vi un abismo, tan vano y tan complejo,
que me dejó la hora
encojida en mi loco ojo inmenso.

Y mi ojo venció, ¡mi ojo,
mi contrapeso eterno![168].

---

[168] Véanse notas 146 y 147.

## 10

### POSPRIMAVERA

¿Qué ser de la creación sabe el misterio;
el pájaro, la flor, el viento, el agua?
¡Todos están queriendo decirme lo inefable
—sólo verdad en la alegría
del alma con su carne, tan gozosas
de esperar, sin cansancio y sonriendo,
esta promesa múltiple de amor
inmenso e impotente,
alba eterna (y mejor
en su imposible afán) de un ¡pobre! día,
...que no se abrirá nunca!—


## 11

### MAR, OBRA, AIRE

¡Obra, ola leve e infinita,
conciencia dividida —y una—
de todos los momentos de mi ser!

¡Firme delicadeza
de istantes permanentes,
que habrás de resistir con tu cristal humano
—partido e integral como el diamante—,
el traqueteo y el silbido,
la vociferación y el golpetazo,
el eco y el empuje
del mundo este de los feos hombres!

¡Nada derrumbará ni aplastará
tus jigantescas rosas diminutas,
pájaro prodijioso;

corazonazo continente
de corazones incontables
—uno por cada hecho de mi vida—;
nada te quebrará las suaves alas
con las que subes, recta y rápida, al cenit,
ingrávida en tu inmensa pesantez,
más grande en cada ojo, en cada grito tuyo
que todo el universo![169].

## 12

### ALERTA

La tierra duerme. Yo, despierto,
soy su cabeza única.

¡Si ella pudiera,
con todo su tesoro malgastado,
obedecerme! ¡Si, de pronto,
la fuerza de una frente nueva —de mi frente nueva—
fuese mayor que la del cuerpo inerme!

—¡Día sereno
en que el insomnio de la frente nueva
pueda mover el mundo;
hacer que se despierte con la aurora,
dueño de la verdad libre y eterna!—

---

[169] M. Coke-Enguidanos ha subrayado el carácter *diarístico* de toda la escritura juanramoniana. La obra no es sólo el *soporte final* —el todo acabado—, en cuyo «cuerpo» el poeta confía para vencer la labor destructiva del tiempo y de la muerte; es, sobre todo, *obra en progreso* y, como tal, instrumento configurador de la puntual y sucesiva conciencia del poeta, cfr. *Word and Work...*, *op. cit.*, págs. 85 y 94 y ss. Véase, también, mi *Poética de Juan Ramón, op. cit.*, págs. 239 y ss.

13

¿Dónde está la palabra, corazón,
que embellezca de amor al mundo feo;
que le dé para siempre —y solo ya—
fortaleza de niño
y defensa de rosa?[170].

III

14

Las cosas dan a luz. Yo
las amo, y ellas, conmigo,
en arco iris de gracia,
me dan hijos, me dan hijos.

15

LA OBRA

¡Adiós, tú —yo, yo mismo—, que te quedas
—que me quedo, ¡qué bien!—, en tierra firme,
yéndome por la mar; seguro
contra muerte de agua!

---

[170] Muy vieja ya —a estas alturas de la obra de Juan Ramón— es la identificación de la belleza, verdad y bondad; lo que explica el poder que el poeta confiere al arte como forma de conocimiento y como instrumento ético. Esta identificación —de raigambre neoplatónica— llega a Juan Ramón por vía del krausismo, y desde 1914 orienta toda su escritura. No en vano sobre ella apoya Zenobia su argumentación —«¿Usted cree que sus versos hacen a alguien más bueno?»—, para hacer la crítica de la estética de los primeros libros del poeta.

¡Adiós tú —yo—!
                    ¡Con qué sonrisa
—como en un trueque májico de flores—,
nos separamos, el mortal —yo—, el padre
de mí, el hijo inmortal!


## 16

### CENIT

Yo no seré yo, muerte,
hasta que tú te unas con mi vida
y me completes así todo;
hasta que mi mitad de luz se cierre
con mi mitad de sombra
—y sea yo equilibrio eterno
en la mente del mundo:
unas veces, mi medio yo, radiante;
otras, mi otro medio yo, en olvido—.

Yo no seré yo, muerte,
hasta que tú, en tu turno, vistas
de huesos pálidos mi alma.


## 17

### LA OBRA

Día tras día, mi ala
—¡cavadora, minadora!,
¡qué duro azadón de luz!—,
me entierra en el papel blanco...

—Ascensión mía, parada
en futuros del ocaso!—

...¡De él, ascua pura inmortal,
quemado el sol de carbón,
volaré refigurado!

# 21
# La realidad invisible

## I. LA REALIDAD INVISIBLE: 1

### 1

### FELICIDAD

...Cantan pájaros únicos,
no sé si en estos árboles
o en los de la otra orilla —el paraíso—.
El aire tiende puentes,
de todo a todo;
y el corazón va y viene, en paz, por ellos,
loco, juguetón, libre.
¡Y qué olores lo pasan,
de flores conocidas
y desconocidas![171].

---

[171] La perfecta intercomunicación entre las dos orillas (la de la *realidad visible* y la de la *realidad invisible*) justifica el júbilo que rezuma este poema. Para el significado simbólico de las dos orillas, compárese este texto con el poema de *Estío* que comienza «Yo no sé cómo saltar», págs. 244-245 de esta antología.

## 2

## MAR IDEAL

### I

Ahogado en el perfume de las rosas de la orilla,
me deslumbra la luna, y oigo el mar. ¡Punta de tierra,
blanco brazo tendido, fin por donde sale,
en cita, inmaterial, el alma de la vida
al alma material del infinito!

### II

En el abrazo, yo. Pero ellos ¡ay!
hombre y mujer al fin,
no hacen caso de mí, en su inmenso éstasis,
que los miro fundirse, niño triste y ávido,
en plena eternidad de amor.

### III

Y huelo inmensamente, y miro, y oigo,
queriendo adivinar, con los sentidos
de par en par abiertos al instante,
el gran secreto.
Mas vida e infinito no hacen caso,
mujer y hombre, al fin, del niño triste.

### y IV

Enamorado, como un niño triste,
de la vida, mujer, sollozo solo, loco,
queriendo conseguir su amor con mi tristeza,

a la fuerza, a la fuerza
—¡qué odio al infinito!—;
y oigo, y miro, y huelo inmensamente[172].

## II: LA REALIDAD INVISIBLE: 2

### 3

### ESTRELLAS

Habla, habla. Mira, mira...
¡No, la voz no se estingue;
no, no se estingue la mirada!
Más allá, más allá, más allá siempre,
hablaremos y miraremos todos,
(después de muertos)
eternamente.

## III: APÉNDICE

### 4

### NOCTURNO

¡Noche confusa, honda y verde!
¡Qué gran belleza celeste!
Parece
que está Dios dudando hacerse
presente.
Parece
que el cielo quiere romperse,

---

[172] Como el anterior, celebra este texto el encuentro de la realidad visible y
la invisible, de lo finito con lo infinito, un encuentro del que el yo poético se
siente todavía desterrado.

de una vez, ser, libremente,
como un corazón alegre,
lo que esconde desde siempre,
desnudarse hasta sus mieles
y darse entero, cien veces.
¡Parece
que las luces indelebles,
rotas en millones de [equis],
van a hacerse
una sola luz, por siempre![173].

5

EL PRESENTE

¡Cómo me siguen
en fila interminable
todos los yos que he sido!
¡Cómo se abre el ante mí
en infinita fila
para todos los yos que voy a ser!
¡Y qué poco, qué nada soy yo
este yo, de hoy
que casi es de ayer,
que va a ser todo de mañana![174].

---

[173] Conforme va transcurriendo el tiempo, son cada vez más abundantes los poemas en que Juan Ramón canta el presagio de la revelación del todo, en las cosas, de lo infinito en lo finito; una revelación que se siente como inminente. En correspondencia con esta evolución, el esfuerzo cognoscitivo de la poesía de libros anteriores deriva, con mayor frecuencia cada vez, hacia el canto exultante. Cfr. A. Sánchez Romeralo, «Introducción» a *La realidad invisible, op. cit.,* págs. XXV-XXVII.

[174] Véase nota 169.

6

La intelijencia pone
sobre el instinto
su capa blanca de cuidada nieve,
y piensa, fría,
que la oración es blanca.
¡No, el que suplica
—debajo, y otra cosa—
verde, rojo, arraigado, es el instinto![175].

7

Volando, me perdí. Y era tan bello
aquel paraje ignoto
que se quedó mi alma
pegada en su imán puro de oro y brisa.
Nada llegaba allí. La flor moría
en plena castidad. El agua no era
manchada en su nacer frío. Las hojas
se hacían amarillas sin más ojos
que los del cielo.
                                    El sol
se iba cayendo. Una luz única
de un rosa inespresable contajiaba
mi alma perdida, en la rosada decadencia
de todo. Mi memoria
se me había perdido entre mis alas
y todos los caminos
salían sólo a mí.

---

[175] Sobre la función de estas dos facultades —instinto e inteligencia— en la concepción poética juanramoniana, véase mi *Poética de Juan Ramón, op. cit.*, págs. 312 y ss.

...Pero ¿me veis?
Si yo, volando, me perdí...[176].

8

No, se perderá. Lo que yo he dicho
bien, está ya en la vida
para siempre.
Como la norma de una rosa
que ha llegado a sí misma,
para todas las rosas venideras...
Perdidas las palabras
al viento del olvido,
un día, de otra lira
florecerá la estrofa
idéntica a la mía deshojada...

---

[176] Desde luego, este *yo que se ha perdido* nos recuerda mucho —con proximidad que afecta incluso a la expresión— la experiencia del místico. Pero este texto lo que canta no es la «salida» del alma hacia lo otro, sino el ensimismamiento del yo en el fondo de la conciencia.

# 22
# La estación total

## I. LA ESTACIÓN TOTAL: 1

### 1

### PARAÍSO

#### 1

##### LO QUE SIGUE

Como en la noche, el aire ve su fuente
oculta. Está la tarde limpia como
la eternidad.
              La eternidad es sólo
lo que sigue, lo igual; y comunica
por armonía y luz con lo terreno.

Entramos y salimos sonriendo,
llenos los ojos de totalidad,
de la tarde a la eternidad, alegres
de lo uno y lo otro. Y de seguir,
de entrar y de seguir.
                      Y de salir...

(Y en la frontera de las dos verdades
esaltando su última verdad,
el chopo de oro contra el pino verde
síntesis del destino fiel, nos dice
qué bello al ir a ser es haber sido.)


2


## LA OTRA FORMA


Hondo vaivén de sólidos y luces
traslada la estación de un sitio a otro.
Enmedio del viraje natural
¡qué hacer con nuestra loca vida abierta!

¿Verdor solar con apariencia eterna,
tierra en que duplicar con nuestra boca,
agua en que refrescar la vena viva,
poniente al que mirar en el descanso?

Ya no sirve esta voz ni esta mirada.
No nos basta esta forma. Hay que salir
y ser en otro ser el otro ser.
Perpetuar nuestra esplosión gozosa.

El ser que siempre hemos querido ser
(¿y en él quedarnos ya?) fuerza cerrada
de la embriaguez que nos echó en su seno.
Estatua ardiente en paz del dinamismo.

## EL OTOÑADO

Estoy completo de naturaleza,
en plena tarde de áurea madurez,
alto viento en lo verde traspasado.
Rico fruto recóndito, contengo
lo grande elemental en mí (la tierra,
el fuego, el agua, el aire) el infinito.

Chorreo luz: doro el lugar oscuro,
trasmino olor: la sombra huele a dios,
emano son: lo amplio es honda música,
filtro sabor: la mole bebe mi alma,
deleito el tacto de la soledad.

Soy tesoro supremo, desasido,
con densa redondez de limpio iris,
del seno de la acción. Y lo soy todo.
Lo todo que es el colmo de la nada,
el todo que se basta y que es servido
de lo que todavía es ambición[177].

---

[177] En prosa y en otro lugar, dijo Juan Ramón: «Cuando yo quiero volar,
no es para ir al cielo de este o el otro creyente, con un dios más o menos pa-
recido de especie a nosotros, sino para conocer lo más y mejor posible a este
universo que mis ojos ven desde dentro de él... y a cuyos infinitos mi con-
ciencia, inmensa como ellos, puede llegar» *(CI, 265)*. Negada la idea religiosa
de la *eternidad*, en este poema plasma Juan Ramón las dos formas de eternidad
posibles en el *aquí y ahora* de la historia: las dos formas de pasar de la *tarde* a
la *eternidad: a)* transformar el *yo temporal* —rompiendo su forma de hombre—
en naturaleza, apropiándose así de la eternidad de ésta. [Véase la lectura me-
tafísica que Juan Ramón hace del mito de Narciso. Cfr. Josefa Guerrero Hor-
tigón, «El mito de Narciso...», art. cit., e Isabel de Armas, «El narcisismo *ópti-
mo* de Juan Ramón Jiménez», *CHA*, 376-378 (1981), págs. 439 y ss.]; y *b)* apro-
piarse el universo convirtiéndolo en eterno mundo interior. Anulación y
plenitud, dos caras —como en la mística— de una misma experiencia de lo
eterno.

## OTRO DESVELO

### 1

### SER SÚBITO

En la revuelta claridad dudosa
del alba (luna humana casi aún)
se derramó brillando
rojo rosa amarillo, agudamente
y en súbita cascada de fulgor
venido de su centro, el alto sur,
por el aire y la tierra,
no sé qué fuego o agua.

(Tirando contra el suelo de los muertos,
dormía el medio mundo casi
desnudo, con la espalda
blanca y cruda sin ley y sin secreto.
Todo era
lo que era. A veces
se oía como un gran mujido
del mar cuando de pronto
la roca abre un crujir, desviación
de la tierra dormida por su órbita.)

Por la tierra y el aire,
no sé si agua o fuego.
Los ojos, entreheridos
de espinas, confusión
de la luz de su sueño y de la otra,
lo entrevieron, con forma, deslumbrados,
fuljente en las facetas
de las estrellas que están ya
en gotas de rocío.

No fue más. Ni el más leve
rastro (tizo o escoria)
en el fondo de nada.
Ni el más fluido
vuelo de nada por el ámbito
de todo. Ni, en su sitio,
el más vago revés de vida o muerte
tras el azogue del espejo
de lo espectral.

...Por el aire y la tierra,
no sé qué fuego o agua[178].

### 3

### HADO ESPAÑOL DE LA BELLEZA

Te veo mientras pasas
sellado de granates primitivos,
por el turquí completo de Moguer.

Te veo sonreír; acariciar, limpiar,
equilibrar los astros desviados
con embeleso cálido de amor;
impulsarlos con firme suavidad
a sostener la maravilla esacta
de este cuartel del incesante mundo.

(No sé si eres el único
o la réplica májica del único;

---

[178] Si en los libros de la etapa anterior asistimos a un proceso cognoscitivo
que tiene por objeto el descubrimiento de lo eterno en lo temporal, *La esta-
ción total* cambia el rumbo de la poesía de Juan Ramón, abriéndonos el cami-
no, ahora, a la vivencia y disfrute de dicha eternidad. Si antes la realidad invi-
sible —la eternidad, lo infinito...— se ofrecía como una realidad esquiva *(ma-
riposa* inalcanzable) al esfuerzo del poeta, ahora se le entrega —aunque en
raros «súbitos momentos»— gratuitamente, haciendo del poeta un visionario.
Y de *visionario* es también ahora la lengua en que tal fenómeno se expresa.

pero, uno entre dioses descielados tú,
solo entre carnes de ascensión,
sin leyes que te afeen la mirada
yo voy a ti porque te veo
trabajando belleza desasida,
en tus días sin trono,
en tus noches en pie.)

Te veo infatigable variando
con maestría inmensamente hermosa
decoraciones infinitas
en el desierto oeste de la mar;
te veo abrir, mudar tesoros,
sin mirar que haya ojo que te mire,
¡rey del gozo en la obra sola y alta,
hado inventor, ente continuador
de lo áureo y lo insólito![179].

4

ESPACIO

Tu forma se deshizo. Deshiciste tu forma.
Mas tu conciencia queda difundida, igual, mayor,
                              inmensa,
                    en la totalidad.

                              Y te sentimos
alrededor, en el ambiente pleno
de ti, tu más gran tú.

                    Nos miras
desde todo, nos sumes,

---

[179] Una de las más logradas definiciones de la concepción que Juan Ramón, en este momento, tiene del poeta y de la poesía.

amiga, desde todo, en ti, como en un cielo,
un gran amor,
o un mar[180].


5

## SU SITIO FIEL

Las nubes y los árboles se funden
y el sol les trasparenta su honda paz.
Tan grande es la armonía del abrazo,
que la quiere gozar también el mar,
el mar que está tan lejos, que se acerca,
que ya se oye latir, que huele ya.

El cerco universal se va apretando,
y ya en toda la hora azul no hay más
que la nube, que el árbol, que la ola,
síntesis de la gloria cenital.
El fin está en el centro. Y se ha sentado
aquí, su sitio fiel, la eternidad.

Para esto hemos venido. (Cae todo
lo otro, que era luz provisional.)
Y todos los destinos aquí salen,
aquí entran, aquí suben, aquí están.
Tiene el alma un descanso de caminos
que han llegado a su único final.

---

[180] Véase nota 177. Es este poema —desde el título mismo— una de las
más claras anticipaciones de la idea central de *Espacio*.


333

## POETA Y PALABRA

Cuando el aire, suprema compañía,
ocupa el sitio de los que se fueron,
disipa sus olores, sus jestos, sus sonidos
y vuelve único a llenar
el orden natural de su silencio,
él, a cuyo infinito alrededor se ciñen
la medianoche, el mediodía
(horizontes de ausente plata o más allá de oro)
se queda con el aire en su lugar,
dulcemente apretado por la atmósfera
de la azul propiedad eterna.

Puede olvidar, callar, gritar entonces dentro
la palabra que llega del redondo todo,
redondo todo solo;
que el centro escucha en círculo
resuelto desde siempre y para siempre;
que permanece leve y firme sobre todo;
la vibrante palabra muda,
la inmanente,
única flor que no se dobla,
única luz que no se estingue,
única ola sin fracaso.

De todos los secretos blancos, negros,
concurre a él en eco, enamorada,
plena y alta de todos sus tesoros,
la profunda, callada, verdadera
palabra,
que sólo él ha oído, oye, oirá en su vijilancia.
La carne, el alma unas de él, en su aire,
son entonces palabra:
principio y fin,

presente sin más vuelta de cabeza,
destino, llama, olor, piedra, ala, valederos,
vida y muerte,
nada o eternidad: palabra entonces.

Y él es el dios absorto en el principio,
completo y sin haber hablado nada;
el embriagado dios del suceder,
inagotable en su nombrar preciso;
el dios unánime en el fin,
feliz de repetirlo cada día todo[181].


## II. CANCIONES DE LA NUEVA LUZ

### 7

### EL CREADOR SIN ESCAPE

#### 1

#### EL EJEMPLO

Enseña a dios a ser tú.
Sé solo siempre con todos,
con todo, que puedes serlo.

(Si sigues tu voluntad,
un día podrás reinarte
solo enmedio de tu mundo.)

---

[181] El poeta es el intérprete y transmisor de la «callada palabra» que llega del redondo todo. Véase nota 161. Lo que allí se dijo podía complementarse con una idea que, implícitamente, apunta en los primeros versos de este poema: ese *todo* del que habla el poema se concreta aquí como la conciencia conseguida «de los que se fueron». Es la *conciencia total* de la humanidad la que se expresa a través del poeta.

Solo y contigo, más grande,
más solo que el dios que un día
creíste dios cuando niño[182].


## 8

### RENACERÉ YO

Renaceré yo piedra,
y aún te amaré mujer a ti.

Renaceré yo viento,
y aún te amaré mujer a ti.

Renaceré yo ola,
y aún te amaré mujer a ti.

Renaceré yo fuego,
y aún te amaré mujer a ti.

Renaceré yo hombre,
y aún te amaré mujer a ti.


## 9

### ROSA ÚLTIMA

—¡Cójela, coje la rosa!
—¡Que no, que es el sol!

La rosa de llama,
la rosa de oro,
la rosa ideal.

---

[182] De nuevo la idea de *dios* como último eslabón del eterno sucederse de
*yos* que es el poeta. Un *dios* del tamaño del *yo último*. Véase nota 140.

—¡Qué no, que es el sol!

—La rosa de gloria,
la rosa de sueño,
la rosa final.

—¡Que no, que es el sol!
¡Cójela, coje la rosa![183].

10

## UNA MUJER PARTIDA

No te has ido. Es que antes,
unidos cuerpo y alma,
estabas entre el mundo.

Y ahora (no te has ido),
alma y cuerpo distantes,
el mundo está entre ti.

11

## REINO PENÚLTIMO

1

### LA COPA FINAL

Contra el cielo inespresable,
el álamo, ya amarillo,
istala la alta belleza
de su éstasis vespertino.

---

[183] A través del diálogo, Juan Ramón, en este poema, contrasta dos maneras diferentes de mirar el mundo y, en definitiva, contrasta la superioridad de la *realidad mágica* sobre la *realidad visible*. Para los conceptos *realidad visible, realidad mágica* y *realidad invisible*, véase mi *Poética de Juan Ramón, op. cit.*, págs. 235-238.

La luz se recoje en él
como en el nido tranquilo
de su eternidad. Y el álamo
termina bien en sí mismo.

## 2

### ES MI ALMA

No sois vosotras, ricas aguas
de oro las que corréis
por el helecho, es mi alma.

No sois vosotras, frescas alas
libres las que os abrís
al iris verde, es mi alma.

No sois vosotras, dulces ramas
rojas las que os mecéis
al viento lento, es mi alma.

No sois vosotras, claras, altas
voces las que os pasáis
del sol que cae, es mi alma.

## 3

### HUIR AZUL

El cielo corre entre lo verde.
¡Huir azul, el agua azul!
¡hunde tu vida en este cielo
alto y terrestre, plenitud!

Cielo en la tierra, esto era todo.
¡Ser en su gloria, sin subir!
¡Aquí lo azul, y entre lo verde!
¡No faltar, no salir de aquí!

Alma y cuerpo entre cielo y agua.
¡Todo vivo de entera luz!
¡Este es el fin y fue el principio!
¡El agua azul, huir azul!


y 4

## REDONDEZ

Acariciar el hombro,
acariciar la ola,
acariciar la nube,
acariciar la roca,

La mano con la luz
sobre el alma con forma.
Melodía del tacto,
eternidad redonda.


## III. LA ESTACIÓN TOTAL: 2

### 12

## CRIATURA AFORTUNADA

Cantando vas, riendo por el agua,
por el aire silbando vas, riendo,
en ronda azul y oro, plata y verde,
dichoso de pasar y repasar
entre el rojo primer brotar de abril,
¡forma distinta, de istantáneas
igualdades de luz, vida, color,
con nosotros, orillas inflamadas!

¡Qué alegre eres tú, ser,
con qué alegría universal eterna!
¡Rompes feliz el ondear del aire,
bogas contrario el ondular del agua!

¿No tienes que comer ni que dormir?
¿Toda la primavera es tu lugar?
¿Lo verde todo, lo azul todo,
lo floreciente todo es tuyo?
¡No hay temor en tu gloria;
tu destino es volver, volver, volver,
en ronda plata y verde, azul y oro,
por una eternidad de eternidades!

Nos das la mano, en un momento
de afinidad posible, de amor súbito,
de concesión radiante;
y, a tu contacto cálido,
en loca vibración de carne y alma,
nos encendemos de armonía,
nos olvidamos, nuevos, de lo mismo,
lucimos, un istante, alegres de oro.
¡Parece que también vamos a ser
perenes como tú,
que vamos a volar del mar al monte,
que vamos a saltar del cielo al mar,
que vamos a volver, volver, volver
por una eternidad de eternidades!
¡Y cantamos, reímos por el aire,
por el agua reímos y silbamos!

¡Pero tú no te tienes que olvidar,
tú eres presencia casual perpetua,
eres la criatura afortunada,
el májico ser solo, el ser insombre,
el adorado por el calor y gracia,
el libre, el embriagante robador,
que, en ronda azul y oro, plata y verde,
riendo vas, silbando por el aire,
por el agua cantando vas, riendo![184].

---

[184] Canción plena de exaltación y júbilo que habla del descubrimiento del
*ser* —presente y eterno— en todos los entes de la naturaleza.

## LA CONQUISTA

Vuelve el ciclón lo verde del verano,
y un verde gris, intacto y plateoso,
jemelo de la nube y de la ola,
proclama la venida del oeste.

Está el oeste en el cenit. Perdido,
el sol no tiene sitio. Y una luz
de otro dios fija su hora, la culmina,
la impone a la memoria y al olvido.

De plata viva el mundo antes de oro,
pecho en la espalda, cambia de destino;
las rápidas centellas interiores
deciden su dinamia en el istante.

La alta revolución, el color otro,
la otra temperatura, el otro rayo,
trastornado el sentado clasicismo,
levantan las estatuas de la carne.

Y carnes van y vienen, deslumbrada
su calidad de estatuas de lo uno,
y representan su papel hermano
con decisión de dioses verdaderos.

El ser humano cobra su sentido,
la forma sabe para qué es su forma,
y, al nivel de las cimas más lejanas,
define la sustancia de su espíritu.

De su espíritu. El fuego, el agua, el aire,
la tierra son lo que más son. Y el alma,

que ha venido creándose en lo falso,
vive una hora su nivel más bello[185].


## 14

### MIRLO FIEL

Cuando el mirlo, en lo verde nuevo, un día
vuelve, y silba su amor, embriagado,
meciendo su inquietud en fresco de oro,
nos abre, negro, con su rojo pico,
carbón vivificado por su ascua,
un alma de valores armoniosos
mayor que todo nuestro ser.

No cabemos, por él, redondos, plenos,
en nuestra fantasía despertada.
(El sol, mayor que el sol,
inflama el mar real o imajinario,
que resplandece entre el azul frondor,
mayor que el mar, que el mar.)
Las alturas nos vuelcan sus últimos tesoros,
preferimos la tierra donde estamos,
un momento llegamos,
en viento, en ola, en roca, en llama,
al imposible eterno de la vida.

La arquitectura etérea, delante,
con los cuatro elementos sorprendidos,

---

[185] Contra todos aquellos que han querido ver en el sustrato idealista de la concepción juanramoniana del mundo cualquier atisbo de trascendencia (cfr. mi *Poética de Juan Ramón, op. cit.,* págs. 233 y ss.), este poema aclara extraordinariamente los términos y límites de tal idealismo: el mundo —en caprichoso, pero significativo trastorno— ya no gira de este a oeste, sino al revés; en el origen ya no está *logos* creador del universo. «El fuego, el agua, el aire, la tierra, son lo que más son», en tanto que el alma es el resultado final de esa conquista que es la vida. Dios ya no está en el origen, sino que es el destino final de esas «estatuas de carne» puestas en pie.

nos abre total, una,
a perspectivas inmanentes,
realidad solitaria de los sueños,
sus embelesadoras galerías.
La flor mejor se eleva a nuestra boca,
la nube es de mujer,
la fruta seno nos responde sensual.

Y el mirlo canta, huye por lo verde,
y sube, sale por el verde, y silba,
recanta por lo verde venteante,
libre en la luz y la tersura,
torneado alegremente por el aire,
dueño completo de su placer doble;
entra, vibra silbando, ríe, habla,
canta... Y ensancha con su canto
la hora parada de la estación viva,
y nos hace la vida suficiente.

¡Eternidad, hora ensanchada,
paraíso de lustror único, abierto
a nosotros mayores, pensativos,
por un ser diminuto que se ensancha!
¡Primavera, absoluta primavera,
cuando el mirlo ejemplar, una mañana,
enloquece de amor entre lo verde!

15

## MENSAJERA DE LA ESTACIÓN TOTAL

Todas las frutas eran de su cuerpo;
las flores todas, de su alma.
Y venía, y venía
entre las hojas verdes, rojas, cobres,
por los caminos todos
de cuyo fin con árboles desnudos
pasados en su fin a otro verdor,

ella había salido
y eran su casa llena natural.

¿Y a qué venía, a qué venía?
Venía sólo a no acabar,
a perseguir en sí toda la luz,
a iluminar en sí toda la vida
con forma verdadera y suficiente.

Era lo elemental más apretado
en redondez esbelta y elejida:
agua y fuego con tierra y aire,
cinta ideal de suma gracia,
combinación y metamórfosis.

Espejo de iris májico de sí,
que viese lo de fuera desde fuera
y desde dentro lo de dentro;
la delicada y fuerte realidad
de la imajen completa.
Mensajera de la estación total,
todo se hacía vista en ella.

(Mensajera
¡qué gloria ver para verse a sí mismo,
en sí mismo,
en uno mismo,
en una misma,
la gloria que proviene de nosotros!)

Ella era esa gloria ¡y lo veía!
Todo, volver a ella sola,
solo, salir toda de ella.

(Mensajera,
tú existías. Y lo sabía yo)[186].

---

[186] En correspondencia con el poema anterior, quiero hacer hincapié en este extraordinario poema: la idea de la eternidad no se fija en un más allá, sino en el presente de la hora ensanchada hasta el infinito.

# 23
# Romances de Coral Gables[187]

## I. YO CON ELLO

### 1

### CON TU PIEDRA

El cielo pesa lo mismo
que una cantera de piedra.
Sobre la piedra del mundo
son de piedra las estrellas.

¡Esta enorme cargazón
de piedra encendida y yerta!
Piedras las estrellas, todas,
piedras, piedra, piedras, piedra.

---

[187] «Este viejo, solitario, alejado de su lengua y de su patria, enfermo, vencido y resignado (¿resignado?) a la muerte, es un humano contrapunto del otro, el mágico nombrador, creador de su propia eternidad.» Así valora, globalmente, A. Sánchez Romeralo la escritura de Juan Ramón en el exilio americano. Sobre la génesis de los *Romances de Coral Gables,* véase el prólogo de Francisco Giner de los Ríos a Juan Ramón Jiménez, *Olvidos de Granada,* Madrid, Caballo Griego para la Poesía, 1979. Merece la pena resaltar, sobre este libro, el artículo de Antonio Carreño, «Juan Ramón Jiménez y el romancero: *Romances de Coral Gables»*, *CHA,* 376-378 (1981), págs. 785 y ss.

Entre dos piedras camino,
me echo entre piedra y piedra;
piedras debajo del pecho
y encima de la cabeza.

Y si quiero levantarlas,
me hiere la piedra eterna;
si piso desesperado,
sangro en la piedra terrena.

¡Qué dolor de alma, piedra;
carne, qué dolor de piedra;
qué cárcel la noche, piedra
cercada y cerca de piedra!

Con tu piedra me amenazas,
destino de piedra y piedra.
Con tu piedra te daré
en tu corona de piedra[188].


2

MÁS ALLÁ QUE YO

Ese ocaso que se apaga
¿qué es lo que tiene detrás?
¿lo que yo perdí en el cielo,
lo que yo perdí en el mar,
lo que yo perdí en la tierra?

---

[188] Como apunté ya en la introducción, entre la fecha de escritura de este libro y la del anterior media la guerra civil española, lo que determina un cambio de tono, claramente perceptible en todos los poemas. No se trata, sólo, de la vuelta al romance —un romance radicalmente diferente al de épocas anteriores—, se trata, sobre todo, del resquebrajamiento de la coherencia lograda en la concepción metafísica de la existencia alcanzada con la *Estación total:* la duda reemplaza las exaltadas afirmaciones; las imágenes aéreas y de signo ascendente desaparecen; el reino de la *piedra* —recuérdese la simbología trazada en *Piedra y cielo*— se impone sobre el reino del *cielo:* es el triunfo de la incomunicación, la cárcel, el límite.

¿Más allá, más, más allá,
allá que toda la tierra,
todo el cielo y todo el mar?

¿Más allá que lo pasado
y más que lo que vendrá,
más que el principio y el fin
y más que la eternidad?

¿Más allá que yo, que acabo
todo con mi imajinar,
que estoy antes y después
de todo, más allá, más?

¿Más allá que yo en la nada,
más que yo en mi nada, más
que la nada y más que el todo
ya sin mí, más, más allá?[189].

## II: FUERA

### 3

## ANADENA DE BOCARRATÓN

¿No eres tuya ni de nadie?
Eres tonta, Ana de Nade.

Con tus patas entras, sales
de las firmes soledades.

Tus salteos verticales
no se avienen con los planes.

---

[189] El más allá de las cosas, cuya presencia se canta en libros anteriores, aparece ahora exclusivamente, como objeto de duda o como extraña imagen de un intranquilizador suceso.

Vas y vienes, zipitape,
tipizape, subes, caes.

(¡Ánsar, ganso, pato, ánade,
ven por ella, que es tu ave!)

¡Pata, gansa, ánsar, Ana de
nadie, vete con tu ánade!

¡Ve con él, que es de tu carne!
¡Vuela, Ana, a ver si sabes!

## III. ELLO CONMIGO

### 4

### ÁRBOLES HOMBRES

Ayer tarde,
volvía yo con las nubes
que entraban bajos rosales
(grande ternura redonda)
entre los troncos constantes.

La soledad era eterna
y el silencio inacabable.
Me detuve como un árbol
y oí hablar a los árboles.

El pájaro solo huía
de tan secreto paraje,
solo yo podía estar
entre las rosas finales.

Yo no quería volver
en mí, por miedo de darles
disgusto de árbol distinto
a los árboles iguales.

Los árboles se olvidaron
de mi forma de hombre errante,
y, con mi forma olvidada,
oía hablar a los árboles.

Me retardé hasta la estrella.
En vuelo de luz suave,
fui saliéndome a la orilla,
con la luna ya en el aire.

Cuando yo ya me salía,
vi a los árboles mirarme.
Se daban cuenta de todo
y me apenaba dejarles.

Y yo los oía hablar,
entre el nublado de nácares,
con blando rumor, de mí.
Y ¿cómo desengañarles?

¿Cómo decirles que no,
que yo era sólo el pasante,
que no me hablaran a mí?
No quería traicionarles.

Y ya muy tarde, ayer tarde,
oí hablarme a los árboles[190].

---

[190] Poema extraordinario por su dramatismo, por el espacio visionario
que crea, así como por la experiencia de radical soledad —en el destino—, que
quiere transmitir: la identidad del yo con la naturaleza, que cantan los poemas
de libros anteriores, se presenta en este como una aspiración imposible. El
poeta puede, durante un instante, hacerse árbol y oír hablar a los árboles. Pero
su destino es otro: frente a la permanencia y eternidad de aquéllos, él es un ser
errante y su destino es pasar, acabar, morir.

349

## ENTE

Se va, subiendo a lo otro.

Allá arriba, donde el viento,
sobre una raya del mundo,
vuelo total, incandesce,
duerme, entre piedra, sin sueño.

Y los pájaros más solos
cantan como para nadie,
bajan como para todos
al nadie que está en el todo,
al uno que está en la nada.
La felicidad completa:
el ser del no ser supremo,
el no ser del ser supremo.

Ente constante al olvido,
olvido en gloria del dios
que no está en ninguna parte
de tanto estar sin saberlo,
y colma la soledad.

Ese no ser sucesivo
que es este ser verdadero;
que nadie puede trocar,
que nadie puede quitar,
que nadie puede evitar.

Y una flor sola se mece
sobre la inmensa presencia
de la ausencia majistral[191].

---

[191] Quiero subrayar, frente al *hombre en progreso* que ponen en pie los libros anteriores, la visión, en este, del «ser verdadero» como «ese no ser sucesivo» en un caminar que ya no lleva a *dios,* sino a la nada.

# Crepúsculo

¡Pájaros, cantar, cantar,
entre las estrellas y yo.
Ser como el latido de la sangre
de mi corazón!

...Pájaros, mecer mi sangre,
en las copas oscuras
que aun sonroja, arriba, el sol!

# 24
# Espacio[192]

(A Gerardo Diego, que fue justo al si-
tuar, como crítico, el «Fragmento prime-
ro» de este «Espacio», cuando se publicó,
hace años, en Méjico. Con agradecimien-
to lírico por la constante honradez de sus
reacciones.)

## FRAGMENTO PRIMERO
### (Sucesión)

«Los dioses no tuvieron más sustancia que la que tengo
yo»[193]. Yo tengo, como ellos, la sustancia de todo lo vivido y
de todo lo por vivir. No soy presente sólo, sino fuga raudal de
cabo a fin. Y lo que veo, a un lado y otro, en esta fuga (rosas,

---

[192] Aun cuando carecemos, todavía, de una lectura globalizadora de *Espa-
cio* —uno de los mejores poemas de todo el siglo XX, en opinión de críticos
tan autorizados como Octavio Paz—, es relativamente amplia la bibliografía
sobre este texto. Destacaré los trabajos de Howard T. Young, «Génesis y for-
ma de *Espacio*, de Juan Ramón Jiménez», *RHM*, XXXIV, 1-2 (1968), y *The Line
in the Margin*, The University of Wisconsin Press, 1980. Para más bibliografía,
véase el comentario con que A. de Albornoz acompaña su edición de *Espacio*,
Madrid, Ed. Nacional, 1982. La mejor guía de lectura sigue siendo el trabajo
de María Teresa Font, *«Espacio»: Autobiografía lírica de Juan Ramón Jiménez*, Ma-
drid, Ínsula, 1972. A este trabajo remito al lector, limitándome yo a anotar
aquellos pasajes en los que discrepo de María T. Font.
[193] La frase entrecomillada aparecerá repetida en otros varios lugares del
poema, y se repite a modo de núcleo estructural desde el que se genera todo el

restos de alas, sombra y luz) es sólo mío, recuerdo y ansia
míos, presentimiento, olvido. ¿Quién sabe más que yo,
quién, qué hombre o qué dios, puede, ha podido, podrá de-
cirme a mí qué es mi vida y mi muerte, qué no es? Si hay
quien lo sabe, yo lo sé más que ése, y si quien lo ignora, más
que ese lo ignoro. Lucha entre este ignorar y este saber es mi
vida, su vida, y es la vida[194]. Pasan vientos como pájaros, pá-
jaros igual que flores, flores soles y lunas, lunas soles como
yo, como almas, como cuerpos, cuerpos como la muerte y la
resurrección; como dioses. Y soy un dios sin espada, sin nada
de lo que hacen los hombres con su ciencia; sólo con lo que
es producto de lo vivo, lo que se cambia todo; sí, de fuego o
de luz, luz[195]. ¿Por qué comemos y bebemos otra cosa que luz
o fuego? Como yo he nacido en el sol, y del sol he venido
aquí a la sombra, ¿soy de sol, como el sol alumbro?, y mi nos-
taljia, como la de la luna, es haber sido sol de un sol un día y
reflejarlo sólo ahora. Pasa el iris cantando como canto yo.
Adiós iris, iris, volveremos a vernos, que el amor es uno y solo
y vuelve cada día. ¿Qué es este amor de todo, cómo se me ha
hecho en el sol, con el sol, en mí conmigo?[196]. Estaba el mar
tranquilo, en paz el cielo, luz divina y terrena los fundía en

proceso mental que es *Espacio.* María Teresa Font explica la identidad de
*sustancia* entre los dioses y el poeta desde determinados principios de la filo-
sofía griega (Empédocles, Epícteto, Platón...) y del cristianismo, cfr. *«Espacio»:
Autobiografía lírica..., op. cit.,* pág. 67. Yo prefiero leer tal identificación desde
otra óptica: la conciencia «acumulada» por el *hombre en sucesión* —tal y como
lo entiende Juan Ramón— es la *conciencia absoluta* que atribuimos a *Dios;* vivir
es poner en pie un *yo-dios* como conciencia que no perece, sino que —al mo-
rir el *yo histórico* cambia de forma (véase el poema «Espacio» de la *Estación to-
tal).* La reflexión que sigue parece sugerir esta lectura.

[194] Nada hay por encima de la conciencia, como *espacio* en que «recuerdos
y ansias», «presentimientos y olvidos», se configuran como presente eterniza-
do. Ninguna conciencia superior —ni de hombre ni de dios— tiene las claves
de la vida. Estas las va obteniendo, paso a paso, la propia conciencia, como re-
sultado de su permanente búsqueda de razones para la existencia, de su per-
manente lucha contra las grandes preguntas sin respuesta.

[195] Definición de su manera de ser dios frente al Dios del *Génesis* y frente a
los *dioses* del progreso científico.

[196] *Amor* como expresión del panteísmo que guía la pluma de Juan Ramón
desde su asimilación de la doctrina krausista. Cfr. M. Coke-Enguidanos, *Word
and Work..., op. cit.,* pág. 91, núm. 17.

clara plata, oro inmensidad, en doble y sola realidad; una isla flotaba entre los dos, en los dos y en ninguno, y una gota de alto iris perla gris temblaba en ella. Allí estará temblándome el envío de lo que no me llega nunca de otra parte. A esa isla, ese iris, ese canto yo iré, esperanza májica, esta noche[197]. ¡Qué inquietud en las plantas al sol puro, mientras, de vuelta a mí, sonrío volviendo ya al jardín abandonado! ¿Esperan más que verdear, que florear y que frutar; esperan, como un yo, lo que me espera; más que ocupar el sitio que ahora ocupan en la luz, más que vivir como ya viven, como vivimos; más que quedarse sin luz, más que dormirse y despertar? Enmedio hay, tiene que haber un punto, una salida; el sitio del seguir más verdadero, con nombre no inventado, diferente de eso que es diferente e inventado que llamamos, en nuestro desconsuelo, Edén, Oasis, Paraíso, Cielo, pero que no lo es, y que sabemos que no lo es, como los niños saben que no es lo que no es que anda con ellos[198]. Contar, cantar, llorar, vivir acaso; «elojio de las lágrimas», que tienen (Schubert, perdido entre criados por un dueño) en su iris roto lo que no tenemos, lo que tenemos roto, desunido. Las flores nos rodean de voluptuosidad, olor, color y forma sensual; nos rodeamos de ellas, que son sexos de colores, de formas, de olores diferentes; enviamos un sexo en una flor, dedicado presente de oro de ideal, a un amor virjen, a un amor probado; sexo rojo a un glorioso; sexos blancos a una novicia; sexos violetas a la yacente. Y el idioma, ¡qué confusión!, qué cosas nos decimos sin saber lo que nos decimos. Amor, amor, amor (lo cantó Yeats) «amor en el lugar del escremento». ¿Asco de nuestro ser, nuestro principio y nuestro fin; asco de aquello que más nos vive y más nos muere? ¿Qué es, entonces, la suma que no resta; dónde está, matemático celeste, la suma que es el todo y que no acaba? Hermoso es no tener lo que se tiene, nada de lo que es fin para nosotros, es fin, pues que se vuelve contra nosotros, y el verdadero fin nunca se nos vuelve. Aquel cho-

---

[197] Véase María Teresa Font, «*Espacio*»: *Autobiografía lírica, op. cit.*, pág. 76.
[198] La negación de los «paraísos» inventados no le impide a Juan Ramón pensar, y anhelar, un *espacio* que dé sentido a la existencia como algo más que un absurdo sucederse de etapas hacia la nada.

po de luz me lo decía, en Madrid, contra el aire turquesa del otoño: «Termínate en ti mismo como yo.» Todo lo que volaba alrededor, ¡qué raudo era!, y él qué insigne con lo suyo, verde y oro, sin mejor en el oro que en lo verde. Alas, cantos, luz, palmas, olas, frutas me rodean, me envuelven en su ritmo, en su gracia, en su fuerza delicada; y yo me olvido de mí entre ello, y bailo y canto y río y lloro por los otros, embriagado. ¿Esto es vivir? ¿Hay otra cosa más que este vivir de cambio y gloria?[199]. Yo oigo siempre esa música que suena en el fondo de todo, más allá; ella es la que me llama desde el mar, por la calle, en el sueño. A su aguda y serena desnudez, siempre estraña y sencilla, el ruiseñor es sólo un calumniado prólogo. ¡Qué letra, universal, luego, la suya! El músico mayor la ahuyenta. ¡Pobre del hombre si la mujer oliera, supiera siempre a rosa! ¡Qué dulce la mujer normal, qué tierna, qué suave (Villon), qué forma de las formas, qué esencia, qué sustancia de las sustancias, las esencias; qué lumbre de las lumbres; la mujer, madre, hermana, amante! Luego, de pronto, esta dureza de ir más allá de la mujer, de la mujer que es nuestro todo, donde debiera terminar nuestro horizonte. Las copas de veneno, ¡qué tentadoras son!, y son de flores, yerbas y hojas. Estamos rodeados de veneno que nos arrulla como el viento, arpas de luna y sol en ramas tiernas, colgaduras ondeantes, venenosas, y pájaros en ellas, como estrellas de cuchillo; veneno todo, y el veneno nos deja a veces no matar. Eso es dulzura, dejación de un mandato, y eso es pausa y escape. Entramos por los robles melenudos; rumoreaban su vejez cascada, oscuros, rotos, huecos, monstruosos, con colgados de telarañas fúnebres; el viento les mecía las melenas, en medrosos, estraños ondeajes, y entre ellos, por la sombra baja, honda, venía el rico olor del azahar de las tierras naranjas, grito ardiente con gritillos blancos de muchachas y niños. ¡Un árbol pater-

---

[199] Toda una serie de interrogaciones («¿Quién sabe más que yo...?»; [las plantas] «¿esperan más que verdear, que florear...?», «Hay otra cosa más que vivir de cambio...?») pautan el discurrir en círculos de la conciencia que refleja *Espacio*. Todas ellas son variantes de una misma pregunta: ¿existe, más allá de la muerte, alguna posibilidad de ser para la conciencia que el hombre en su vida ha ido poniendo en pie?

nal, de vez en cuando, junto a una casa, sola en un desierto (seco y lleno de cuervos; aquel tronco huero, gris, lacio, a la salida del verdor profuso, con aquel cuervo muerto, suspendido por una pluma de una astilla, y los cuervos aún vivos posados ante él, sin atreverse a picotarlo, serios) [ . ] Y un árbol sobre un río. ¡Qué honda vida la de estos árboles; qué personalidad, qué inmanencia, qué calma, qué llenura de corazón total queriendo darse (aquel camino que partía en dos aquel pinar que se anhelaba)![200]. Y por la noche, ¡qué rumor de primavera interna en sueño negro! ¡Qué amigo un árbol, aquel pino, verde, grande, pino redondo, verde, junto a la casa de mi Fuentepiña! Pino de la corona ¿dónde estás? ¿estás más lejos que si yo estuviera lejos? ¡Y qué canto me arrulla tu copa milenaria, que cobijaba pueblos y alumbraba de su forma rotunda y vijilante al marinero! La música mejor es la que suena y calla, que aparece y desaparece, la que concuerda, en un «de pronto», con nuestro oír más distraído. Lo que fue esta mañana ya no es, ni ha sido más que en mí; gloria suprema, escena fiel, que yo, que la creaba, creía de otros más que de mí mismo. Los otros no lo vieron; mi nostaljia, que era de estar con ellos, era de estar conmigo, en quien estaba. La gloria es como es, nadie la mueva, no hay nada que quitar ni que poner, y el dios actual está muy lejos, distraído también con tanta menudencia grande que le piden. Si acaso, en sus momentos de jardín, cuando acoje al niño libre, lo único grande que ha creado, se encuentra pleno en un sí pleno. Qué bellas estas flores secas sobre la yerba fría del jardín que ahora es nuestro. ¿Un libro, libro? Bueno es dejar un libro grande a medio leer, sobre algún banco, lo grande que termina; y hay que darle una lección al que lo quiere terminar, al que pretende que lo terminemos. Grande es lo breve, y si queremos ser y parecer más grandes, unamos sólo con amor, no cantidad. El mar no es más que gotas unidas, ni el amor que mur-

---

[200] La música, a la que se alude líneas más arriba, habla de una realidad «más allá de todo», cuyo misterio, aquí, se evoca mediante las imágenes surrealistas de este bosque de robles. Acerca de la base realista de las imágenes visionarias que Juan Ramón nos ofrece, véase María Teresa Font, *op. cit.*, págs. 89 y ss.

mullos unidos, ni tú, cosmos, que cosmillos unidos. Lo más bello es el átomo último, el solo indivisible, y que por serlo no es ya más pequeño. Unidad de unidades es lo uno; ¡y qué viento más plácido levantan esas nubes menudas al cenit; qué dulce luz es esa suma roja única! Suma es la vida suma, y dulce[201]. Dulce como esta luz era el amor; ¡qué plácido este amor también! Sueño ¿he dormido? Hora celeste y verde toda; y solos. Hora en que las paredes y las puertas se desvanecen como agua, aire, y el alma sale y entra en todo, de y por todo, con una comunicación de luz y sombra. Todo se ve a la luz de dentro, todo es dentro, y las estrellas no son más que chispas de nosotros que nos amamos, perlas bellas de nuestro roce fácil y tranquilo. ¡Qué luz tan buena para nuestra vida y nuestra eternidad![202]. El riachuelo iba hablando bajo por aquel barranco, entre las tumbas, casas de las laderas verdes; valle dormido, valle adormilado. Todo estaba en su verde en su flor; los mismos muertos en verde y flor de muerte; la piedra misma estaba en verde y flor de piedra. Allí se entraba y se salía como en el lento anochecer, del lento amanecer. Todo lo rodeaban piedra, cielo, río; y cerca el mar, más muerte que la tierra, el mar lleno de muertos de la tierra, sin casa, separados, engullidos por una variada dispersión. Para acordarme de por qué he nacido, vuelvo a ti, mar. «El mar que fue mi cuna, mi gloria y mi sustento; el mar eterno y solo que me llevó al amor»; y del amor es este mar que ahora viene a mis manos, ya más duras, como un cordero blanco a beber la dulzura del amor. Amor el de Eloísa; ¡qué ternura, qué sencillez, qué realidad perfecta! Todo claro y nombrado con su nombre en llena castidad. Y ella, enmedio de todo, intacta de lo bajo entre lo pleno. Si tu mujer, Pedro Abelardo, pudo ser así, el ideal existe, no hay que falsearlo. Tu ideal existió; ¿por qué lo fal-

---

[201] La «vida suma» es, lejos de toda idea de trascendencia, un instante ensanchado por el amor, y no por la cantidad. No obstante, sobre la clave metafísica, este pasaje soporta también la posibilidad de una lectura en clave estética, en la línea de lo que, en 1943, Juan Ramón escribe a Cernuda sobre la necesaria brevedad del poema, cfr. *La corriente infinita*, Madrid, Aguilar, 1961, págs. 171-179.

[202] Especialmente interesante es el libro de María Teresa Font en la lectura que propone para este pasaje *(op. cit.*, págs. 96-98).

seaste, necio Pedro Abelardo? Hombres, mujeres, hombres, hay que encontrar el ideal, que existe. Eloísa, Eloísa ¿en qué termina el ideal, y di, qué eres tú ahora y dónde estás? ¿Por qué, Pedro Abelardo vano, la mandaste al convento y tú te fuiste con los monjes plebeyos, si ella era, el centro de tu vida, su vida, de la vida, y hubiera sido igual contigo ya capado, que antes, si era el ideal? No lo supiste, yo soy quien lo vio, desobediencia de la dulce obediente, plena gracia. Amante, madre, hermana, niña tú, Eloísa; qué bien te conocías y te hablabas, qué tiernamente te nombrabas a él; ¡y qué azucena verdadera fuiste! Otro hubiera podido oler la flor de la verdad fatal que te dio tu tierra. No estaba seco el árbol del invierno[203], como se dice, y yo creí en mi juventud; como yo, tiene el verde, el oro, el grana en la raíz y dentro, muy adentro, tanto que llena de color doble infinito. Tronco de invierno soy, que en la muerte va a dar de sí la copa doble llena que ven sólo como es los deseados. Vi un tocón, a la orilla del mar neutro; arrancado del suelo, era como un muerto animal; la muerte daba a su quietud seguridad de haber estado vivo; sus arterias cortadas con el hacha, echaban sangre todavía. Una miseria, un rencor de haber sido arrancado de la tierra, salía de su entraña endurecida y se espandía con el agua y por la arena, hasta el cielo infinito, azul. La muerte, y sobre todo, el crimen, da igualdad a lo vivo, lo más y menos vivo, y lo menos parece siempre, con la muerte, más. No, no era todo menos, como dije un día, «todo es menos»; todo era más, y por haberlo sido, es más morir para ser más, del todo más. ¿Qué ley de vida juzga con su farsa a la muerte sin ley y la aprisiona en la impotencia? ¡Sí, todo, todo ha sido más y todo será más! No es el presente sino un punto de apoyo o de comparación, más breve cada vez; y lo que deja y lo que coje, más, más grande. No, ese perro que ladra al sol caído[204], no ladra en el Monturrio de Moguer, ni cerca de Carmona de Sevilla, ni en la calle Torrijos de Madrid; ladra en Miami, Coral Gables, La Florida, y yo lo estoy oyendo allí, allí, no aquí, no

---

[203] Remito también a María Teresa Font para la lectura del símbolo del *árbol* en Juan Ramón *(op. cit.,* págs. 102 y ss.).

[204] Para el simbolismo del *Perro ladrando al sol* (o a la luna), véase la nota 153.

aquí, allí, allí. ¡Qué vivo ladra siempre el perro al sol que huye! Y la sombra que viene llena el punto redondo que ahora pone el sol sobre la tierra, como un agua su fuente, el contorno en penumbra alrededor; después, todos los círculos que llegan hasta el límite redondo de la esfera del mundo, y siguen, siguen. Yo te oí, perro, siempre, desde mi infancia, igual que ahora; tú no cambias en ningún sitio, eres igual a ti mismo, como yo. Noche igual, todo sería igual si lo quisiéramos, si serlo lo dejáramos. Y si dormimos, ¡qué abandonada queda la otra realidad! Nosotros les comunicamos a las cosas nuestra inquietud de día, de noche nuestra paz. ¿Cuándo, cómo duermen los árboles? «Cuando los deja el viento dormir», dijo la brisa. Y cómo nos precede, brisa quieta y gris, el perro fiel cuando vamos a ir de madrugada adonde sea, alegres o pesados; él lo hace todo, triste o contento, antes que nosotros. Yo puedo acariciar como yo quiera a un perro, un animal cualquier, y nadie dice nada; pero a mis semejantes no; no está bien visto hacer lo que se quiera con ellos, si lo quieren como un perro. Vida animal ¿hermosa vida? ¡Las marismas llenas de bellos seres libres, que me esperan en un árbol, un agua o una nube, con su color, su forma, su canción, su jesto, su ojo, su comprensión hermosa, dispuestos para mí que los entiendo! El niño todavía me comprende, la mujer me quisiera comprender, el hombre... no, no quiero nada con el hombre, es estúpido, infiel, desconfiado; y cuando más adulador, científico. Cómo se burla la naturaleza del hombre, de quien no la comprende como es. Y todo debe ser o es echarse a dios y olvidarse de todo lo creado por dios, por sí, por lo que sea. «Lo que sea», es decir, la verdad única, yo te miro como me miro a mí y me acostumbro a toda tu verdad como a la mía. Contigo, «lo que sea», soy yo mismo, y tú, tú mismo, misma, «lo que seas». ¿El canto? ¡El canto, el pájaro otra vez! ¡Ya estás aquí, ya has vuelto, hermosa, hermoso, con otro nombre, con tu pecho azul, gris cargado de diamante! ¿De dónde llegas tú, tú en esta tarde gris con brisa cálida? ¿Qué dirección de luz y amor sigues entre las nubes de oro cárdeno? Ya has vuelto a tu rincón verde, sombrío. ¿Cómo tú, tan pequeño, di, lo llenas todo y sales por el más? Sí, sí, una nota de una caña, de un pájaro, de un niño, de un poeta, lo llena todo y más que el trueno. El estrépito encoje, el canto agranda. Tú y yo, pájaro, somos uno; cántame, canta tú, que yo te oigo, que mi oído es tan justo por tu canto. Ajústame tu canto más a este oído mío que espera que lo llenes de armonía. ¡Vas a cantar! toda otra primavera, vas a cantar. ¡Otra vez tú, otra vez la primavera! ¡Si supieras lo que eres para mí! ¿Cómo podría yo decirte lo que eres, lo que eres tú, lo que soy yo, lo que eres para mí? ¡Como te llamo, cómo te escucho, cómo te adoro, hermano eterno, pájaro de la gracia y de la gloria, humilde, delicado, ajeno; ánjel del aire nuestro, derramador de música completa! Pájaro, yo te amo como a la mujer, a la mujer, tu hermana más que yo. Sí, bebe ahora el agua de mi fuente, pica la rama, salta lo verde, entra, sal, rejistra toda tu mansión de ayer; ¡mírame bien a mí, pájaro mío, consuelo universal de mujer y hombre! Vendrá la noche inmensa, abierta toda en que me cantarás del paraíso, en que me harás el paraíso, aquí, yo, tú, aquí, ante el echado insomnio de mi ser. Pájaro, amor, luz, esperanza; nunca te he comprendido como ahora; nunca he visto tu dios como hoy lo veo, el dios que acaso fuiste tú y que me comprende. «Los dioses no tuvieron más sustancia que la que tienes tú.» ¡Qué hermosa primavera nos aguarda en el amor, fuera del odio! ¡Ya soy feliz! ¡El canto, tú y tu canto! El canto... Yo vi jugando al pájaro y la ardilla, al gato y la gallina, al elefante y al oso, al hombre con el hombre.. Yo vi jugando al hombre con el hombre, cuando el hombre cantaba. No, este perro no levanta los pájaros, los mira, los comprende, lo oye, se echa al suelo, y calla y sueña ante ellos. ¡Qué grande el mundo en paz, qué azul tan bueno para el que puede no gritar, puede cantar; cantar y comprender y amar! ¡Inmensidad, en ti y ahora vivo; ni montañas, ni casi piedra, ni agua, ni cielo casi; inmensidad, y todo y sólo inmensidad; esto que abre y que separa el mar del cielo, el cielo de la tierra, y, abriéndolos y separándolos, los deja más unidos y cercanos, llenando con lo lleno lejano la totalidad! ¡Espacio y tiempo y luz en todo yo, en todos y yo y todos! ¡Yo con la inmensidad! Esto es distinto; nunca lo sospeché y ahora lo tengo. Los caminos son sólo entradas o salidas de luz, de sombra, sombra y luz; y todo vive en ellos para que sea más inmenso yo, y tú seas. ¡Qué regalo de mundo, qué universo májico, y todo para todos, para mí, yo! ¡Yo, universo inmenso, dentro, fuera de ti, segura inmensidad! Imájenes de amor en la presencia concreta; suma gracia y gloria de la imajen, ¿vamos a hacer eternidad, vamos a hacer la eternidad, vamos a ser eternidad, vamos a ser la eternidad? ¡Vosotras, yo, podemos crear la eternidad una y mil veces, cuando queramos! ¡Todo es nuestro y no se nos acaba nunca! ¡Amor, contigo y con la luz todo se hace, y lo que haces amor, no acaba nunca![205].

## FRAGMENTO SEGUNDO
### *(Cantada)*

«Y para recordar por qué he vivido», vengo a ti, río Hudson de mi mar. «Dulce como esta luz era el amor...» «Y por debajo de Washington Bridge (el puente más con más de esta New York) pasa el campo amarillo de mi infancia.» Infancia, niño vuelvo a ser y soy, perdido, tan mayor, en lo más grande. Leyenda inesperada: «dulce como la luz es el amor», y esta New York es igual que Moguer, es igual que Sevilla y que Madrid. Puede el viento, en la esquina de Broadway, como en la Esquina de las Pulmonías de mi calle Rascón, conmigo; y tengo abierta la puerta donde vivo, con sol dentro. «Dulce como este sol era el amor.» Me encontré al instalado, le reí, y me subí al rincón provisional, otra vez, de mi soledad y mi silencio, tan igual en el piso 9 y sol, al cuarto bajo de mi calle y cielo. «Dulce como este sol es el amor.» Me miraron ventanas

---

[205] Sobre la base de que el *paraíso está aquí*, el texto se abre en amplia serie de oposiciones niño/hombre, noche/día, canto/estrépito, etc. Todos ellos confluyen en una misma dirección: la idea de un posible paraíso «natural» (el del «perro eterno» al que se refiere el texto) destruido por la ciencia, por la cultura, por la inquietud que el hombre comunica a las cosas. Sólo el canto (de nuevo el pájaro como elemento de lo natural: cfr. María Teresa Font, *op. cit.*, pág. 112) recupera la vivencia paradisiaca del ahora y del aquí. Y otra vez, juntas en el texto, una clave estética (el poder órfico de la poesía) y una clave metafísica (la presencia y la realidad del ideal dentro de la vida, y la necesidad de saberlo ver y gozar en la fusión del *yo* con la naturaleza), formulada en términos panteístas.

conocidas con cuadros de Murillo. En el alambre de lo azul, el gorrión universal cantaba, el gorrión y yo cantábamos, hablábamos; y lo oía la voz de la mujer en el viento del mundo. ¡Qué rincón ya para suceder mi fantasía! El sol quemaba el sur del rincón mío, y en el lunar menguante de la estera, crecía dulcemente mi ilusión queriendo huir de la dorada mengua. «Y por debajo de Washington Bridge, el puente más amigo de New York, corre el campo dorado de mi infancia...» Bajé lleno a la calle, me abrió el viento la ropa, el corazón; vi caras buenas. En el jardín de St. John the Divine, los chopos verdes eran de Madrid; hablé con un perro y un gato en español; y los niños del coro, lengua eterna, igual del paraíso y de la luna, cantaban, con campanas de San Juan, en el rayo de sol derecho, vivo, donde el cielo flotaba hecho armonía violeta y oro; iris ideal que bajaba y subía, que bajaba... «Dulce como este sol era el amor.» Salí por Amsterdam, estaba allí la luna (Morningside); el aire ¡era tan puro! frío, no, fresco, fresco; en él venía vida de primavera nocturna, y el sol estaba dentro de la luna y de mi cuerpo, el sol presente, el sol que nunca más me dejaría los huesos solos, sol en sangre y él. Y entré cantando ausente en la arboleda de la noche y el río que se iba bajo Washington Bridge con sol aún, hacia mi España por mi oriente, a mi oriente de mayo de Madrid; un sol ya muerto, pero vivo; un sol presente, pero ausente; un sol rescoldo de vital carmín, un sol carmín vital en el verdor; un sol vital en el verdor ya negro, un sol en el negror ya luna; un sol en la gran luna de carmín; un sol de gloria nueva, nueva en otro Este; un sol de amor y de trabajo hermoso; un sol como el amor... «Dulce como este sol era el amor.»

## FRAGMENTO TERCERO
### (Sucesión)

«Y para recordar por qué he venido», estoy diciendo yo. «Y para recordar por qué he nacido», conté yo un poco antes, ya por La Florida. «Y para recordar por qué he vivido», vuelvo a ti mar, pensé yo en Sitjes, antes de una guerra, en España, del mundo. ¡Mi presentimiento! Y entonces, marenmedio, mar, más mar, eterno mar, con su luna y su sol eternos por desnudos, como yo, por desnudo, eterno; el mar que me fue siempre vida nueva, paraíso primero, primer mar. El mar, el sol, la luna, y ella y yo, Eva y Adán, al fin y ya otra vez sin ropa, y la obra desnuda y la muerte desnuda, que tanto me atrajeron. Desnudez es la vida y desnudez la sola eternidad... Y sin embargo, están, están, están, están llamándonos a comer, gong, gong, gong, gong, en este barco de este mar, y hay que vestirse en este mar, en esta eternidad de Adán y Eva, Adán de smoking, Eva... Eva se desnuda para comer como para bañarse; es la mujer y la obra y la muerte, es la mujer desnuda, eterna metamórfosis[206]. ¡Qué estraño es todo esto, mar, Miami! No, no fue allí en Sitjes, Catalonia, Spain, en donde se me apareció mi mar tercero, fue aquí ya; era este mar, este mar mismo, mismo y verde, verdemismo; no fue el Mediterráneo azulazulazul, fue el verde, el gris, el negro Atlántico de aquella Atlántida. Sitjes fue, donde vivo ahora, Maricel, esta casa de Deering, española, de Miami, esta Villa Vizcaya aquí de Deering, española aquí en Miami, aquí de aquella Barcelona. Mar, y ¡qué estraño es todo esto! No era España, era La Florida de España, Coral Gables, donde está la España esta abandonada por los hijos de Deering (testamentaría inaceptable) y aceptada por mí; esta España (Catalonia, Spain) guirnaldas de morada bugainvilia por las rejas. Deering, vivo destino. Ya está Deering muerto y trasmutado. Deering Destino Deering, fuiste clarividencia mía de ti mismo, tú (y quién habría de pensarlo cuando yo, con Miguel Utrillo y Santiago Rusiñol, gozábamos las blancas salas soleadas, al lado de la iglesia, en aquel cabo donde quedó tan pobre el «Cau Ferrat» del Ruiseñor bohemio de albas barbas no lavadas). Deering, sólo el Destino es inmortal, y por eso te hago a ti inmortal, por mi Destino. Sí, mi Destino es inmortal y yo, que aquí lo escribo, seré inmortal igual que mi Destino, Deering[207]. Mi Destino soy yo

---

[206] La oposición del *hombre como historia* frente al *hombre como eternidad* pauta, de nuevo, el discurrir de este fragmento, tras el éxtasis rapsódico del fragmento anterior.

[207] Las claves culturales en que se apoya todo el párrafo anterior pueden seguirse en el puntual comentario de María Teresa Font, *op. cit.*, pág. 138.

y nada y nadie más que yo; por eso creo en Él y no me opongo a nada suyo, a nada mío, que Él es más que los dioses de siempre, el dios otro, rejidos, como yo por el Destino, repartidor de la sustancia con la esencia. En el principio fue el Destino, padre de la Acción y abuelo o bisabuelo o algo más allá, del Verbo[208]. Levo mi ancla, por lo tanto, izo mi vela para que sople Él más fácil con su viento por los mares serenos o terribles, atlánticos, mediterráneos, pacíficos o los que sean, verdes, blancos, azules, morados, amarillos, de un color o de todos los colores. Así lo hizo, aquel enero, Shelley, y no fue el oro, el opio, el vino, la ola brava, el nombre de la niña lo que se lo llevó por el trasmundo del trasmar: Arroz de Buda; Barrabás de Cristo; yegua de San Pablo; Longino de Zenobia de Palmyra; Carlyle de Keats; Uva de Anacreonte; George Sand de Efebos; Goethe de Schiller (según dice el libro de la mujer suiza); Ómnibus de Curie; Charles Maurice de Gauguin; Caricatura infame *(Heraldo de Madrid)* de Federico García Lorca; Pieles del Duque de T'Serclaes y Tilly (el bonachero sevillano) que León Felipe usó después en la Embajada mejicana, bien seguro; Gobierno de Negrín, que abandonara al retenido Antonio Machado enfermo ya, con su madre octojenaria y dos duros en el bolsillo, por el helor del Pirineo, mientras él con su corte huía tras el oro guardado en la Banlieu, en Rusia, en Méjico, en la nada...[209]. Cualquier forma es la forma que el Destino, forma de muerte o vida, forma de toma y deja, deja, toma; y es inútil huirla ni buscarla. No era aquel auto disparado que rozó mi sien en el camino de Miami, pórtico herreriano de baratura horrible, igual que un sólido huracán; ni aquella hélice de avión que sorbió mi ser completo y me dejó ciego, sordo, mudo en Barajas, Madrid, aquella madrugada sin Paquita Pechère; ni el doctor Amory con su inyección en Coral Gables, Alhambra Circle, y luego con colapso al hospi-

---

[208] La definición del *Destino,* por encima de los «dioses de siempre», supone la *liberación* de la existencia de cualquier sometimiento a una *conciencia superior.*

[209] Este último párrafo —desde «caricatura infame...»— desaparece en las ediciones de *Espacio* posteriores a la de la *Tercera antología poética* (Madrid, Biblioteca Nueva, 1957).

tal; ni el papelito sucio, cuadradillo añil, de la denuncia a lápiz contra mí, Madrid en guerra, el buzón de aquel blancote de anarquista, que me quiso juzgar, con crucifijo y todo, ante la mesa de la biblioteca que fue un día de Nocedal (don Cándido); y que murió la tarde aquella con la bala que era para él (no para mí) y la pobre mujer que se cayó con él, más blanca que mis dientes que me salvaron por blancos; más que él, más limpia, el sucio panadero, en la acera de la calle de Lista, esquina de la de Velázquez[210]. No, no era, no era, no era aquel Destino mi Destino de muerte todavía. Pero, de pronto, ¿qué inminencia alegre, mala, indiferente, absurda? Ya pasó lo anterior y ya está, en este aquí, este esto, aquí está esto, y ya, y ya estamos nosotros, igual que en una pesadilla náufraga o un sueño dulce, claro, embriagador, con ello. La ánjela de la guarda nada puede contra la vijilancia exacta, contra el exacto dictar y decidir, contra el exacto obrar de mi Destino. Porque el Destino es natural, y artificial el ánjel, la ánjela. Esta inquietud tan fiel que reina en mí, que no es del corazón, ni del pulmón, ¿de dónde es? Ritmo vejetativo es, (lo dijo Achúcarro primero y luego Marañón), mi tercer ritmo, más cercano, Goethe, Claudel, al de la poesía, que los vuestros. Los versos largos vuestros, cortos, vuestros, con el pulso de otra o con el pulmón propio[211]. ¡Cómo pasa este ritmo, este ritmo, río mío, fuga de faisán de sangre ardiendo por mis ojos, naranjas voladoras de dos pechos en uno, y qué azules, qué verdes y qué oros diluidos en rojo, a qué compases infinitos! Deja este ritmo timbres de aires y de espumas en los oídos, y sabores de ala y de nube en el quemante paladar, y olores a piedra con rocío, y tocar, cuerdas de olas. Dentro de mí hay uno que está hablando, hablando, hablando ahora. No lo puedo callar, no se puede callar. Yo quiero estar tranquilo con la tarde, esta tar-

---

[210] Para el sustrato biográfico a que hacen referencia las frases anteriores, véase María Teresa Font, *op. cit.*, págs. 147 y ss.

[211] Véase, para la alusión al ritmo poético de Paul Claudel y de Goethe, el comentario de M. Coke-Enguidanos al siguiente apunte del poeta en su curso sobre *El modernismo*, Madrid, Aguilar, 1962, pág. 116: «Claudel cultiva éste midiendo el verso por su aspiración y expiración. Mucho más humorístico, Goethe dice que su verso le salía según el pulso de su novia», cfr. *Word and Work...*, *op. cit.*, pág. 87.

de de loca creación, (no se deja callar, no lo dejo callar). Quiero el silencio en mi silencio, y no lo sé callar a éste, ni se sabe callar. ¡Calla, segundo yo, que hablas como yo y que no hablas como yo; calla, maldito! Es como el viento ese con la ola; el viento que se hunde con la ola inmensa; ola que sube inmensa con el viento; ¡y qué dolor de olor y de sonido, qué dolor de color, y qué dolor de toque, de sabor de ámbito de abismo! ¡De ámbito de abismo! Espumas vuelan, choque de ola y viento, en mil primaverales verdes blancos, que son festones de mi propio ámbito interior. Vuelan las olas y los vientos pesan, y los colores de ola y viento juntos cantan, y los olores fuljen reunidos, y los sonidos todos son fusión, fusión y fundición de gloria vista en el juego del viento con la mar. Y ése era el que hablaba, qué mareo, ése era el que hablaba, y era el perro que ladraba en Moguer, en la primera estrofa. Como en sueños, yo soñaba una cosa que era otra. Pero si yo no estoy aquí con mis cinco sentidos, ni el mar ni el viento son viento ni mar; no están gozando viento y mar si no los veo, si no los digo y lo escribo que lo están. Nada es la realidad sin el Destino de una conciencia que la realiza. Memoria son los sueños, pero no voluntad ni intelijencia[212]. ¿No es verdad, ciudad grande de este mundo? ¿No es verdad, di, ciudad de la ciudad posible, donde vivo? ¿No es verdad la posible unidad, aunque no gusten los desunidos por Color o por Destino, por Color que es Destino? Sí, en la ciudad del sur ya, persisten estos claros de campo rojiseco, igual que en mí persisten, hombre pleno, las trazas del salvaje en cara y mano y en vestido; y el salvaje de la ciudad dormita en ellos su civilización olvidada, olvidando las reglas, las prohibiciones y las leyes. Allí el papel tirado, inútil crítica, cuento estéril, absurda poesía; allí el vientre movido al lado de la flor, y si la soledad es hora sola, el pleno ayuntamiento de la carne con la carne, en la acera, en el jardín llenos de otros. El negro lo prefiere así también, y allí se iguala al blanco con el sol en su negrura él,

---

[212] Frente a ese *segundo yo* —cuyo significado ya he apuntado en otro lugar (véanse notas 19 y 20)— levanta Juan Ramón el valor creativo de la *conciencia vigilante*, como única fuerza capaz de crear, sobre las cosas, la auténtica realidad. Véase mi *Poética de Juan Ramón, op. cit.*, págs. 144-145.

y el blanco negro con el sol en su blancura, resplandor que conviene más, como aureola, al alma que es un oro en veta como mina. Allí los naturales tesoros valen más, el agua tanto como el alma; el pulso tanto como el pájaro, como el canto del pájaro; la hoja tanto como la lengua. Y el hablar es lo mismo que el rumor de los árboles, que es conversación perfectamente comprensible para el blanco y el negro. Allí el goce y el deleite, y la risa, y la sonrisa, y el llanto y el sonlloro son iguales por fuera que por dentro; y la negra más joven, esta Ofelia que, como la violeta silvestre oscura, es delicada en sí sin el colejio ni el concierto, sin el museo ni iglesia, se iguala con el rayo de luz que el sol echa en su cama, y le hace iris la sonrisa que envuelve un corazón de igual color por dentro que el negro pecho satinado, corazón que es el suyo, aunque el blanco no lo crea. Allí la vida está más cerca de la muerte, la vida que es la muerte en movimiento, porque es la eternidad de lo creado, el nada más, el todo, el nada más y el todo confundidos; el todo por la escala del amor en los ojos hermosos que se anegan en sus aguas mismas, unos en otros, grises o negros como los colores del nardo y de la rosa; allí el canto del mirlo libre y la canaria presa, los colores de la lluvia en el sol, que corona la tarde, sol lloviendo. Y los más desgraciados, los más tristes vienen a consolarse de los fáciles, buscando los restos de su casa de Dios entre lo verde abierto, ruina que persiste entre la piedra prohibitoria más que la piedra misma; y en la congregación del tiempo en el espacio, se reforma una unidad mayor que la de los fronteros escojidos. Allí se escoje bien entre lo mismo ¿mismo? La mueblería estraña, sillón alto redicho, contornado, presidente incómodo, la alfombra con el polvo pelucoso de los siglos; la estantería de cuarenta pisos columnados, con los libros en orden de disminución, pintados o cortados a máquina, con el olor a gato; y las lámparas secas con camellos o timones; los huevos por perillas en las puertas; los espejos opacos inclinados en marco cuádruple, pegajoso barniz, hierro mohoso; los cajones manchados de jarabe (Baudelaire, hermosa taciturna, Poe). Todos somos actores aquí, y sólo actores, y el teatro es la ciudad, y el campo y el horizonte ¡el mundo! Y Otelo con Desdémona será lo eterno. Esto es el hoy todavía, y es el mañana aún, pasar de casa en casa del teatro de los siglos, a lo largo de la humanidad toda. Pero tú enmedio, tú, mujer de hoy, negra o blanca, americana (asiática, europea, africana, oceánica; demócrata, republicana, comunista, socialista, monárquica; judía; rubia, morena; inocente o sofística; buena o mala, perdida indiferente; lenta o rápida; brutal o soñadora; civilizada, civilizada toda llena de manos, caras, campos naturales, muestras de un natural único y libre, unificador de aire, de agua, de árbol, y ofreciéndote al mismo dios de sol y luna únicos; mujer, la nueva siempre para el amor igual, la sola poesía). Todos hemos estado reunidos en la casa agradable blanca y vieja; y ahora todos (y tú, mujer sola de todos) estamos separados[213]. Nuestras casas saben bien lo que somos; nuestros cuerpos, ojos, manos, cinturas, cabezas en su sitio; nuestros trajes en su sitio, en un sitio que hemos arreglado de antemano para que nos espere siempre igual. La vida es este unirse y separarse, rápidos de ojos, manos, bocas, brazos, piernas, cada uno en la busca de aquello que lo atrae o lo repele. Si todos nos uniéramos en todo (y en color, tan lijera superficie) estos claros del campo nuestro, nuestro cuerpo, estas caras y estas manos, el mundo un día nos sería hermoso a todos, una gran palma sólo, una gran fuente sólo, todo unido y apretado en un abrazo como el tiempo y el espacio, un astro humano, el astro del abrazo por órbita de paz y de armonía... Bueno, sí, dice el otro, como si fuera a mí, al salir del museo después de haber tocado el segundo David de Miguel Ángel. Ya el otoño. ¡Saliendo! ¡Qué hermosura de realidad! ¡La vida, al salir de un museo!... No luce oro la hoja seca, canta oro, y canta rojo y cobre y amarillo; una cantada aguda y sorda, aguda con arrebato de mejor sensualidad. ¡Mujer de otoño; árbol, hombre! ¡cómo clamáis el gozo de vivir, al azul que se alza con el primer frío! Quieren alzarse más, hasta lo último de ese azul que es más limpio, de incomparable desnudez azul. Desnudez

---

[213] La *casa* de la que habla el texto no es casa real alguna, como sugiere María Teresa Font, sino el espacio en el que el *yo*, tras la muerte, se expande, derramándose en todas las cosas. Véase, al respecto, J. Wilcox, «Juan Ramón Jiménez: transformación y evolución poética de cuatro temas fundamentales en su obra», *CHA*, 376-378 (1981), págs. 197-203.

plena y honda del otoño, en la que el alma y carne se ve mejor que no son más que una. La primavera cubre el idear, el invierno deshace el poseer, el verano amontona el descansar; otoño, tú, el alerta, nos levantas descansado, rehecho, descubierto, al grito de tus cimas de invasora evasión. ¡Al sur, al sur! Todos deprisa. La mudanza, y después la vuelta; aquel huir, aquel llegar en los tres días que nunca olvidaré que no me olvidarán. ¡El sur, el sur, aquellas noches, aquellas nubes de aquellas noches de conjunción cercana de planetas; qué ir llegando tan hermoso a nuestra casa blanca de Alhambra Circle en Coral Gables, Miami, La Florida! Las garzas blancas habladoras en noches de escursiones altas. En noches de escursiones altas he oído por aquí hablar a las estrellas, en sus congregaciones palpitantes de las marismas de lo inmenso azul, como a las garzas blancas de Moguer, en sus congregaciones palpitantes por las marismas de lo verde inmenso. ¿No eran espejos que guardaban vivos, para mi paso por debajo de ellas, blancos espejos de alas blancas, los ecos de las garzas de Moguer? Hablaban, yo lo oí, como nosotros. Esto era en las marismas de La Florida llana, la tierra del espacio con la hora del tiempo. ¡Qué soledad, ahora, a este sol de mediodía! Un zorro muerto por un coche; una tortuga atravesando lenta el arenal; una serpiente resbalando undosa de marisma a marisma. Apenas gente; sólo aquellos indios en su cerca de broma, tan pintaditos para los turistas. ¡Y las calladas, las tapadas, las peinadas, las mujeres en aquellos corrales de las hondas marismas! Siento sueño; no, ¿no fue un sueño de los indios que huyeron de la caza cruel de los tramperos? Era demasiado para un sueño, y no quisiera yo soñarlo nunca... Plegadas alas en alerta unido de un ejército cárdeno y cascáreo, a un lado y otro del camino llano que daba sus pardores al fiel mar, los cánceres osaban craqueando erguidos (como en un agrio rezo de eslabones) al sol de la radiante soledad de un dios ausente. Llegando yo, las ruidosas alas se abrieron erijidas, mil seres ¿pequeños? ladeándose en sus ancas agudas. Y, silencio; un fin, silencio. Un fin, un dios que se acercaba. Un cáncer, ya un cangrejo y solo, quedó en el centro gris del arenal, más erguido que todos, más abierta la tenaza sérrea de la mayor boca de su armario; los ojos, periscopios tiesos, clavando su vibrante enemistad en mí. Bajé lento hasta él, y con el lápiz de mi poesía y de mi crítica, sacado del bolsillo, le incité a que luchara. No se iba el david, no se iba el david del literato filisteo. Abocó el lápiz amarillo con su tenaza, y yo lo levanté con él cojido y lo jiré a los horizontes con impulso mayor, mayor, mayor, una órbita mayor, y él aguantaba. Su fuerza era tan poca para mi más tan poco ¡pobre héroe! ¿Fui malo? Lo aplasté con el injusto pie calzado, sólo por ver qué era. Era cáscara vana, un nombre nada más, cangrejo; y ni un adarme, ni un adarme de entraña; un hueco igual que cualquier hueco, un hueco en otro hueco. Un hueco era el héroe sobre el suelo y bajo el cielo; un hueco, un hueco aplastado por mí, que el aire no llenaba, por mí, por mí; sólo un hueco, un vacío, un heroico secreto de un frío cáncer hueco, un cangrejo hueco, un pobre david hueco. Y un silencio mayor que aquel silencio llenó el mundo de pronto de veneno, un veneno de hueco; un principio, no un fin. Parecía que el hueco revelado por mí y puesto en evidencia para todos, se hubiera hecho silencio, o el silencio, hueco; que se hubiera poblado aquel silencio numerable de innúmero silencio hueco. Yo sufría que el cáncer era yo, y yo un jigante que no era sólo yo y que me había a mí pisado y aplastado. ¡Qué inmensamente hueco me sentía, qué monstruoso de oquedad erguida, en aquel solear empederniente del mediodía de las playas desertadas! ¿Desertadas? Alguien mayor que yo y el nuevo yo venía, y yo llegaba al sol con mi oquedad inmensa, al mismo tiempo; y el sol me derretía lo hueco, y mi infinita sombra me entraba al mar y en él me naufragaba en una lucha inmensa, porque el mar tenía que llenar todo mi hueco. Revolución de un todo, un infinito, un caos instantáneo de carne y cáscara, de arena y ola y nube y frío y sol, todo hecho total y único, todo abel y caín, david y goliat, cáncer y yo, todo cangrejo y yo. Y en el espacio de aquel hueco inmenso y mudo, Dios y yo éramos dos[214]. Conciencia... Conciencia, yo, el tercero, el caído, te digo a ti (¿me oyes, conciencia?) Cuando tú quedes libre de

---

[214] Para el significado último de este interesantísimo pasaje, véase el poema de la página 373 que remite a la misma idea.

este cuerpo, cuando te esparzas en lo otro (¿qué es lo otro?) ¿te acordarás de mí con amor hondo; ese amor hondo que yo creo que tú, mi tú y mi cuerpo se han tenido tan llenamente, con un convencimiento doble que nos hizo vivir un convivir tan fiel corno el de un doble astro cuando nace en dos para ser uno? ¿y no podremos ser por siempre, lo que es un astro hecho de dos? No olvides que, por encima de lo otro y de los otros, hemos cumplido como buenos nuestro mutuo amor. Difícilmente un cuerpo habría amado así a su alma, como mi cuerpo a ti, conciencia de mi alma; porque tú fuiste para él suma ideal y él se hizo por ti, contigo lo que es. ¿Tendré que preguntarte lo que fue? Esto lo sé yo bien, que estaba en todo. Bueno, si tú te vas, dímelo antes claramente y no te evadas mientras mi cuerpo esté dormido; dormido suponiendo que estás con él. Él quisiera besarte con un beso que fuera todo él, quisiera deshacer su fuerza en este beso, para que el beso quedara para siempre como algo, como un abrazo, por ejemplo, de un cuerpo y su conciencia en el hondón más hondo de lo hondo eterno. Mi cuerpo no se encela de ti, conciencia; mas quisiera que al irte fueras todo él, y que dieras a él, al darte tú a quien sea, lo suyo todo, este amar que te ha dado tan único, tan solo, tan grande como lo único y lo solo. Dime tú todavía: ¿No te apena dejarme? ¿Y por qué te has de ir de mí, conciencia? ¿No te gustó mi vida? Yo te busqué tu esencia. ¿Qué sustancia le pueden dar los dioses a tu esencia, que no pudiera darte yo? Ya te lo dije al comenzar: «Los dioses no tuvieron más sustancia que la que tengo yo.» ¿Y te has de ir de mí tú, tú a integrarte en un dios, en otro dios que este que somos mientras tú estás en mí, como de Dios?[215].

---

[215] Véase, para esta serie final de apelaciones a la conciencia, la explicación de M. Coke-Enguidanos, *Word and Work...*, *op. cit.*, pág. 102.

# 25
# Animal de Fondo[216]

## 1

### LA TRASPARENCIA, DIOS,
### LA TRASPARENCIA

Dios del venir, te siento entre mis manos,
aquí estás enredado conmigo, en lucha hermosa
de amor, lo mismo
que un fuego con su aire.

No eres mi redentor, ni eres mi ejemplo,
ni mi padre, ni mi hijo, ni mi hermano;
eres igual y uno, eres distinto y todo:
eres dios de lo hermoso conseguido,
conciencia mía de lo hermoso.

---

[216] En los últimos tiempos ha crecido —en cantidad y en calidad— la bibliografía sobre este libro, que culmina, de forma espléndida —tanto desde el punto de vista expresivo como desde el punto de vista semántico— toda la trayectoria poética juanramoniana. Especialmente interesante me parece el ya no tan reciente trabajo de Antonio Sánchez Romeralo, «Juan Ramón Jiménez en su fondo de aire», *RHM*, XXVII (1961), págs. 299 y ss. Sobre el trasfondo ideológico que anima tras la idea del *dios* juanramoniano, véase la referencia al *modernismo religioso*, en G. Azam, *La obra de Juan Ramón Jiménez, op. cit.;* sobre el origen krausista del inmanentismo juanramoniano, véase M. Coke-Enguidanos, *op. cit.*, pág. 117; también G. Azam, «Del modernismo al postmodernismo», *Actas del Congreso de Juan Ramón, op. cit.*, págs. 165 y ss.

Yo nada tengo que purgar.
Toda mi impedimenta,
no es sino fundación para este hoy
en que, al fin, te deseo;
porque estás ya a mi lado,
en mi eléctrica zona,
como está en el amor el amor lleno.

Tú, esencia, eres conciencia; mi conciencia
y la de otros, la de todos,
con forma suma de conciencia;
que la esencia es lo sumo,
es la forma suprema conseguible,
y tu esencia está en mí como mi forma.

Todos mis moldes, llenos
estuvieron de ti; pero tú, ahora,
no tienes molde, estás sin molde; eres la gracia
que no admite sostén,
que no admite corona,
que corona y sostiene siendo ingrave.

Eres la gracia libre,
la gloria del gustar, la eterna simpatía,
el gozo del temblor, la luminaria
del clariver, el fondo del amor,
el horizonte que no quita nada;
la trasparencia, dios, la trasparencia,
el uno al fin, dios ahora sólito en lo uno mío,
en el mundo que yo por ti y para ti he creado[217].

---

[217] Todo el libro *Animal de Fondo* es el canto libre que —reanudando el
hilo roto en los *Romances*— celebra, en plena explosión gozosa, el encuentro
y la fusión —la confusión— de la conciencia individual *(dios deseante)* con la
conciencia universal *(dios deseado)*. Los 29 textos de *Animal de Fondo* constitu-
yen otras tantas estrofas de un único poema, en el que la plenitud de la expe-
riencia del mencionado encuentro genera un discurso con permanentes cam-
bios de ritmo interno, desde la contención y encauzamiento de la alegría por
vía del «razonamiento» hasta su liberación en letanías de «piropos». Este texto
es un buen ejemplo de ello: la enunciación de la experiencia en la primera es-

2

## EL NOMBRE CONSEGUIDO
## DE LOS NOMBRES

Si yo, por ti, he creado un mundo para ti,
dios, tú tenías seguro que venir a él,
y tú has venido a él, a mí seguro,
porque mi mundo todo era mi esperanza.

Yo he acumulado mi esperanza
en lengua, en nombre hablado, en nombre escrito;
a todo yo le había puesto nombre
y tú has tomado el puesto
de toda esta nombradía.

Ahora puedo yo detener ya mi movimiento,
como la llama se detiene en ascua roja
con resplandor de aire inflamado azul,
en el ascua de mi perpetuo estar y ser;
ahora yo soy ya mi mar paralizado,
el mar que yo decía, mas no duro,
paralizado en olas de conciencia en luz
y vivas hacia arriba todas, hacia arriba.

Todos los nombres que yo puse
al universo que por ti me recreaba yo,
se me están convirtiendo en uno y en un
dios.

---

trofa y la expresión —sin contención— del gozo en la letanía final enmarcan un «razonamiento» que pretende definir a los dos protagonistas del amoroso encuentro: un *tú* que se define como «conciencia universal conseguida» y un *yo* que —quemando (purgado) todo lastre existencial y material— se ha creado como conciencia a través de la cual se hace transparente la conciencia universal. Teología y mística, como señala A. Sánchez Romeralo (art. cit., págs. 310-311), se funden en este libro. Véase G. Azam, *La obra de Juan Ramón Jiménez, op. cit.,* págs. 565 y ss.

El dios que es siempre al fin,
el dios creado y recreado y recreado
por gracia y sin esfuerzo.
El Dios. El nombre conseguido de los nombres[218].


3

EN MI TERCERO MAR

En mi tercero mar estabas tú
de ese color de todos los colores
(que yo dije otro día de tu blanco);
de ese rumor de todos los rumores
que siempre perseguí, con el color,
por aire, tierra, agua, fuego, amor,
tras el gris terminal de todas las salidas.

Tú eras, viniste siendo, eres el amor
en fuego, agua, tierra y aire,
amor en cuerpo mío de hombre y en cuerpo de mujer,
el amor que es la forma
total y única
del elemento natural, que es elemento

---

[218] «Dios: el nombre conseguido de los nombres.» Retrospectivamente, el poeta ve toda su poesía como un proceso sucesivo de creación —de recreación—, de un yo como conciencia en permanente expansión. Trabajar en poesía es construir un espacio en el que la conciencia, creada a partir de la existencia, pueda hacerse presente y eterna. El proceso acaba con el cumplimiento de la identificación de la conciencia con dios. El tono del poema se justifica por la satisfacción del trabajo acabado. En otro lugar, Juan Ramón escribió: «Si el fin del hombre no es *crear* una conciencia única superior, el Dios de cada hombre, un *Dios* de cada hombre... yo no sé lo que es» [en «Vivienda y morienda», *La Nación* (30 de octubre de 1949)]. La conciencia, que contiene la esencia del mundo, es dios y se perpetúa en la palabra. Cfr. G. Azam, *La obra de Juan Ramón Jiménez, op. cit.*, págs. 418-419. Para este poema, y para ver la evolución del tema de *Animal de Fondo* a lo largo de toda la obra de Juan Ramón, véase A. Sánchez Romeralo, «Juan Ramón Jiménez: el argumento de la *Obra*», *CHA*, 376-378 (1981), págs. 473 y ss.

del todo, el para siempre;
y que siempre te tuvo y te tendrá
sino que no todos te ven,
sino que los que te miramos no te vemos hasta un día.

El amor más completo, amor, tú eres,
con la sustancia toda
(y con toda la esencia)
en los sentidos todos de mi cuerpo
(y en todos los sentidos de mi alma)
que son los mismos en el gran saber
de quien, como yo ahora, todo, en luz, lo sabe.

Lo sabe, pues lo supo más y más;
el más, el más, camino único de la sabiduría;
ahora yo sé ya que soy completo,
porque tú, mi deseado dios, estás visible,
estás audible, estás sensible
en rumor y en color de mar, ahora;
porque eres espejo de mí mismo
en el mundo, mayor por ti, que me ha tocado.


4

LA FRUTA DE MI FLOR

Esta conciencia que me rodeó
en toda mi vivida,
como halo, aura, atmósfera de mi ser mío,
se me ha metido ahora dentro.

Ahora el halo es de dentro
y ahora es mi cuerpo centro
visible de mí mismo; soy, visible,
cuerpo maduro de este halo,
lo mismo que la fruta, que fue flor
de ella misma, es ahora la fruta de mi flor.

La fruta de mi flor soy, hoy, por ti,
dios deseado y deseante,
siempre verde, florido, fruteado,
y dorado y nevado, y verdecido
otra vez (estación total toda en un punto)
sin más tiempo ni espacio
que el de mi pecho, esta
mi cabeza sentida palpitante,
toda cuerpo, alma míos
(con la semilla siempre
del más antiguo corazón).

Dios, ya soy la envoltura de mi centro,
de ti dentro[219].

5

CONCIENCIA HOY AZUL

*(Dios está azul...*
ANTES)

Conciencia de hondo azul del día, hoy
concentración de trasparencia azul;
mar que sube a mi mano a darme sed
de mar y cielo en mar,
en olas abrazantes, de sal viva.—

Mañana de verdad en fondo de aire
(cielo del agua fondo
de otro vivir aún en inmanencia)
esplosión suficiente (nube, ola, espuma

---

[219] Al sentimiento de plenitud que revelaban los textos anteriores, se le une
en éste el sentimiento de totalidad. Al convenirse en fruto de conciencia la
flor del yo temporal, sigue una total identificación de esta conciencia con
la conciencia eterna y universal. El dentro y el fuera desaparecen. Para la iden-
tificación de *Dios* con la conciencia universal, véase M. Coke-Enguidanos,
*Word and Work..., op. cit.*, pág. 128.

de ola y nube)
para llevarme en cuerpo y alma
al ámbito de todos los confines,
a ser el yo que anhelo
y a ser el tú que anhelas en mi anhelo,
conciencia hoy de vasto azul,
conciencia deseante y deseada,
dios hoy azul, azul, azul y más azul,
igual que el dios de mi Moguer azul,
un día[220].

6

## EN IGUALDAD SEGURA
## DE ESPRESIÓN

¿El perro está ladrando a mi conciencia,
a mi dios en conciencia,
como a una luna de inminencia hermosa?

¿La ve lucir, en esta inmensa noche,
por la sombra estrellada de todas las estrellas
acojedora de su cruz del sur,
que son como mi palio
descendido por ansia y por amor?

(Este palio que siento que eterniza
mi luz, mi misteriosa luz, mi luz,
una hermana contenta de su luz.)

El perro viene, y lo acaricio;
me acaricia, y me mira como un hombre,
con la hermandad completa
de la noche serena y señalada.

---

[220] Recreación de una identificación de *Dios* con lo *azul*, que puede seguirse desde la primera etapa de Juan Ramón.

Él siente (yo lo siento) que le hago
la caricia que espera un perro desde siempre,
la caricia tranquila del callado
en igualdad segura de espresión[221].

7

## ESA ÓRBITA ABIERTA

Los pájaros del aire
se mecen en las ramas de las nubes,
los pájaros del agua
se mecen en las nubes de la mar
(y viento, lluvia, espuma, sol en torno)
como yo, dios, me mezco en los embates
de ola y rama, viento y sol, espuma y lluvia
de tu conciencia mecedora bienandante.

(¿No es el goce
mayor de lo divino de lo humano
el dejarse mecer en dios, en la conciencia
regazada de dios, en la inmanencia madreada,
con su vaivén seguro interminable?)

Va y ven, el movimiento
de lo eterno que vuelve, en ello mismo
y en uno mismo;
esa órbita abierta
que no se sale de sí nunca, abierta,
y que nunca se libra de sí, abierta,
(porque)
lo cerrado no esiste en su infinito
aunque sea regazo y madre y gloria.

---

[221] Para la lectura de este poema conviene tener presente otros textos, de la primera y segunda etapas, construidos sobre la misma imagen emblemática de éste. Véanse notas 153 y 204.

## PARA QUE YO TE OIGA

Rumor del mar que no te oyes
tú mismo, mar, pero que te oigo yo
con este oír a que he llegado
en mi dios deseante y deseado
y que, con él, escucho como él.

Con oído de dios te escucho, mar,
verdemar y amarillomar saltado,
donde el albatros y la gaviota
nos ven pasar, amando en su lugar
(su ola que se cambia y que se queda)
oyéndote a ti, mar, ellos también,
pero sin saber nada de que yo
sé que tú no te oyes.

Para que yo te oiga, mi conciencia
en dios me abre tu ser todo para mí,
y tú me entras en tu gran rumor,
la infinita rapsodia de tu amor
que yo sé que es de amor, pues que es tan bella.

¡Que es tan bella, aunque tú,
mar amarillo y verde, no lo sepas acaso todavía,
pero que yo lo sé escuchándola; y la cuento,
(para que no se pierda) en la canción
sucesiva del mundo en que va el hombre
llevándote, con él, a su dios solo!²²².

---

²²² Intérprete de la naturaleza, el poeta se convierte en la conciencia del universo: traduce la música del mundo a palabras, la salva del olvido con su canción hecha conciencia, y con ella ensancha su yo hasta hacerlo del tamaño de Dios.

## 9

### EN LO MEJOR QUE TENGO

Mar verde y cielo gris y cielo azul
y albatros amorosos en la ola,
y en todo, el sol, y tú en el sol, mirante
dios deseado y deseante,
alumbrando de oros distintos mi llegada;
la llegada de este que soy ahora yo,
de este que ayer mismo yo dudaba
de que pudiera ser en ti como lo soy.

¡Qué trueque de hombre en mí, dios deseante,
de ser dudón en la leyenda
del dios de tantos decidores,
a ser creyente firme
en la historia que yo mismo he creado
desde toda mi vida para ti!

Ahora llego yo a este término
de un año de mi vida natural,
en mi fondo de aire en que te tengo,
encima de este mar, fondo de agua;
este término hermoso cegador
al que me vas entrando tú,
contento de ser tuyo y de ser mío
en lo mejor que tengo, mi espresión[223].

---

[223] El *fondo de aire* al que alude —al igual que el título general del libro— este poema es la *conciencia,* entidad que Juan Ramón gusta ver bajo la figura de un profundo y oscuro *pozo* de aire. Sobre la imagen del pozo, véase Josefa Guerrero Hortigón, «El mito de Narciso en Juan Ramón Jiménez», *CHA,* 376-378 (1981), pág. 436.

## TAL COMO ESTABAS

En el recuerdo estás tal como estabas.
Mi conciencia ya era esta conciencia,
pero yo estaba triste, siempre triste,
porque aún mi presencia no era la semejante
de esta final conciencia.

Entre aquellos jeranios, bajo aquel limón,
junto a aquel pozo, con aquella niña,
tu luz estaba allí, dios deseante;
tú estabas a mi lado,
dios deseado,
pero no habías entrado todavía en mí.

El sol, el azul, el oro eran,
como la luna y las estrellas,
tu chispear y tu coloración completa,
pero yo no podía cojerte con tu esencia,
la esencia se me iba
(como la mariposa de la forma)
porque la forma estaba en mí
y al corrér tras lo otro la dejaba;
tanto, tan fiel que la llevaba,
que no me parecía lo que era.

Y hoy, así, sin yo saber por qué,
la tengo entera, entera.
No sé qué día fue ni con qué luz
vino a un jardín, tal vez, casa, mar, monte,
y vi que era mi nombre sin mi nombre,
sin mi sombra, mi nombre,
el nombre que yo tuve antes de ser
oculto en este ser que me cansaba,
porque no era este ser que hoy he fijado

(que pude no fijar)
para todo el futuro iluminado
iluminante,
dios deseado y deseante[224].


11

POR TANTO PEREGRINO

Dios en conciencia, caes sobre el mundo,
como un beso completo de una cara entera,
en pleno contentar de todos los deseos.
La luz del mediodía
no es sino tu absoluto resplandor;
y hasta los más oscuros escondrijos
la penetras contigo,
con alegría de alta posesión de vida.

El estar tuyo contra mí
es tu secuencia natural; y eres
espejo mío abierto en un inmenso abrazo
(el espejo que es uno más que uno),
que dejara tu imajen pegada con mi imajen,
mi imajen con tu imajen,
en ascua de fundida plenitud.

---

[224] Continúa el poeta pensando la definición de ese dios que es su con-
ciencia, y ahora lo hace en un texto que tiene —las referencias en la primera
parte del poema a un léxico muy juanramoniano me parecen claras— mucho
de revisión de su «Obra en sucesión»: la *conciencia* es la esencia sin todos los
añadidos que le superpone la existencia individual («mi nombre sin mi nom-
bre»), y es anterior a la existencia (como parte que es de una conciencia uni-
versal). Existir es ir iluminando progresivamente esa esencia. Sobre el uso que
Juan Ramón hace, en este libro, de los conceptos *esencia* y *forma,* véase A. Sán-
chez Romeralo, art. cit., pág. 313. Sobre este «llegar a ser lo que en esencia
se es» basta lograr el «hombre último», véase G. Azam, *La obra de Juan Ra-
món, op. cit.,* pág. 232; y también, A. Sánchez Romeralo, «En torno a la obra
última de Juan Ramón Jiménez», *Actas del Congreso de Juan Ramón Jiménez,* I,
*op. cit.,* pág. 77.

Éste es el hecho decisivo
de mi imajinación en movimiento,
que yo consideraba un día sobre el mar,
sobre el mar de mi vida y de mi muerte,
el mar de mi esperada solución;
y éste es el conseguido
miraje del camino más derecho
de mi ansia destinada.

Por esta maravilla de destino,
entre la selva de mis primaveras,
atraviesa la eléctrica corriente
de la hermosura perseguida mía,
la que volvió, que vuelve y volverá;
la sucesión creciente de mi éstasis de gloria.
Ésta es la gloria, gloria sólo igual que ésta,
la gloria tuya en mí, la gloria mía en ti.

Dios; ésta es la suma en canto de los del paraíso
intentado por tanto peregrino.

12

## SOY ANIMAL DE FONDO

«En el fondo de aire» (dije) «estoy»,
(dije) «soy animal de fondo de aire» (sobre tierra),
ahora sobre mar; pasado, como el aire, por un sol
que es carbón allá arriba, mi fuera, y me ilumina
con su carbón el ámbito segundo destinado.

Pero tú, dios, también estás en este fondo
y a esta luz ves, venida de otro astro;
tú estás y eres
lo grande y lo pequeño que yo soy,
en una proporción que es ésta mía,
infinita hacia un fondo
que es el pozo sagrado de mí mismo.

Y en este pozo estabas antes tú
con la flor, con la golondrina, el toro
y el agua; con la aurora
en un llegar carmín de vida renovada;
con el poniente, en un huir de oro de gloria.
En este pozo diario estabas tú conmigo,
conmigo niño, joven, mayor, y yo me ahogaba
sin saberte, me ahogaba sin pensar en ti.
Este pozo que era, solo y nada más ni menos,
que el centro de la tierra y de su vida.

Y tú eras en el pozo májico el destino
de todos los destinos de la sensualidad hermosa
que sabe que el gozar en plenitud
de conciencia amadora,
es la virtud mayor que nos trasciende.

Lo eras para hacerme pensar que tú eras tú,
para hacerme sentir que yo era tú,
para hacerme gozar que tú eras yo,
para hacerme gritar que yo era yo
en el fondo de aire en donde estoy,
donde soy animal de fondo de aire
con alas que no vuelan en el aire,
que vuelan en la luz de la conciencia
mayor que todo el sueño
de eternidades e infinitos
que están después, sin más que ahora yo, del aire.

# Índice de primeros versos

Colección Letras Hispánicas